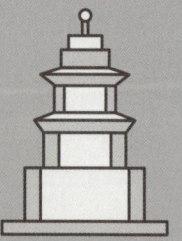

지도 위 삼국유사

왜 《삼국유사》를 마르지 않는 상상력의 보물창고라고 부를까요?
신라·고구려·백제의 역사는 어떻게 이야기로 남았을까요?

지도 위 삼국유사
고전에서 읽는 우리 역사 80장면

일연 + 표정옥 지음 | 표정옥 옮김

이케이북

이 책의 구성

- 우리 고전과 역사, 그리고 지도가 한눈에!
- 3단 구성으로 《삼국유사》 제대로 읽기

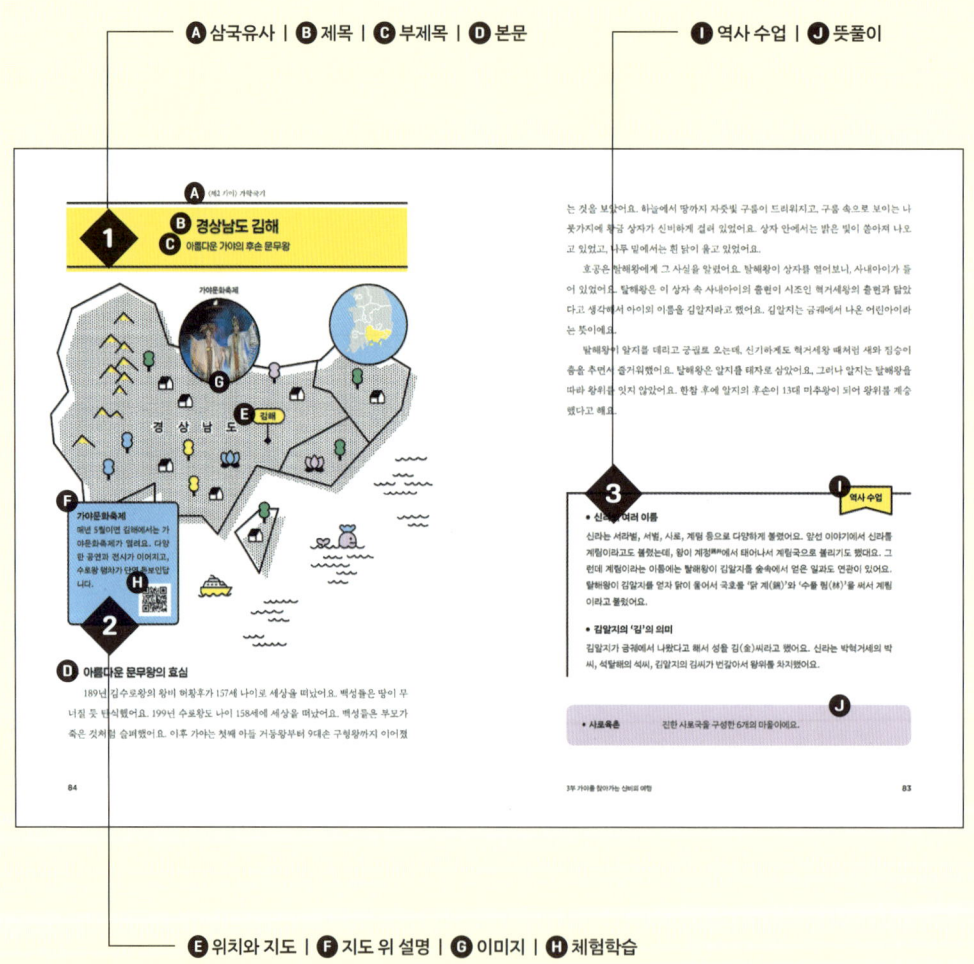

Ⓐ 삼국유사 | Ⓑ 제목 | Ⓒ 부제목 | Ⓓ 본문 | Ⓘ 역사 수업 | Ⓙ 뜻풀이

Ⓔ 위치와 지도 | Ⓕ 지도 위 설명 | Ⓖ 이미지 | Ⓗ 체험학습

1. 신화와 전설이 풍부하게 수록된 《삼국유사》 재미있게 읽기

- **A 삼국유사**: 총 9편으로 구성된 《삼국유사》에서 해당 이야기를 찾아볼 수 있어요.
- **B 제목**: 《삼국유사》 속 이야기의 배경이 되는 실제 장소(유적과 사적 등)예요.
- **C 부제목**: 이야기의 제목과 주제를 말해요.
- **D 본문**: 《삼국유사》에 나오는 이야기를 현대적인 표현으로 재해석해서 독자가 쉽게 이해할 수 있어요.

2. 우리나라 곳곳에 새겨진 단군과 부여의 흔적부터 신라·고구려·백제의 역사 탐험

- **E 위치와 지도**: 《삼국유사》의 흔적을 발견할 수 있는 곳이에요. 이야기와 역사적인 배경 또는 함께 기억해야 할 장소와 유적을 지도에 표시했어요.
- **F 지도 위 설명**: 역사적 배경과 가치, 지리적인 특징을 구체적으로 이야기해줘요.
- **G 이미지**: 《삼국유사》의 흔적을 엿볼 수 있는 유적과 장소의 사진을 모았어요.
- **H 체험학습**: 큐아르 코드(QR code)를 스캔하면 《삼국유사》와 관련된 장소의 정보와 기념관을 알 수 있어요.

3. 우리 역사 수업

- **I 역사 수업**: 본문의 《삼국유사》 이야기와 관련된 역사를 설명해서 실재와 허구의 이해를 도와요.
- **J 뜻풀이**: 역사적·문학적 개념을 설명하고, 고어와 한자어를 현대어로 풀어 써줘요.

한눈에 보는 《삼국유사》 지도

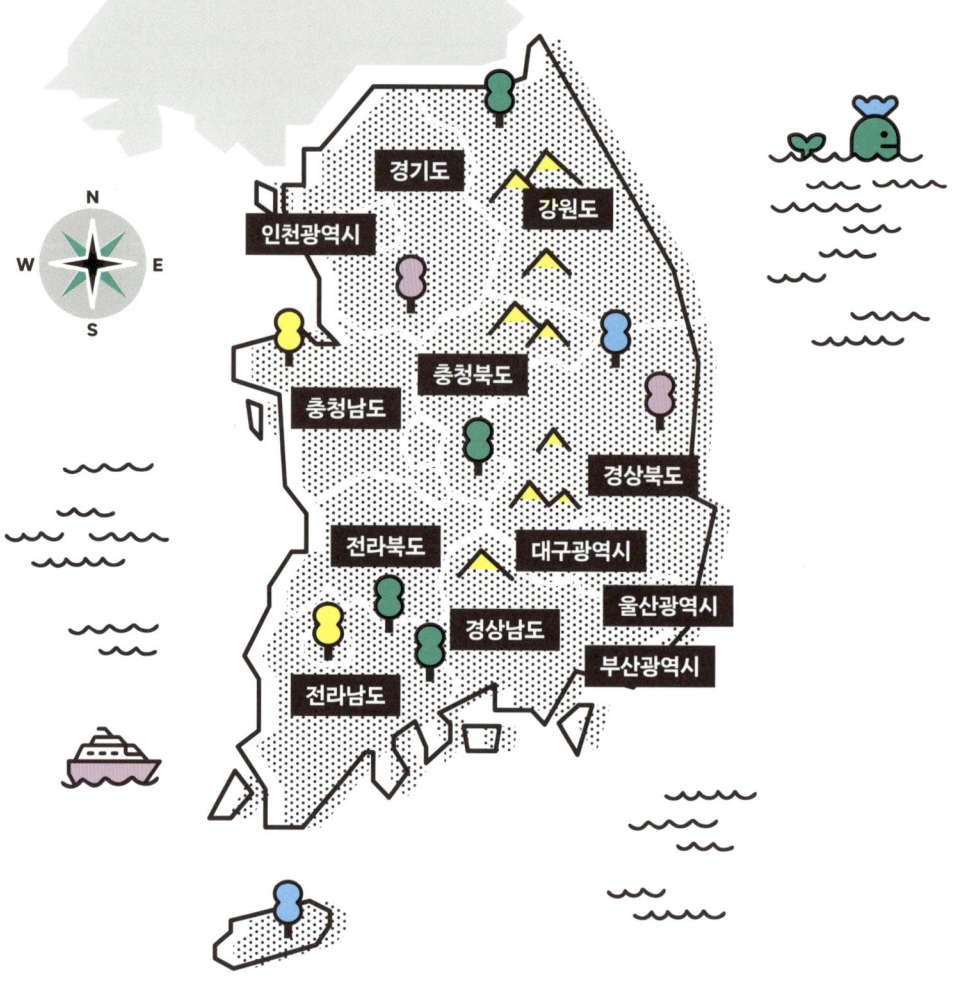

강원도

- **강릉**
  - 등명낙가사   42 131 133
  - 헌화로   226
  - 화부산사   193 202

- **양양**
  - 낙산사   39-41 144-146

- **평창**
  - 월정사   25 135

경기도

- **양평**
  - 용문사   112

경상남도

- **고령**
  - 지산동 고분군   62 69

- **김해**
  - 구지봉   65-57
  - 수로왕비릉   65 76 79

- 밀양
  - 만어산　　　　　　36 37

- 합천
  - 해인사　　　　　　　43

경상북도

- 경주
  - 경주문무대왕릉　　　47
  - 감은사　　　　　215 216
  - 교촌마을　　　　　　144
  - 구황동　　　　　　　153
  - 굴불사(지)　　　　99 100
  - 금곡사(지)　　128 212 213
  - 금입택　　　　　205-207
  - 김유신 집터　　　　　208
  - 김유신묘　　　　　193 202
  - 나정　　　　　　82 83 253
  - 남간마을　　　　　158 159
  - 남산　　　　　195 210 235
  - 망덕사(지)
    　　　　　257 258 260 262
  - 모량리　　　171 172 229 230
  - 분황사
    　　　　51 53 178-180 238-240
  - 물국사와 석굴암
    　　　　100 171-173 234 238
  - 사천왕사(지)　　　48 49 123
    　　　　124 140 160 232 258 262
  - 삼랑사(지)　　　　254 255
  - 서출지　　　　　　161 162
  - 석장사(지)　　　　　138
  - 선도산　　　　　　251 252
  - 오봉산　　　　　　　121

- 천경림　　　　　　　188
- 토함산　　　　73-75 172 173
- 호원사(지)　　　　　263
- 황룡사(지)　　35 105-107
  　　　　119 129 142 159 240
- 흥륜사(지)　　　　127 129
  　　　　　　150 153 172 264

- 영주
  - 부석사　　　　102-104 249
  - 비로사　　　　　　168 170
  - 영전사　　　　　　248 249

- 영천
  - 골화천　　　　　　197 198

- 청도
  - 운문사　　　　27 58-60 147

- 포항
  - 오어사　　　　　　 26 127
  - 영묘사　　　　　　125-127
  - 호미곶　　　　　　　181

대구광역시

- 군위
  - 인각사　　　　20 22 26 27 166

부산광역시

- 기장산　　　　　　 43 46

울산광역시

- 박제상 유적　　　　　184
- 처용암　　　　　　　241

인천광역시

- 강화도
  - 마니산　　　　　　　92
  - 백령도　　　　　　 55 56

전라남도

- 완도
  - 청해진　　　　　108-111

전라북도

- 김제
  - 금산사　　　　　267 268

충청남도

- 부여
  - 궁남지　　　　　　　222
  - 낙화암　　　　　　　174

충청북도

- 진천
  - 길상사　　　　193 194 269

《삼국유사》 역사 연표

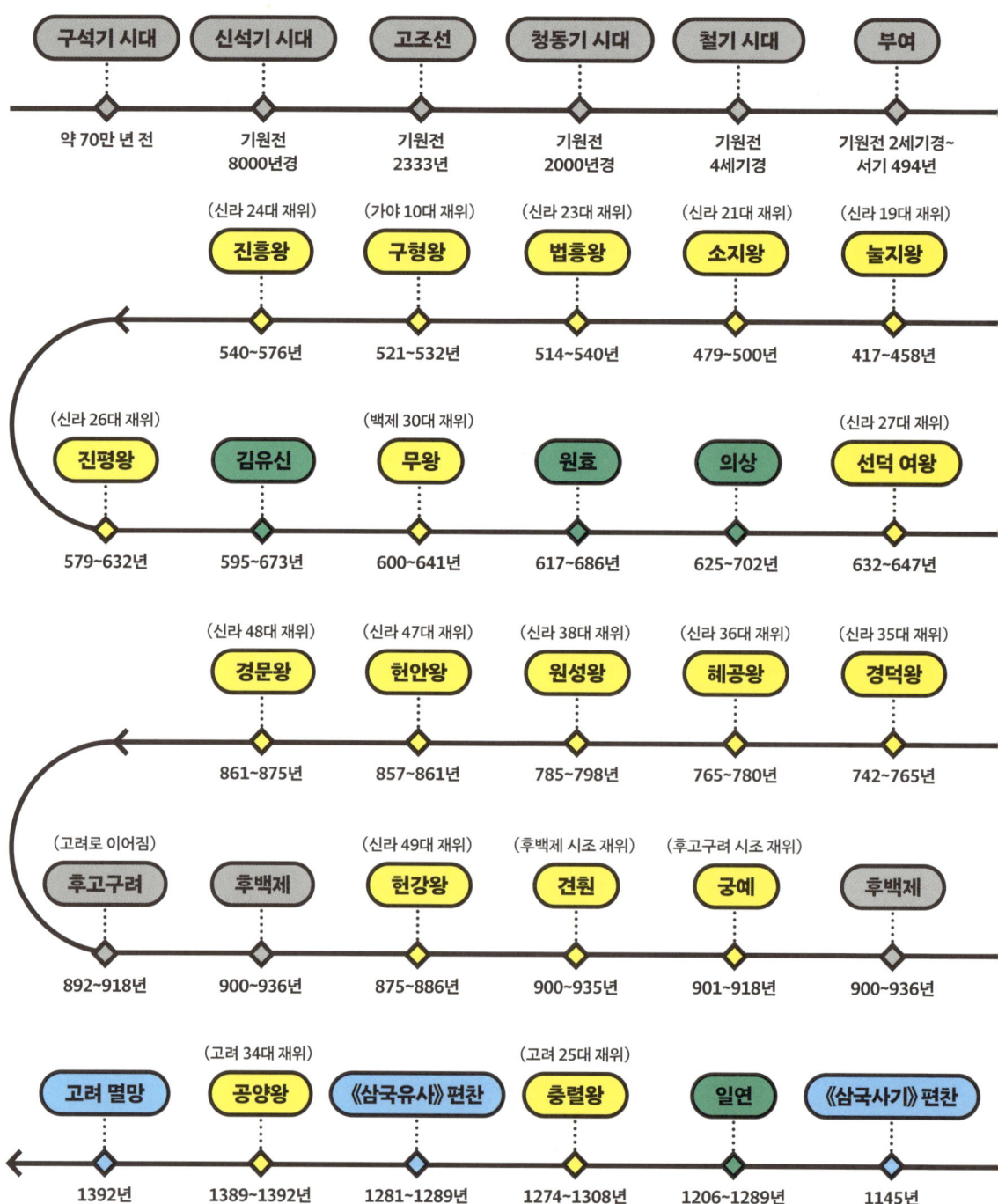

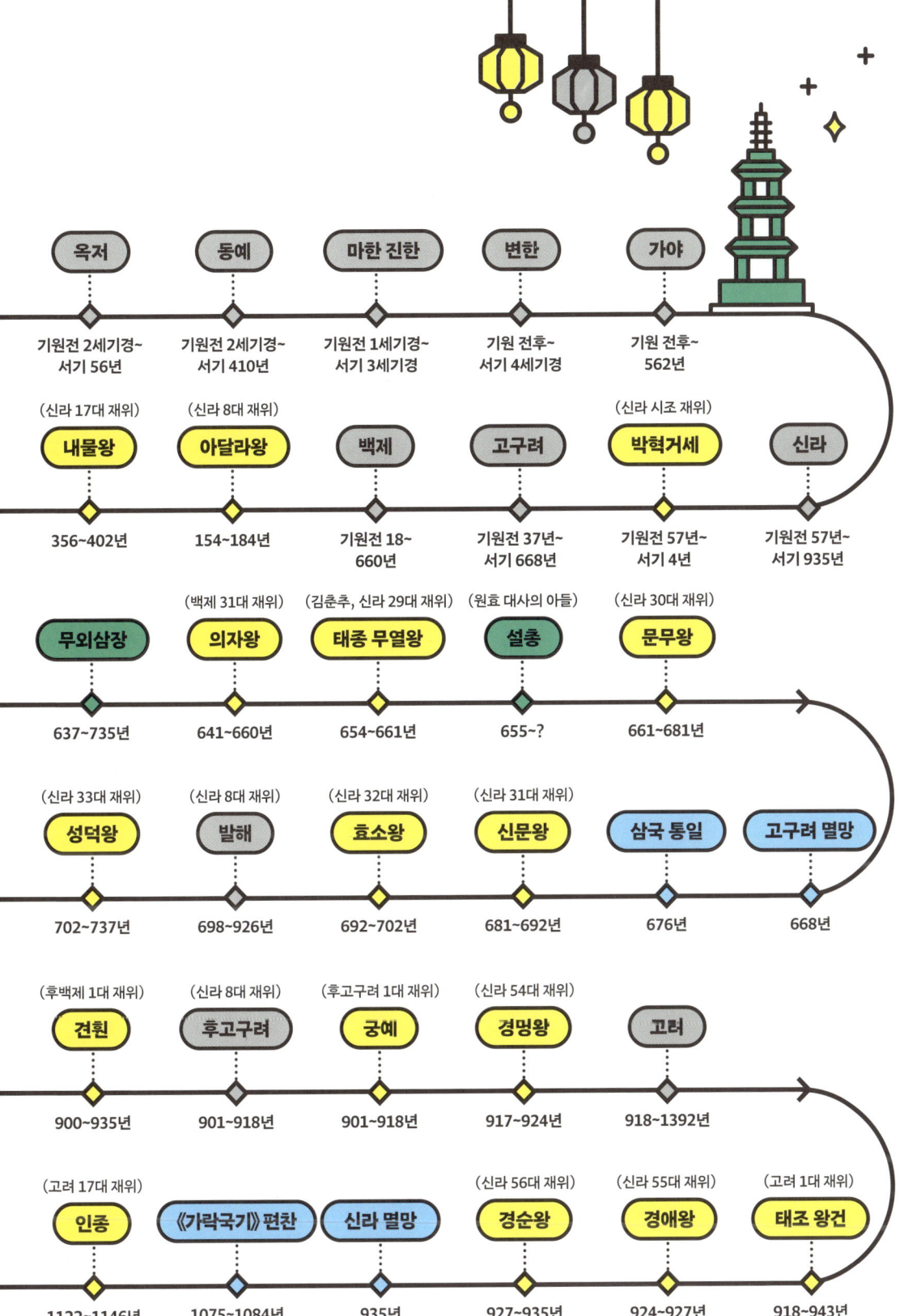

들어가는 말

"후세들과 한바탕 즐겁게 놀겠소."

◆ 자체 발광 우리 문화의 시작, 《삼국유사》

"후세들과 한바탕 즐겁게 놀겠소."

일연 스님의 시비에 쓰여 있는 글이에요. 이 책에서는 일연 스님의 유언처럼 《삼국유사》와 한바탕 놀이를 펼치려고 해요. 《삼국유사》는 이야기로서 자제 발광의 힘이 있어요. 귀하고 귀한 139가지의 이야기가 기록되어 있지요. 각 이야기 안에 인물이 4명씩만 나온다고 해도 550명 이상의 사람을 만나는 거예요. 그 사람들은 현재를 살아가는 우리의 풍경과 그다지 다르지 않답니다. 우리 문화에서 《삼국유사》는 마르지 않는 상상력의 보물창고예요.

◆ 미래를 꿈꾸는 《삼국유사》

《삼국유사》을 읽다 보면 '오래된 미래'를 자주 생각해요. 신라의 석빙고는 오늘날의 냉장고와 다르지 않아요, 지증왕의 사자놀이는 오늘날의 디지털 아바타를 떠올리게 하고, 양지 스님의 시주받는 지팡이는 사람 대신 주문을 받는 오늘날의 인공지능 로봇과 흡사해요. 또한 혜숙 스님이 동시다발 변신하는 모습을 보면 메타버스 속 가상 현실이 떠올라요. 인공지능, 메타버스, NFT 등 미래를 향해 펼쳐지는 기술의 거의 모든 것들이 과거의 상상력에서 비롯되고 있는 거지요. 초디지털 시대를 살아가는 우리의 상상력은 도깨비처럼 불쑥 나온 것이 아니라 《삼국유사》를 지은 일연에게 빚지고 있답니다.

◆ 《삼국유사》 제대로 읽기

《삼국유사》는 유명하지만 제대로 읽은 사람은 그다지 많지 않아요. 대부분의 독자는 가장 잘 알려진 이야기인 〈왕력편〉과 〈기이편〉의 판타지 소설 같은 일부만 기억해요. 또한 《삼국유사》는 전문가나 작가들이 풀어 쓴 이야기가 많은 까닭에 한 번 걸러진 이야기를 접하기 쉬워요. 즉 일연 스님의 생각을 정확하게 직접 마주하는 책 읽기가 어려운 형편이에요.

이 책에서는 《삼국유사》를 제대로 이해하기 위해 세 단계로 나눠서 이야기를 풀어 내요.

첫째, 《삼국유사》 본연의 의미를 훼손하지 않으면서도 최대한 많은 이야기를 흥미롭게 전달하기 위해 노력했어요. 첫 장은 일연 스님이 왜 이런 책을 썼는지 시대적 상황과 문화적 배경을 살폈어요. 2장부터 10장까지는 흥미로운 주제를 9개 선택해서 설명해요. 용 이야기, 가야 이야기, 귀신과 도깨비 이야기, 선덕 여왕 이야기, 수수께끼 이야기, 우정과 사랑과 효도 이야기, 김유신 이야기, 노래인 향가 이야기, 감동을 부르는 이야기 등이 있어요. 주제에 맞는 이야기들을 골라 되도록 시대와 문화적 흐름이 느껴지도록 배열했어요.

둘째, 우리나라 곳곳에 새겨진 단군과 부여의 흔적부터 신라·고구려·백제의 역사를 탐험해요. 《삼국유사》의 흔적을 발견할 수 있는 곳을 지도에 표시하고 설명과 사진 자료를 더했어요. 큐아르 코드(QR code)를 스캔하면 《삼국유사》와 관련된 장소의 정보와 기념관을 알 수 있어요.

셋째, 본문의 《삼국유사》 이야기와 관련된 역사를 따로 설명해서 실재와 허구의 이해를 도와요. 역사적·문학적 개념을 현대어로 풀어 써줘요.

《삼국유사》와 벗으로 지낸 지도 벌써 20년이 지났어요. 때로는 우당탕, 때로는 치열하게 《삼국유사》 문화콘텐츠와 프로젝트를 진행했어요. 개인적으로는 《삼국유사》의 흔적을 찾아 전국 방방곡곡을 유람하면서, 한국인으로서 한국문화의 자부심을 느끼기 시작했어요.

이 책을 쓴 이유는 꿈꾸는 10대와 함께 《삼국유사》의 가치를 나누고 싶어서예요. 어떤 장을 먼저 펼쳐도 좋아요. 《삼국유사》의 멋진 상상 세계가 마치 하나의 주제를 가진 소설처럼 읽힐 거예요. 이 책을 읽고 자신만의 상상력을 메타버스에서 구현해보고 NFT로 만들어보길 바라요.

마지막으로 《삼국유사》의 출발선부터 모든 과정을 함께해온 가족에게 마음속 깊은 감사를 전합니다

2024년 4월
표정옥

차례

이 책의 구성	4
한눈에 보는 《삼국유사》 지도	6
《삼국유사》 역사 연표	8
들어가는 말	10

1부 《삼국유사》 배경 이야기

《삼국유사》와 일연 스님	20
일연의 출생과 출가 _해가 들어와서 생긴 아들	24
나라의 큰 스승, 일연 _《삼국유사》의 탄생지인 운문사와 일연이 입적한 인각사	26
우리 문화 콘텐츠의 중심, 《삼국유사》	29

2부 《삼국유사》 속 용을 찾아라

개천에서 용이 살 수 있나요?	34
경상남도 밀양 만어산 _독룡과 돌로 변한 물고기와 용	36
강원도 양양 낙산사 _의상 대사를 맞이하는 용	39
부산광역시 기장산과 경상남도 합천 해인사 _불살계를 받은 독룡	43
경상북도 경주 문무대왕릉 _죽어서 나라를 지킨 용	47
경상북도 경주 분황사 _물고기로 변한 용들	51
인천광역시 백령도 _거타지와 꽃을 지킨 용	55
경상북도 청도 운문사 _유리 눈의 이무기와 배나무	58

3부
가야를 찾아가는 신비의 여행

《삼국유사》 속 가야를 찾아서	62
경상남도 김해 구지봉 _하늘에서 내려온 알	65
경상남도 고령 지산동 고분군 _탈해와 수로의 술법 겨루기	69
경상북도 경주 토함산 _호공의 집을 차지한 탈해의 계략	73
경상남도 김해 수로왕비릉 _꿈의 계시와 놀라운 석탑	76
경상남도 김해 수로왕비릉 _바다를 건너 가야로 온 왕비	79
경상북도 경주 나정 _혁거세와 신라의 건국	82
경상남도 김해 _아름다운 가야의 후손 문무왕	86

4부
영웅과 귀신과 도깨비를 만나러 가는 여행

《삼국유사》에 등장하는 인물의 다양성	90
인천광역시 강화도 마니산 _인간을 이롭게 하고자 하는 마음	92
경상북도 경주 오릉 _도깨비의 시조가 된 비형랑	95
경상북도 경주 굴불사지 _하늘과 땅을 자유롭게 오간 표훈 대덕	99
경상북도 영주 부석사 _의상을 사모해서 용이 된 선묘	102
경상북도 경주 황룡사지 _이웃 나라의 침입을 막기 위한 황룡사 탑	105
전라남도 완도 청해진 _장보고와 푸른 바다의 꿈	108
경기도 양평 용문사 _은행나무에 깃든 설움	112

5부
선덕 여왕과
불국토의 꿈

《삼국유사》 속 선덕 여왕을 찾아서	**118**
경상북도 경주 오봉산 _할망과 암퇘지에서 지혜의 여신으로	**121**
경상북도 포항 영묘사지 _불이 된 지귀의 사랑	**125**
경상북도 경주 금곡사지 _밀본의 육환장으로 살아난 선덕 여왕	**128**
강원도 강릉 등명낙가사 _자장과 문수보살의 만남	**131**
강원도 평창 월정사 _절로 들어간 왕자들	**135**
경상북도 경주 석장사지 _한국의 미켈란젤로 양지	**138**

6부
수수께끼와
도술 이야기

수수께끼가 많이 등장하는 《삼국유사》	**142**
경상북도 경주 교촌마을 _요석궁과 원효의 수수께끼	**144**
경상북도 청도 운문사 _원광 스님과 검은 여우	**147**
경상북도 경주 흥륜사지 _혜숙의 다시 붙은 허벅지 살	**150**
경상북도 경주 구황동 _임금님 귀는 당나귀 귀	**153**
경상북도 경주 남간마을 _명랑 법사와 문두루 비법	**158**
경상북도 경주 서출지 _불교에 대한 민속 종교의 거부감	**161**

7부
우정과 효도, 사랑과 충성, 그리고 덕을 그린 이야기

덕의 다양한 의미를 생각하게 하는 《삼국유사》	166
경상북도 영주 비로사 _어머니를 봉양하는 진정 스님	168
경상북도 경주 불국사와 석굴암 _김대성의 두 가지 효성	171
충청남도 부여 낙화암 _의롭고 자애로운 의자왕	174
경상북도 경주 분황사 _두 스님의 극락 가기 시합	178
경상북도 포항 호미곶 _해와 달이 된 부부	181
울산광역시 박제상 유적 _남편을 기다리다 돌이 된 부인	184
경상북도 경주 천경림 _불교를 위해 목숨을 내놓은 충신	188

8부
죽어서 왕이 된 천년 영웅 김유신

김유신을 추앙하는 《삼국유사》	192
충청북도 진천 길상사 _꿈의 영험함을 보인 영웅	194
경상북도 영천 골화천 _나라를 지키는 호국신들의 도움	197
경상북도 경주 김유신묘와 강릉 화부산사 _죽어서 왕이 되고 신이 된 김유신	202
경상북도 경주 금입택 _반짝이는 금과 김유신 집	205
경상북도 경주 김유신 집터 _김춘추와 김문희의 만남	208
경상북도 경주 금곡사지 _보검을 만난 김유신	212
경상북도 경주 감은사지 _이견대에서 피리를 건넨 김유신	215

9부
마음을 흔드는 노래들

《삼국유사》 속 노래를 찾아서	220
충청남도 부여 궁남지 _가짜 뉴스를 퍼뜨린 서동	222
강원도 강릉 헌화로 _수로 부인을 잡아간 용	226
경상북도 경주 모량리 _신기한 꿈으로 태어난 죽지랑	229
경상북도 경주 사천왕사지 _달도 멈춘 월명사의 피리 소리	232
경상북도 경주 남산 _산화령에 차를 올린 충담사	235
경상북도 경주 분황사 _아이의 눈을 뜨게 하는 노래	238
울산광역시 처용암 _역병을 물리친 처용	241

10부
《삼국유사》에 담긴 감동적인 이야기

옛이야기에서 만나는 감동	246
경상북도 영주 영전사 _하늘로 날아오른 욱면	248
경상북도 경주 선도산 _꿈을 믿고 땅을 파서 금을 얻은 지혜	251
경상북도 경주 삼랑사지 _탈을 쓰고 우스꽝스러운 춤을 춰 병을 고친 여승	254
경상북도 경주 망덕사지 _왕을 비웃은 비구승, 진신석가로 변하다	257
경상북도 경주 망덕사지 _저승에서 이승의 일을 걱정한 여인	260
경상북도 경주 호원사지 _사랑을 위해 목숨을 버린 호랑이 처녀	263
전라북도 김제 금산사 _진표 율사와 소달구지의 눈물	267

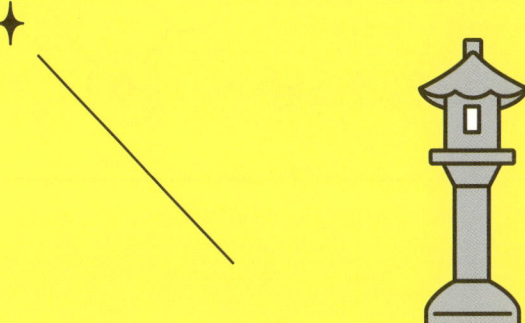

1부
《삼국유사》 배경 이야기

《삼국유사》와 일연 스님

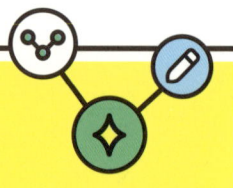

◆ 《삼국유사》와 일연 스님

《삼국유사(三國遺事)》를 쓴 일연 스님(一然, 1206~1289)은 9세에 무량사라는 절로 공부를 하러 떠났고, 14세에 설악산 진전사라는 절에서 머리를 깎고 출가했어요. 22세에는 승과에 장원급제했어요.

그 후 여러 절을 돌아다니면서 수행을 하고 점점 명성을 얻어갔어요. 일연은 78세 때 나라의 중요한 스님이라는 의미의 '국사'라는 직책도 맡았어요. 당시 왕은 충렬왕이었어요. 그리고 1284년 79세에 늙은 어머니를 모시기 위해 대구 인각사로 내려와 《삼국유사》를 완성하고 84세의 나이로 세상을 떠났어요.

《삼국유사》는 일연 스님이 평생 수집한 이야기들을 엮은 책이라고 할 수 있어요.

◆ 몽골의 침입에 대항한 민족정신

우리나라의 가장 대표적인 신화 책인 《삼국유사》는 엄밀히 말하면 스님이 엮은 불교 이야기책이에요. 그래서 책 곳곳에서 불교의 흔적을 엿볼 수 있어요.

몽골의 침입으로 나라의 자존감이 많이 훼손되고 민족의식이 희박해져 갈 때 일연 스님은 불교의 이야기들을 통해 민중을 하나로 묶으려는 생각을 가지고 있었어요. 절 안에 있는 탑들의 유래를 밝히는 〈탑상편〉 이야기들에는 탑과 관련된 재미있는 설화들이 실려 있어요. 인도 아유타국의 허황옥이라는 공주는 '파사석탑'을 싣고 머나먼 가야로 수십만 리 여행을 왔어요. 고려의 국교였던 불교의 유래를 이야기하기 위해 신라가 아닌 그보다 훨씬 앞선 가야를 선보인 이유는 우리의 불교가 중국이 아니라 일찍이 인도에서 직접 들어왔다고 말하고 싶었던 것 같아요.

◆ 중국에 주체적으로 대항하는 민중의 이야기

일연 스님의 《삼국유사》는 1145년에 김부식이 편찬한 《삼국사기(三國史記)》의 이야기들을 보완해주고 있어요. 《삼국사기》가 왕과 정사 중심으로 기록되었다면, 《삼국유사》는 민중의 이야기를 담고 있어요. '남겨진 이야기'라는 의미의 '유사(遺事)'는 사실적인 이야기만이 아니라, 민중의 희망을 적는 이야기, 허구적인 이야기들도 담겨 있다는 뜻이에요. 일연 스님은 《삼국유사》를 통해 13세기 고려가 몽골의 침입을 받으면서 훼손된 민족의 자주성을 이야기로 다시 세우고자 하는 포부를 담았어요. 따라서 중국에 대한 대항 의식을 주체적으로 보여주고 있어요.

◆ 중국에 대한 자주 정신을 보여주는 '서문'

일연 스님은 《삼국유사》 서문에서 황하(黃河)와 낙수(洛水)에서 그림[河圖]과 글[洛書]이 나오고 성인이 나타나게 되었다는 신기한 이야기를 해요. 또한 신모(神母)는 무지개에 둘러싸여서 희(羲)를 낳았고, 용은 여등(女登)과의 관계에서 염(炎)을 낳았다고 적었지요. 그 외에도 황아(皇娥)가 소호(少昊)를 낳고 간적(簡狄)이 설(契)을 낳은 것에도 주목하고 있어요. 이렇게 중국의 신이한 탄생 설화로 책을 시작했죠. 일연 스님은 이런 이야기를 통해 삼국 시조의 신비하고 기적적인 탄생이 특별히 괴이한 것이 아니라고 이야기하고 있어요.

책의 서문에 신비로운 이야기들을 쓴 이유는 바로 중국의 이야기와 우리의 이야기가 대등함을 보여주고자 한 것이에요. 즉 중국에 대한 대항 의식과 자주 의식을 바탕으로 이 책을 쓴 것임을 분명하게 밝히는 것이라고 할 수 있어요.

◆ 《삼국유사》에서 '유'의 의미

《삼국유사》는 '있었던〔有〕' 이야기라기보다는 '남겨진〔遺〕' 이야기예요. 《삼국유사》는 기린처럼 생긴 절이라는 뜻을 가진 '인각사'라는 절에서 완성한 이야기책으로, 삼국 시대의 이야기와 가야의 이야기를 모았어요. 이 중에는 사실인 것도 있고, 당시 사람들의 희망이 섞인 이야기도 있고, 떠도는 소문 같은 이야기들도 있어요. 그래서 《삼국유사》의 유는 '있을 유(有)'가 아니라 '남길 유(遺)'를 쓰고 있어요.

◆ 9편으로 구성된 《삼국유사》

《삼국유사》는 총 5권, 9편으로 이루어져 있어요. 〈왕력편〉, 〈기이편 1, 2〉, 〈흥법편〉, 〈탑상편〉, 〈의해편〉, 〈신주편〉, 〈감통편〉, 〈피은편〉, 〈효선편〉으로 이루어졌는데, 일연이 스님이기 때문에 불교와 관련된 이야기가 매우 많아요.

- **1편 〈왕력편〉** 신라 건국부터 고구려, 백제, 가야, 후고구려, 후백제, 다시 고려의 통일까지 왕대와 연표를 도표 식으로 표시했어요. 위쪽에는 중국의 역대 왕조와 연호를 함께 보여주어서 비교하기 편해요.
- **2편 〈기이편〉** 59편의 이야기로 구성되어 있어요. 신기한 건국 신화들이 모두 여기에 실려 있어요.
- **3편 〈흥법편〉** 불교가 전래되고 수용되는 것에 관한 6편의 이야기들이에요.
- **4편 〈탑상편〉** 31편의 탑 이야기가 실려 있어요. 여러 탑의 유래가 자세히 적혀 있어요.
- **5편 〈의해편〉** 유명한 스님들에 관한 14편의 이야기가 실려 있어요.
- **6편 〈신주편〉** 신기한 스님들의 이야기가 3편 기록되어 있어요.
- **7편 〈감통편〉** 10편의 불교 기적과 감동적인 이야기가 그려져 있어요.
- **8편 〈피은편〉** 숨어 사는 스님들의 이야기가 10편 실려 있어요.
- **9편 〈효선편〉** 효와 선의 이야기가 5편 기록되어 있어요.

◆ 《삼국유사》의 이야기의 힘

일연 스님은 이야기가 나라의 국민 의식을 만들 수 있다고 생각했어요. 일연 스님이 살았던 고려 시대는 불교가 국교였어요. 고려는 후기에 30여 년이나 몽골과 전쟁을 치러야 했어요. 당시 사람들은 지금처럼 인터넷이나 신문이나 텔레비전이 없었기 때문에 세상이 돌아가는 것을 빨리 알지 못했을 거예요.

승려였던 일연은 이야기가 민족의식을 담을 수 있다고 생각했어요. 같은 이야기를 공유하고 웃고 울면서 하나의 민족임을 느낄 수 있다고 생각한 것이죠. 일연은 역사적인 사건이나 왕의 일이 아닌 민중이 남긴 이야기를 기록하기로 했어요. 이 땅에 남겨진 이야기들을 기록해서 사람들에게 주체적인 민족의식을 심어주려고 했던 것이에요.

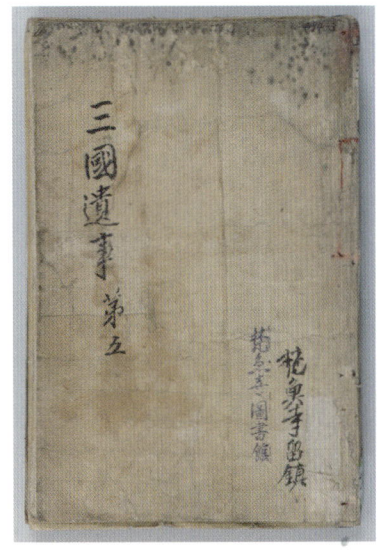

《삼국유사》
ⓒ 한국민족문화대백과사전

일연의 출생과 출가
해가 들어와서 생긴 아들

일연은 신기한 꿈을 통해 태어났어요

1206년 경상북도 경산 삼성산 아래에 사는 일연의 어머니는 어느 날 해가 안기는 꿈을 꾸었어요. 그리고 아들을 얻었지요. 해가 들어오는 꿈이어서 아들에게 견명(見明)이라는 이름을 지어주었어요. 자는 회연(晦然)이라고 해요. 아버지가 일찍 돌아가셨기 때문에 어머니는 자식의 공부를 위해 일연이 9세가 되었을 때 해양 무량사에 보냈어요. 이곳은 광주라고 말해지기도 하지만 지금의 포항 지역이라고 이해하고 있어요. 광주에는 일연 스님의 흔적을 찾을 수가 없기 때문이지요. 일연은 어려서부터 효심이 매우 깊었다고 해요.

2 **일연 스님은 14세 때 설악산 진전사에서 스님이 되기로 결심했어요**

일연 스님은 9세부터 무량사에서 공부했어요. 그러나 더 본격적으로 공부하기 위해 14세에 설악산 진전사에 갔어요. 그곳에서 스님이 되기 위해 머리를 깎았어요. 이를 체발득도(剃髮得道)라고 해요. 일연은 진전사에서 구족계를 받아 본격적인 스님의 길을 걸었어요. 일연은 1227년 22세의 나이에 승과에 급제했어요. 이때 세상에 일연의 이름이 널리 알려졌어요.

3 **일연 스님은 대구 비슬산에서 오랫동안 수행했어요**

일연 스님은 승과에 급제했지만 곧바로 정치에 나가지 않았어요. 대구 비슬산 작은 암자인 보당암에 들어가서 오랫동안 수행을 했어요. 이 기간은 몽골군이 고려를 침입한 시기이기도 했어요. 이때 일연 스님은 화엄경, 법화경, 밀교 등의 신앙을 경험했어요. 문수보살도 믿음으로 모셨어요. 이러한 이야기가 《삼국유사》에 매우 다양하게 나오고 있어요.

《삼국유사》에는 강원도 낙산사, 오대산 월정사, 고성 화암사 등 절에 관한 이야기와 수행하는 스님들 이야기가 많이 등장해요. 또한 '관기와 도성', '노힐부득과 달달박박', '광덕과 엄장'과 같이 서로 다른 수행을 하는 친구들의 이야기도 실려 있죠. 수행하면서도 세속 인간으로서 고민을 항상 진지하게 했던 것 같아요.

역사 수업

- **고려의 과거 제도와 승과**

고려의 과거 제도는 광종 때인 958년에 시작되었어요. 고려 초기의 정부 관료는 대부분 공신의 자제로 채워져 있었어요. 그러나 광종은 가문의 세력보다 나라를 먼저 생각하는 새로운 세력으로 중앙 관료를 채우려고 했어요. 그래서 출신에 상관없이 시험으로 관료를 뽑는 과거 제도를 시행했어요. 광종이 재위하는 동안 여덟 번 과거 시험을 치렀어요. 실력 있는 인재들이 대거 등용되는 계기가 되었죠. 그중에서 일연이 급제한 승과는 승려를 선발하는 시험이라고 할 수 있어요.

나라의 큰 스승, 일연
《삼국유사》의 탄생지인 운문사와 일연이 입적한 인각사

운문사

56세에 강화도 선원사에 있으면서 왕실과 인연을 맺었어요

일연 스님은 44세에 남해 정림사로 가서 10여 년을 머물렀어요. 그곳에서 《재조대장경》 판각 사업에 참여했어요. 대장경은 몽골의 침입을 물리치고자 하는 마음에서 만들었던 것이에요. 1259년 일연 스님 나이 54세 때 고려는 몽골에 굴복하고 말았어요. 일연 스님은 보조국사 지눌의 사상을 계승한 선종 계열의 스님이에요.
일연 스님은 강화도 선원사에 머물다가 다시 남쪽으로 돌아와서 지금의 포항 오어사로 내려왔어요. 물고기와 똥 이야기로 유명한 '오어사'와 관련된 혜공과 원효의 유명한 이야기가 이때 기록되었던 것 같아요.

2 **72세에 청도 운문사에서 《삼국유사》의 집필을 시작했어요**

일연 스님이 살았던 시대는 고려 무신정변, 농민 봉기, 몽골 침입 등으로 혼란스러운 시기였어요. 《삼국유사》를 쓸 무렵 고려는 몽골의 침략으로 30년 동안 전쟁을 치렀어요. 백성의 고통은 헤아릴 수 없을 정도로 심각했어요.

일연 스님은 사람들에게 민족적 자긍심을 느낄 수 있는 이야기들을 기록할 필요성을 느꼈어요. 비슬산에 머무는 동안 모은 이야기들, 청도 운문사에서 들은 이야기들, 설악산 등 전국 각지를 다니면서 우리나라의 유구한 역사를 보여주는 설화를 모았어요.

특히, 1277년 운문사에 와서는 원광 법사와 관련된 이야기와 보양 스님과 관련된 이야기를 수집해 자세히 기록했어요. 운문사는 신라 삼국통일의 원동력인 '세속오계'를 전한 원광 국사와 관련 있는 절이에요.

3 **《삼국유사》를 탈고한 인각사**

643년 선덕 여왕 시절, 원효 대사가 창건했어요. 일연 스님은 1284년부터 입적할 때까지 5년간 이 절에 머무르면서 《삼국유사》를 완성했어요. 인각사는 조선 후기에 퇴락해서 거의 폐사될 위기에 처했는데, 1990년대 지적 조사로 발굴이 진행되어 복원되기 시작했어요.

◆ 84세에 군위 인각사에서 입적했어요

1281년 충렬왕은 경주에 와서 일연 스님을 불렀어요. 그리고 1283년 78세의 나이에 충렬왕의 국사(國師)가 되었어요. 국사는 나라의 큰 스승이라는 뜻이에요. 하지만 일연 스님은 국사라는 이름 대신 국존(國尊)으로 불렸어요. 중국에서 국사라는 말을 쓰지 못하게 했기 때문이지요.

일연은 노모를 모시기 위해 국사의 자리에서 물러나 대구 인각사로 내려왔어요. 일연은 1289년 84세의 나이로 입적했어요. 보각국사 일연의 시비는 왕희지 글씨체로 써졌기 때문에 많은 사람들이 그 글씨를 따라 쓰기 위해 탁본을 많이 했어요. 그래서 비의 글씨가 흐려지긴 했지만 다행히 내용을 모두 알게 되었어요.

일연 스님의 시비에는 "후세 사람들과 즐겁게 한판 놀겠소"라는 의미심장한 글이 적혀 있어요.

역사 수업

- **선종**

참선을 중심으로 하는 불교의 종파예요. 선종은 참선과 구체적인 실천 활동을 통해 스스로 깨우치는 것을 중요하게 생각했어요. 《삼국유사》를 쓴 일연 스님은 선종에 속하는 사람이에요.

- **교종**

불교 경전에 대한 이해와 공부를 중시했어요. 또한 불경과 불상처럼 권위적인 교리나 의식을 중요하게 생각했어요. 그래서 교종은 귀족들과 밀접한 관련을 맺고 발전했어요.

- **일연 선사 시비 기록**

"스님은 사람됨이 성품을 꾸미지 않았으며 진정으로 사물을 대하였다. 무리 가운데 있으면서도 홀로 있는 듯하였고, 존귀함과 비천함을 같이 생각하였다. 불도를 닦는 여가에 대장경을 열람하고 여러 전문가의 주석을 깊이 연구하였다. 겉으로 유가의 책을 섭렵하고 겸하여 백가를 꿰뚫었으니, 처방에 따라 사물을 이롭게 하고 신묘한 쓰임이 종횡무진이었다."

우리 문화 콘텐츠의 중심, 《삼국유사》

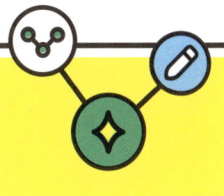

◆ 400년 만에 일본에서 돌아온 《삼국유사》

우리에게 《삼국유사》는 인문학의 최고 보물이라고 할 수 있어요. 그런데 이 소중한 책을 하마터면 잃어버릴 뻔했어요. 임진왜란 때 일본인들은 우리나라에서 중요한 서적들을 많이 훔쳐갔어요. 그중에 《삼국유사》도 있었죠. 그렇게 이 책은 400년 동안 일본의 황실 도서로 있었어요. 1920년대 육당 최남선이 일본으로 유학을 가서 《삼국유사》를 보게 되었고, 얼른 이 책을 우리나라에 소개했어요. 최남선은 모든 사람이 이 책을 한 장 한 장 모두 암기해야 한다고 말하면서 그 중요성을 강조했어요.

◆ 일본의 폄하에 맞선 우리나라에서 가장 소중한 고전 작품

일본 학자들은 《삼국유사》의 가치를 폄하하려고 애썼어요. 《삼국유사》 속 고조선과 단군을 인정하면 우리의 역사가 일본보다 2000년 넘게 앞서게 되기 때문이지요. 그래서 단군 부정론을 펼치기도 했어요. 또 가야 땅 '임나'라는 시역에 옛날 일본인이 기주했다는 임나일본부설을 주장하기도 했어요. 그래서 일제 강점기 식민지 점령을 할 때도 점령이 아니라 귀환이라는 어처구니없는 말을 했지요. 7세기에 써진 《일본서기》가 6세기에 망한 가야와 연관이 있고 일본인들이 가야에 살았다는 것은 앞뒤가 맞지 않아요.

일본인들은 《삼국유사》를 쓴 일연 스님도 폄하했어요. 어느 이상한 스님이 망담(허튼소리)을 한 것이라는 논리였어요. 그러나 《삼국유사》는 지금까지 우리 문화에서 가장 소중한 고전 작품으로 여겨지고 있어요.

◆ 전 세계로 번역되는 《삼국유사》

　K-컬처라는 말이 있어요. 세계에 퍼진 한국의 음악, 한국의 춤, 한국의 음식, 한국의 영화, 한국의 드라마 등에 붙이는 말이에요. 그런데, 이탈리아의 한국학 학자 리오토 교수는 우리나라의 K-컬처는 BTS가 아니라 《삼국유사》라는 주장을 펼치고 있어요.

　영국에 《해리 포터》가 있다면 우리나라에는 《삼국유사》가 있어요. 현재 우리나라의 수많은 드라마와 뮤지컬과 연극이 《삼국유사》에서 시작되고 있어요. 앞으로도 우리 문화 콘텐츠의 많은 부분은 《삼국유사》에 신세를 져야 할 것 같아요.

　이제 세계인들도 《삼국유사》의 가치에 주목하고 있어요. 일본어, 중국어, 독일어, 영어, 이탈리아어 등 많은 언어로 번역되어 소개되고 있어요.

◆ 전국 축제에서 펼쳐지는 《삼국유사》 이야기

　우리나라에는 곳곳에서 축제가 매우 많이 열려요. 계절마다 펼쳐지는 축제가 있는가 하면 그 지역에서 내려오는 이야기를 활용한 축제도 있어요. 특히, 《삼국유사》 속 이야기는 축제를 더욱 풍성하게 만들어주고 있어요.

　서동과 선화 공주의 사랑은 '부여연꽃서동축제'로, 장보고의 영웅성은 '장보고 수산물축제'로, 연오랑과 세오녀 이야기는 '포항국제불빛축제'로, 만파식적 이야기는 '경주세계피리축제'로, 처용 이야기는 '울산처용문화제'로 기념하며 지금도 생생히 되살아나고 있죠.

　축제가 열리는 곳에 가면 《삼국유사》에 담긴 이야기를 통해 과거와 현재가 이어지는 느낌을 받을 수 있어요. 마치 타임머신을 타고 시간 여행을 하며 그 시대에 들어간 느낌이에요.

◆ 전국 유명 사찰의 이야기가 담겨 있는 《삼국유사》

　우리나라 곳곳에는 유명한 사찰이 많아요. 《삼국유사》의 많은 이야기가 사찰을 배경으로 펼쳐지죠. 주로 사찰에 살았던 유명한 스님들이 이야기되고 있어요. 우리는 선인들의 삶을 들으면서 사찰 이야기를 감상할 수 있어요.

또한 《삼국유사》에는 사찰에 있는 탑들의 이야기가 매우 많이 실려 있어요. 탑 하나하나에 다양한 이야기들이 담겨 있기 때문에 가는 곳마다 재미를 찾을 수 있어요.

알면 더 잘 보인다는 말이 있어요. 《삼국유사》를 통해 문화를 알게 되면 돌이 그냥 돌이 아니고, 나무가 그냥 나무가 아닌 것이 되지요. 우리 주변을 더욱 잘 알수록 더욱 사랑하게 된답니다.

역사 수업

- **2018년 평창동계올림픽과 《삼국유사》**

2018년 전 세계에 방영된 평창동계올림픽 개막식 공연은 《삼국유사》를 활용했어요. 커다란 인면조가 등장하고, 고구려 벽화 속 여인들이 등장하지요. 그리고 호랑이와 곰이 등장해서 아이들과 즐겁게 노는 장면이 나와요. 우리나라 신화의 세계를 보여주는 장면이지요. 특히, 인면조는 가릉빈가라는 반인반수인데, 아름다운 피리를 불어요. 이 피리는 세상의 평화를 기원하는 만파식적과 같은 역할을 해요. 《삼국유사》속 만파식적은 세상의 근심을 잠재우는 마법의 피리거든요.

- **2002년 붉은악마와 처용**

2002년 FIFA 월드컵이 대한민국에서 열렸어요. 많은 사람이 붉은색 옷을 입고 "대한민국"을 외치면서 거리로 달려 나갔어요. 그때 그 옷에는 도깨비 무늬가 그려져 있었어요. 그 이미지는 당시 붉은색 유니폼을 입은 우리나라 축구 대표팀과 응원단의 별명이 '붉은 악마'여서 그에 맞는 이미지를 역사 속에서 찾아낸 것이었어요.

치우 천황은 환웅과 단군을 다룬 역사서 《환단고기》에 등장하는 철제 무기를 가졌던 군신이에요. 《삼국유사》의 처용 과도 뜻이 통하거나 모습이 비슷해요. 《삼국유사》에서 처용은 역신을 무찌른 인물이기 때문에 처용의 얼굴을 기와나 대문에 붙여서 나쁜 악귀를 쫓아내기도 했어요.

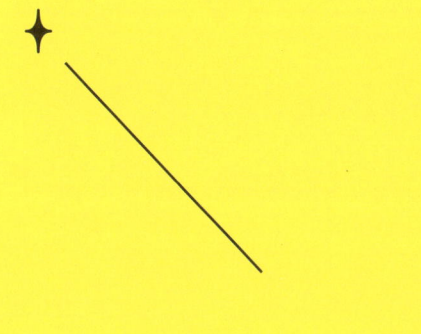
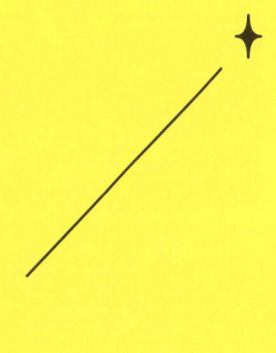

2부
《삼국유사》 속 용을 찾아라

개천에서 용이 살 수 있나요?
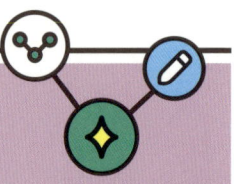

용은 정말 살아 있는 동물일까요?

용은 상상 속 동물이지만 그 모습은 동양과 서양이 달라요. 동양의 용들은 바다와 관련되어 있어서 주로 뱀의 모습에서 시작하고, 서양의 용은 대개 날개가 달려 있어요. 그리고 의미도 조금 달라요. 동양에서 용은 좋은 것을 상징하지만, 서양에서 용은 인간을 공격하는 나쁜 의미를 담고 있어요. 그래서 서양에서 영웅은 용을 점령하고 길들여야 하는 운명을 타고났죠.

용은 순수한 우리말로 '미르'라고 불려요. 예로부터 '개천에서 용 난다'라는 말이 있지요. 어려운 환경에서도 훌륭한 인재가 나온다는 말이에요. 사람들은 구름이 용 모양으로 만들어지면 용이 승천한다고 해서 용오름이라는 말을 쓰기도 했어요. 훌륭하다고 하니 나라의 제일 큰 어른인 임금님이 생각이 나지요. 맞아요. 용은 임금님을 상징했기 때문에 임금의 얼굴은 '용안', 임금의 몸은 '용상', 임금의 옷은 '곤룡포'라고 했어요.

용의 신기한 모습

사람들이 상상하는 용의 모습은 어떨까요? 명나라 이시진이 쓴 《본초강목》이라는 책에는 용의 모습이 자세히 그려져 있어요. 용은 아홉 동물의 특성을 가지고 있어요. 뿔은 사슴이고, 머리는 낙타를 닮고, 눈은 토끼처럼 크면서 유리알같이 투명하고, 목은 뱀처럼 길고, 배는 대합처럼 생겼고, 비늘은 물고기처럼 보이고, 발톱은 매처럼 날카롭고, 발바닥은 호랑이처럼 날렵해 보이고, 귀는 소처럼 생겼다고 해요.

📍 《삼국유사》는 25가지 이상의 용 이야기가 담겨 있어요

어떤 이야기에서 용은 사람을 해치는 독룡으로 등장하고, 어떤 이야기에서는 사람들을 살리는 착한 용으로 등장하고, 또 어떤 이야기에서는 나라를 구하는 호국룡으로 등장하기도 해요. 크기도 다양해서 지렁이 크기에서부터 우물에 사는 물고기 크기도 있고, 하천에 사는 중간 크기가 있고, 매우 큰 바다 용도 있어요.

그렇다면 용은 어떤 빛깔일까요? 여러분들이 생각하는 용의 색깔은 혹시 푸른 청룡이 아닌가요. 그런데, 붉은 용도 있고 누런 황룡도, 하얀 백룡도 있어요. 또한 신라의 용과 백제의 용이 각각 다르게 묘사되기도 하고 당나라의 용이 다르게 그려지기도 해요. 도대체 얼마나 많은 용이 《삼국유사》속에 살고 있는 것일까요? 《삼국유사》속 유명한 용들을 만나러 전국을 떠나볼까요?

📍 《삼국유사》에서는 용의 특성이 다양하게 그려져요

신라 초기에 그려지는 용들은 불교 이전에 우리 민간신앙에서 숭배되는 전통적인 용이에요. 알영을 낳은 계룡이나 수로왕이 무찌르려고 했던 독룡은 불교가 들어오기 이전의 용이라고 할 수 있어요. 이때 용은 풍어의 신이기도 했고 농경의 신이자 비를 다스리는 신이기도 해요.

신라 법흥왕 때 불교가 공인된 후 등장하는 용들은 호국룡의 성격이 강해요. 왕들은 용의 이야기를 적극적으로 활용하려고 했어요. 황룡사라는 절이 용과 관련 있는 것도, 문무왕이 죽어서 나라를 지키는 용이 되는 것도 모두 국가와 용과 불교를 결합한 것이라고 할 수 있어요.

신라 후기에는 왕권이 약해지면서 용들의 모습이 조금 작아지기 시작해요. 원성왕대 분황사 우물에 사는 물고기 크기의 용과 처용의 용과 거타지를 지켜준 용은 다소 약해진 용의 모습들을 보여주고 있어요.

〈제4 탑상〉 어산불영

경상남도 밀양 만어산
독룡과 돌로 변한 물고기와 용

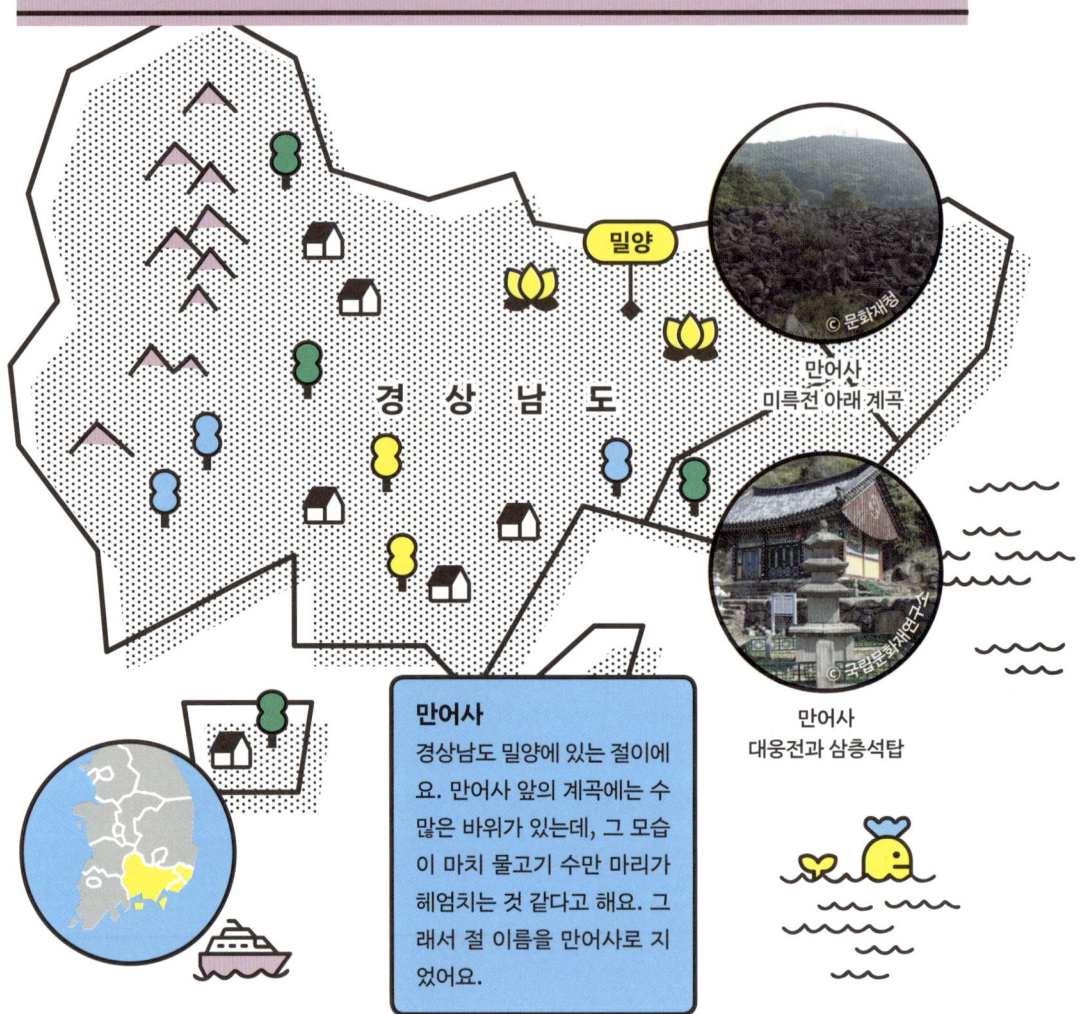

만어사
경상남도 밀양에 있는 절이에요. 만어사 앞의 계곡에는 수많은 바위가 있는데, 그 모습이 마치 물고기 수만 마리가 헤엄치는 것 같다고 해요. 그래서 절 이름을 만어사로 지었어요.

📍 독룡과 돌이 된 물고기 이야기

만어사는 《삼국유사》의 〈어산불영●〉이라는 이야기와 매우 관련이 깊어요.

옛날에 만어산 근처에 하늘에서 알로 내려와 태어난 김수로왕의 가락국이 있었대요. 당시 이곳에는 옥지라는 연못이 있었고, 그곳에는 독룡이 살았어요. 만어산에는 날

아다니면서 사람을 잡아먹는 나찰녀가 있었고, 그들은 독룡과 서로 오가면서 사귀었어요. 이런 일 때문에 번개가 치고 비가 내리고 4년 동안이나 곡식이 익지 않았다고 해요. 수로왕은 주술로 이것을 해결하려고 했어요. 하지만 불가능하다는 것을 알고 부처에게 설법을 부탁했어요. 그러자 나찰녀는 계율을 받고 드디어 나쁜 짓을 그만두게 되었어요.

이것으로 인해 동해의 용과 물고기들이 만어산 골짜기에서 돌로 변했어요. 그 이후로 이 골짜기에는 쇠북과 경쇠• 소리가 나기 시작했어요.

📍 금과 옥 소리가 나는 돌

만어산에 관한 이야기 중 승려 보림이 1180년(명종 11년)에 왕에게 전하는 이야기를 한번 들어볼까요?

어느 날 보림은 글을 써서 산중의 기이한 일을 왕에게 알렸어요.

"전하, 북천축 가라국 부처의 그림자에 관한 일과 서로 맞는 것이 세 가지가 있어 아뢰옵니다. 첫째, 산 근처 양주 땅의 옥지에 여전히 독룡이 살고 있습니다. 둘째, 때때로 강가에서 구름의 기운이 떠올라 산꼭대기에 닿으면 마치 그 구름 속에서 음악 소리가 나는 것처럼 들립니다. 셋째, 부처 그림자의 서북쪽에 반석이 있어 항상 물이 고여서 마르지 않는데, 이곳이 부처가 옷을 세탁한 곳이라고 합니다."

그러면서 보림은 자신이 직접 그곳을 방문해보니 분명히 공경하고 믿을 만한 것이 두 가지가 있다고 했어요. 첫째는 골짜기의 돌 중 3분의 2에서 금과 옥소리가 나는 것이고, 둘째는 바위 부처의 모습이 밀리서 보면 보이고 가까이서 보면 보이지 않는다는 것이에요. 아마도 그림자를 두고 한 말인 것 같아요.

📍 부처 그림자의 영험함

옛날에 용이 소를 기르는 목자가 되어 왕에게 우유를 바쳤다고 해요. 그런데, 어느 날은 조금 늦게 바쳐서 꾸지람을 들었어요. 그래서 용은 꽃을 사서 부처의 사리를 모시는 탑에 바치고 독룡이 되어 나라를 망하게 하고 왕을 해치겠다고 기도를 했어요. '반드시 용이 되어 복수하고 말 테다.'

그리고 벼랑에 몸을 던져 죽어서 굴속에 살면서 대용왕이 되어 악한 마음을 키웠어요. 그러나 이 용은 부처를 만나 악한 마음을 고쳐먹고 생물을 죽이지 않는다는 계를 받게 되었어요. 그러자 용은 부처가 늘 옆에서 자기를 다스려주길 기원했어요.

"부처님, 늘 제 곁에서 저를 다스려주세요."

부처가 말했어요.

"나는 장차 열반할 것이다. 하여 너를 위하여 나의 그림을 남길 것이니 만약 독하고 분한 마음이 생긴다면 항상 내 그림을 보거라. 그러면 독한 마음이 반드시 사라지게 될 것이다."

역사 수업

- **독룡**

독룡은 용으로 표현되지만 불교와 대치되었던 민간신앙을 나타내요. 가뭄이나 질병과 같은 것이 독룡으로 표현되는 것 같아요.

- **김수로가 등장하는 이유**

밀양은 김수로 왕이 세운 나라인 가락국(현재의 김해 지역)과 매우 가깝기도 하고, 수로왕의 왕후인 허황옥이 불교를 가지고 왔기 때문에 불법을 이야기하기에 매우 효과적이에요. 또한 부처와 독룡의 대결은 민간신앙과 불교 사이의 문화적 갈등이라고도 볼 수 있어요.

• **어산불영** 魚山佛影	'산에 비친 부처님의 그림자'라는 뜻이에요. 많은 물고기 모양의 돌들이 부처님의 그림자처럼 보이는 것을 표현했어요.
• **경쇠**	불교에서 기도를 드릴 때 소리로 인도하는 기구예요. 놋으로 만든 주발 모양으로 가운데에 구멍을 뚫어 노루 뿔 따위를 달아서 그 뿔로 소리를 냈다고 해요.

〈제4 탑상〉 낙산이대성 관음정취조신

강원도 양양 낙산사
의상 대사를 맞이하는 용

낙산사
양양
강원도

불길도 피한 홍련암
2005년 낙산사에 큰불이 났어요. 모든 사찰 건물이 타버렸지만 홍련암만은 무사했다고 해요. 홍련암은 의상 대사가 관음보살을 모신 곳으로 영험함이 더 드러났다고 믿고 있어요.

ⓒ 문화재청

관음보살이 머물고 있다는
낙산사의
의상대와 홍련암

🔍 의상은 관음보살을 보고 낙산사를 처음 세웠어요

의상(義湘, 625~702) 대사는 통일신라 시대의 귀족 출신 승려예요. 당나라에 가서 불교 화엄종을 공부하고 돌아왔죠. 당나라에서 돌아온 의상 대사는 관음보살•의 진신•이 동해안의 어느 굴속에 머물고 있다는 이야기를 들었어요. 그래서 7일간 몸을 재계하

2부 《삼국유사》 속 용을 찾아라

고 기도를 드렸더니 부처를 지키는 용천팔부의 시종들이 의상을 안내했어요. 의상이 굴속에서 수정 염주 한 꾸러미를 받고 나와 보니 동해의 용이 여의주 한 알을 주었어요.

그리고 의상은 다시 7일을 기도하고 나서야 관음보살의 진신을 만나게 되었어요.

"내가 앉은 산꼭대기에 한 쌍의 대나무가 솟을 것인즉 마땅히 그곳에 불전을 지어야 할 것이다."

관음보살은 이렇게 말하고 사라졌어요. 과연 그 자리에 대나무가 솟아났다고 해요. 의상은 그곳에 금당을 짓고 말했어요.

"나는 이곳을 서역의 보타락가산과 같은 곳이라 생각하니, 낙산사라 부르겠다."

그곳이 바로 현재 강원도 양양의 낙산사예요.

부산 범어사 의상 대사 영정
ⓒ 문화재청

원효는 신발 한 짝으로 관음보살을 만났어요

원효(元曉, 617~686) 대사는 신라의 승려로, 우리나라 불교에 큰 영향을 미쳤어요. 어느 날 원효는 당나라에 간 의상이 낙산사를 지었다는 말을 듣고 그곳으로 가고 있었어요. 거의 도착했을 즈음에 원효는 논에서 흰옷을 입은 여인이 벼를 베고 있는 것을 보았어요.

원효는 장난삼아 여인에게 말했어요.

"그 벼를 좀 주시오."

여인도 장난하는 말투로 말했어요.

"아직 잘 영글지 않았습니다."

원효는 길을 가다가 또 다른 여자가 옷을 빨고 있는 것을 보았어요.

"내게 마실 물을 좀 주시오."

그러자 여인은 빨래를 하던 더러운 물을 떠주었어요.

원효는 그 물을 버리고 다시 깨끗한 물을 떠서 마셨어요. 그때, 소나무 위에서 파랑새 한 마리가 원효에게 질책하듯이 말했어요.

"여보게, 스님. 그만두시오."

원효가 새가 있는 곳을 보자 그 새는 금세 사라져버렸어요. 다만 소나무 아래에 신발 한 짝만이 남아 있었죠.

낙산사 전경
ⓒ 한국민족문화대백과사전

원효는 낙산사에 도착해 관음보살을 보았어요. 그런데 관음보살 아래에는 아까 소나무 아래에서 보았던 나머지 신발 한 짝이 놓여 있었어요. 원효는 자신이 만난 여인들이 관음보살의 진신임을 비로소 알게 되었어요. 그때부터 사람들은 그 새가 앉은 소나무를 관음송이라고 불렀어요. 지금까지도 이 소나무는 낙산사에 자리를 잡고 있어요.

📍 의상과 원효의 해골 물 이야기

원효 대사와 의상 대사가 당나라로 유학길을 떠날 때였어요. 깊은 밤에 잠을 자기 위해 어느 동굴에 들어간 둘은 목이 말랐어요. 마침 동굴 안의 바가지에 물이 담겨 있었어요. 맛있게 물을 마신 둘은 편히 잠들 수 있었죠.

이튿날 날이 밝자 원효 대사와 의상 대사는 깜짝 놀라고 말았어요. 자신들이 먹은 물이 바가지가 아닌 해골에 고여 있던 물인 것이었어요. 두 사람은 갑자기 배가 아프고 비위가 상해서 토를 하는 지경에 이르렀어요. 그때 원효가 의상에게 말했어요.

"이 물은 어제는 달콤하고 맛있었지요. 그런데 같은 물인데 오늘은 매우 역겹게 느껴집니다."

원효 대사는 다시 의상 대사에게 말했어요.

"같은 물인데, 다른 맛을 느끼는 건 아마도 마음에 따르기 때문인 것 같습니다. 저는 당나라에 유학을 가지 않으렵니다."

의상 대사는 원효 대사의 뜻을 차마 꺾을 수가 없었어요. 그 길로 둘은 헤어져 다른 길을 갔어요.

사실 이 이야기는 《삼국유사》에는 기록되지 않았어요. 고승 500여 명의 이야기가 담긴 중국 책 《송고승전》〈의상전〉에 비슷한 이야기가 등장하죠. 그리고 원래는 동굴이 아닌 무덤가에서 잠을 잔 이야기였는데, 변형되어 해골 물 이야기로 재탄생했어요.

역사 수업

- **보타락가산**
보타락가산은 인도 남쪽 바다 건너에 있는 관음보살의 성지를 말해요. 관음보살은 모든 중생●의 고뇌를 두루 살펴준다고 해요. 고통에 빠진 중생이 관음보살의 이름만 불러도 바로 중생을 구원해준다고 전해지고 있어요. 현재 강릉에는 자장 법사와 관련이 있는 수다사라는 절 자리에 등명낙가사라는 절이 세워져 있어요.

- **낙산이대성 관음정취조신** 洛山二大聖 觀音正趣調信
낙산의 두 성인인 관음과 정취의 이야기와 조신의 이야기가 담겨 있어요.

- **관음보살**
관음은 세상 모든 아픔의 소리를 살핀다는 뜻이에요. 보살은 부처님보다는 낮은 경지이지만 자비를 상징하는 여신이라고 할 수 있어요.

- **진신** 眞身 부처의 진실한 몸
- **중생** 많은 사람

〈제6 신주〉 혜통항룡

부산광역시 기장산과 경상남도 합천 해인사
불살계를 받은 독룡

합천 해인사
신라 애장왕 때 순응과 이정이 지은 절이에요. 화엄종의 큰 절로, 《팔만대장경》을 보관하고 있어요.

합천 해인사 대적광전 벽에는 혜통 스님이 화로를 머리에 인 그림이 그려져 있어요.

📍 뼈만 남은 수달의 눈물겨운 사랑

신라 31대 신문왕(재위 681~692) 시대부터 활동해서 아들인 32대 효소왕(재위 692~702) 시대에 국사까지 지낸 혜통(惠通)이라는 스님이 있어요. 정확하게 어디 사람인지는 잘 알려져 있지 않지만, 교룡*이라는 독룡을 무찌를 만큼 신통력이 강했어요.

2부 《삼국유사》 속 용을 찾아라

혜통이 스님이 되기 전 어느 날 시냇가에서 놀다가 수달을 한 마리 잡아 죽였어요. 그리고 죽은 수달의 뼈를 동산에 버렸죠. 이튿날 새벽에 뼈를 버린 곳을 찾아가 보았지만 뼈가 보이지 않았어요. 이상하게 여긴 혜통은 핏자국이 난 곳을 따라가 보았어요. 그런데, 수달은 뼈가 앙상한 채 피를 철철 흘리면서도 자기가 살던 곳으로 가서 새끼 다섯 마리를 안고 있었어요.

이 모습을 보고 혜통은 충격을 받았고 수달의 모성애에 감탄했어요. 그리고 자신의 잘못을 뉘우치고 속세를 떠나 승려가 되었죠.

무외삼장을 감동시킨 화로와 왕화상

혜통은 신라를 떠나 멀리 당나라로 유학을 떠났어요. 당시 중국에는 인도에서 온 무외삼장(無畏三藏, 637~735)이라는 스님이 매우 유명했어요. 혜통은 그의 제자가 되고자 했지만, 삼장은 "신라에서 온 사람이 어떻게 스님이 될 수 있느냐?"면서 혜통을 제자로 받아주지 않았어요.

혜통 스님의 의지는 거기서 포기할 정도로 나약하지 않았어요. 3년 동안 정성을 다해 수도를 했지만 스승은 여전히 혜통을 받아들이지 않았어요. 혜통은 분하고 애가 타서 불이 이글거리는 화로를 머리에 이고 뜰에 나갔어요. 그때였어요. '펑' 천둥소리가 나면서 혜통의 정수리가 터졌어요.

삼장은 급히 혜통에게 와서 화로를 치우고 손가락으로 터진 곳을 만져주었어요. 그리고 신기한 주술을 외니 상처가 감쪽같이 나았어요. 상처 부위에는 '임금 왕(王)' 자 모양의 흉터가 남게 되었어요. 그때부터 혜통을 왕화상으로 부르게 되었어요.

혜통, 콩으로 공주의 병을 고치다

어느 날 당나라의 공주가 갑자기 병에 걸렸어요. 당나라 고종은 삼장에게 치료를 부탁했어요. 하지만 삼장은 자기 대신 제자 혜통을 추천했어요. 혜통은 스승을 대신해서 공주를 치료하기 시작했어요.

혜통이 흰콩 한 말을 은그릇에 넣고 주문을 외자 콩들이 하얀 갑옷을 입은 병사가 되어 병마들을 내쫓기 시작했어요. 하지만 병마들을 이기지는 못했어요. 혜통은 다시 검은콩 한 말을 금 그릇에 넣고 다시 주문을 외웠어요. 그러자 콩들이 검은 갑옷을 입은 병사로 변신했어요. 하지만 검은 병사들도 병마를 이기지 못했어요. 그러자 검은색과 하얀색의 병사가 함께 힘을 모아 병마를 쫓았어요. 그때 갑자기 교룡이 나와서 달아나자 공주의 병이 감쪽같이 나았어요.

교룡, 신라로 도망가 버드나무에 숨다

공주의 몸에서 나온 교룡은 혜통이 자기를 쫓은 것을 원망하면서 신라 문잉림으로 옮겨와서 마구잡이로 사람을 해쳤어요. 그 당시 신라의 정공이라는 사람이 당나라 사신으로 가서 혜통을 만나 말했어요.

"스님께서 쫓아낸 독룡이 신라에 와서 해를 입히고 있습니다. 빨리 가셔서 독룡을 없애주십시오."

마침내 혜통은 정공과 함께 신라로 돌아와 독룡을 내쫓았어요. 독룡은 정공을 원망하면서 버드나무로 변해서 정공의 집 앞에 우뚝 서 있었어요. 그러나 정공은 버드나무가 독룡인 줄도 모르고 매우 아끼며 사랑을 주었어요.

신문왕이 죽자 아들 효소왕이 왕이 되어 아버지의 무덤을 고쳐 짓고 장사 지낼 길을 만들고자 했어요. 하지만 정공의 집 버드나무가 길을 막고 있었기에 왕은 나무를 베어버리라고 했어요. 그때 정공은 아끼는 버드나무를 베느니 차라리 자신의 머리를 베라며 길을 막았고, 왕은 그런 정공을 죽이고 그의 집도 묻어버렸어요.

독룡을 불살계로 타이르다

신라에서는 신문왕의 딸도 갑자기 병이 들었어요. 왕은 혜통에게 병을 치료하게 했는데, 다행히 공주의 병을 고쳤어요. 혜통은 전에 독룡의 속임수로 정공이 죽음을 맞이하게 된 것을 왕에게 말했어요. 왕은 혜통의 말을 듣고 정공을 죽인 것을 후회하고 정공

가족의 죄를 면해주었어요. 그리고 혜통은 신문왕의 국사가 되었어요.

독룡은 정공에게 원수를 갚고 기장산에 가서 웅신이 되어 백성들을 더욱 괴롭혔다고 해요. 혜통은 산속으로 가서 용을 깨우쳐서 불살계를 주었어요. 그러자 드디어 웅신의 해로움이 그치게 되었어요. 불살계는 생물을 죽이지 말라는 계율을 말해요.

> **역사 수업**
>
> ● **용 신은 곰 신이라고 할 수 있어요**
>
> 《기장군지》에는 혜통이 곰 신으로 변한 용을 퇴치하려고 기장에 온 일이 더 자세하게 적혀 있어요. 독룡이 동해 용왕에게 빌고 청룡 고개라는 곳에 숨어 있었어요. 혜통은 독룡을 설득하면서 독룡이 다치지 않고 도망칠 수 있도록 청룡 고개의 기슭을 헐어주었어요. 독룡은 황금 송아지로 변해서 도망가 다시 기장산 바위굴에 곰으로 변해서 숨었어요. 혜통은 곰으로 숨어 있는 용에게 불살계를 주었어요. 혜통이 다시 청룡 고개의 기슭을 헐어주자 두 갈래 쌍계가 한 갈래 계곡물로 변했어요. 이 때문에 쌍계사를 장안사로 고쳤다고 해요.

● **혜통항룡**惠通降龍	'혜통 스님이 용을 항복시킨다'는 뜻이에요.
● **교룡**	교룡은 모양은 뱀과 같고, 몸의 길이는 한 길(2.4~3미터)이 넘으며, 넓적한 네 발이 달려 있고, 가슴은 붉고, 등에는 푸른 무늬가 있으며, 옆구리와 배는 비단처럼 부드럽고, 눈썹으로 교미하여 알을 낳는 용이라고 해요.

⟨제2 기이⟩ 문무왕법민

경상북도 경주 문무대왕릉
죽어서 나라를 지킨 용

경주문무대왕릉

경주
문무대왕릉
울산
대왕암공원

경주 문무대왕릉과 울산 대왕암공원은 관련이 있나요?
울산에도 대왕암공원이 조성되어 있어요. 여기에는 문무왕의 왕비인 자의 왕후가 용이 되어 나라를 지킨다는 설화가 전해지고 있어요. 실제로 왕비가 묻혔는지는 확인할 수 없지만 다수의 관련 설화들이 전해지고 있어요. 경주 문무대왕암은 바라보기만 해야 하지만 울산 대왕암공원은 다리가 놓여 있어서 가볼 수도 있어요. 또 바다 앞에 해송들이 매우 아름답게 펼쳐져 있어요.

경주 무장사지
문무왕은 삼국을 통일한 후 어느 골짜기에 무기와 투구를 묻고 그 자리에 무장사라는 절을 지었어요. 무기가 필요 없는 평화로운 세상을 만들겠다는 의지가 담겨 있어요.

🔍 가야의 시조에게 제사를 지내다

신라 29대 김춘추 무열왕(재위 654~661)과 김문희의 첫째 아들 법민이 30대 문무왕이(재위 661~681) 되고 처음으로 거행한 일은 바로 조서를 내리는 것이었어요. 문무왕은 신하들을 향해 엄중하게 말했어요.

2부 《삼국유사》 속 용을 찾아라

"나는 가야의 15대 자손이다."

신라의 신하들은 왕의 갑작스러운 발표에 당황했어요. 하지만 문무왕은 다시 차근차근 조서를 읽어나갔어요.

"가야국 시조 수로왕의 9대손 구형왕이 신라에 항복할 때 데리고 온 아들 세종의 후손과 잡간 서운의 딸 문명 왕후가 나를 낳았도다."

이 말에 모든 신하들은 고개를 조아리며 왕의 말을 듣고 있었어요. 문무왕은 더욱 비장한 목소리로 말을 했어요.

"그 나라 가야는 지금은 이미 망했으나 장례를 지내는 묘는 아직까지 남아 있으니, 종묘에 합하여 계속 제사를 지내도록 하라."

이에 사자를 옛터로 보내 사당에 가까운 밭 30경을 공양 밑천으로 삼아 왕위전이라 불렀으며 본토에 귀속시켰어요.

🔍 신라는 삼국을 통일했지만 여전히 불안했어요

당나라는 신라가 삼국을 통일하는 데 얼마간 도움을 주었어요. 그 후 당나라는 신라에 대가를 요구했고, 만족스러운 결과가 없자 당나라 왕 고종은 급기야 신라를 공격하려고 했어요. 당나라는 문무왕의 동생 김인문을 인질로 옥에 가두기까지 했어요.

이 무렵 신라의 의상 대사는 당나라에서 유학을 하고 있었어요. 의상 대사는 김인문을 만나 당나라가 신라를 공격하려 한다는 사실을 알게 되었어요. 곧바로 의상 대사는 신라로 돌아와 문무왕에게 이 사실을 알렸어요.

문무왕은 이를 우려하여 신하들을 모아놓고 물었어요.

"당나라 군사를 어떻게 막을 수 있겠는가?"

각간 김천존이 아뢰었어요.

"요즘 명랑 법사가 용궁에 들어가 문두루 비법●을 전수하고 왔다고 하니 그에게 물어보십시오."

불려온 명랑 법사가 말했어요.

"낭산 남쪽 신유림에 사천왕사를 세우고 도량을 열면 될 것이옵니다."

📍 명랑 법사에게 문두루 비법을 쓰게 하고 도리천을 찾다

나라의 일을 전하는 신하가 얼른 달려와 문무왕에게 아뢰었어요.

"전하, 지금 수많은 당나라 군사들이 우리 국경에 이르러 바닷가를 맴돌고 있사옵니다."

문무왕은 다시 명랑 법사를 다급하게 불러 물었어요.

"일이 이렇게 다급해졌으니, 대체 어찌하면 좋단 말이오?"

명랑 법사는 왕에게 신중하게 아뢰었어요.

"곱게 물들인 비단으로 임시 절을 만들면 될 것이옵니다."

문무왕은 신하들에게 법사의 말대로 비단으로 사천왕사를 짓게 하고 풀로 다섯 방향을 바라보는 신상을 만들게 하였어요. 사천왕사는 선덕 여왕이 묻힌 산 아래에 지어졌어요. 선덕 여왕이 제안한 도리천을 찾은 셈이지요. 도리천은 부처님이 사는 수미산 꼭대기를 말해요. 그래서 모든 절은 수미산이 되고 대웅전은 도리천이 되는 것이지요. 선덕 여왕 무덤이 도리천이 되려면 그곳이 수미산이 되어야 하지요. 그래서 절의 초입에 있는 사천왕사가 무덤 아래 지어졌어요. 선덕 여왕의 예언과 문무왕의 지혜가 만나는 지점이라고 할 수 있어요. 그리고 문무왕은 명랑 법사를 우두머리로 한 명승 12명에게 문두루 비법을 쓰도록 했어요.

📍 바다의 용이 되어 신라를 구하다

문무왕은 21년 동안 나라를 다스리느라 모든 힘을 다 써버렸어요.

문무왕은 자신이 죽으면 동해 큰 바위 위에서 장사를 지내라고 지의 법사에게 명령했어요. 그리고 지의 법사에게 죽기 전에 말했어요.

"짐은 죽어서도 큰 용이 되어 불법을 받들면서 이 나라를 지키겠소."

그러자 지의 법사가 말했어요.

"용은 짐승이옵니다. 어찌 왕께서 용이 되려고 하시옵니까?"

왕은 대답했어요.

"짐은 세상의 영화에 염증을 느낀 지 오래되었소."

그리고 한참 생각한 후에 다시 말했어요.

"만약 좋지 않은 인과응보로 짐승이 된다면 짐의 생각과 꼭 맞는 일이오."

그렇게 하여 문무왕은 동해 감포 바닷가에서 용이 되어 나라를 지키게 되었다고 전해지고 있어요.

역사 수업

• 나당 전쟁

신라 문무왕(재위 661~681)은 백제를 멸망시킨 후 당나라와 함께 고구려를 공격하기 시작했어요. 668년 나당 연합군은 고구려를 멸망시켰어요. 그 후 당나라는 한반도 영토에 대한 야욕을 드러냈어요. 당나라가 대동강 위쪽을, 신라가 그 아래를 지배하기로 한 약속을 어기고 고구려(안동도호부)와 백제(웅진도독부)는 물론 신라(계림도독부)에까지 당나라의 통치 기구를 두고 지배하려고 했어요. 그래서 670년 신라는 당나라 고종과 전쟁을 벌였어요. 이 전쟁이 나당 전쟁이에요. 나당 전쟁에는 백제와 고구려 유민도 함께 나서서 당나라를 몰아내는 데 힘을 합쳤어요. 676년 마침내 신라는 당나라를 몰아내고 대동강 이남의 영토를 차지하며 삼국통일을 완성했어요.

• 문무대왕릉의 구조

문무대왕릉은 바닷가에서 가까운 바다에 한가운데 있는 자연 바위예요. 바위가 사면으로 갈라져 있고, 가운데 공간이 있어서 파도가 칠 때마다 그 길을 따라 바닷물이 들어와요. 안쪽은 사면의 바위 덕분에 항상 잔잔해요. 네 바위 가운데에 넓적하고 큰 돌이 있는데, 문무왕의 유골을 이 돌 아래 모셨을 거라고 짐작하고 있어요.

- **문무왕법민**文武王法敏 문무왕의 이름이 법민이에요.
- **문두루 비법** 문두루는 범어 무드라mudra로, 신을 나타내는 표적을 의미해요. 문두루 비법을 처음으로 신라에 전한 사람이 명랑 법사예요. 이 비법에 따라 불단佛壇을 설치하고 다라니를 읽으면 큰 재난을 물리치고 나라를 수호하여 편안하게 한다고 해요.

〈제2 기이〉 원성대왕

경상북도 경주 분황사
물고기로 변한 용들

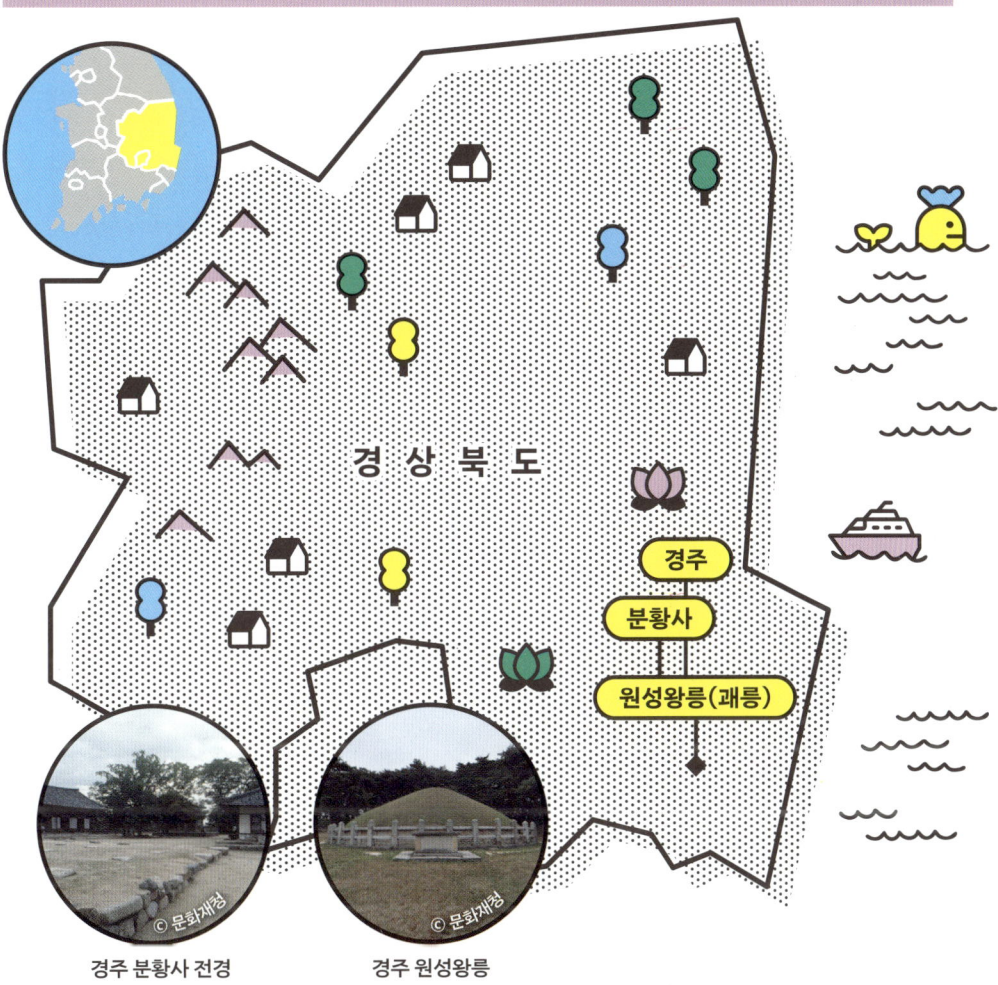

경주 분황사 전경   경주 원성왕릉

🔍 요상한 꿈풀이, 새로운 왕을 만들다

　신라 38대 원성왕(재위 785~798)의 원래 이름은 김경신이에요. 왕이 되기 전에 김경신은 이상한 꿈을 꾸었어요. 꿈에서 복두●를 벗고 삿갓을 쓴 채 12현의 가야금을 들고 천관사 우물 속으로 들어간 것이었어요. 김경신은 꿈에서 깨어나 영험한 사람을 시켜

풀이하게 했어요. 꿈을 풀이하는 사람이 말했어요.

"복두를 벗은 것은 직책을 잃을 조짐이고, 가야금을 든 것은 칼집을 쓸 징조이고, 우물에 들어간 것은 옥에 갇힐 징조이옵니다."

이 말을 들은 김경신은 매우 근심하여 꼼짝하지 않고 방 안에서 나오지도 않았어요. 이때 아찬●이 와서 뵙기를 청하였어요. 아찬은 김경신에게 말했어요.

"꺼리는 것이 도대체 무엇입니까?"

김경신은 자신이 들은 꿈풀이를 설명했어요. 이야기를 모두 들은 아찬은 말했어요.

"아니옵니다. 아주 좋은 꿈이옵니다. 만약 왕이 되셔서 저를 버리시지 않는다면 다시 꿈을 풀어드리겠사옵니다."

김경신은 말했어요.

"좋소, 어서 말해보오. 내 반드시 약속을 지키리다."

아찬은 찬찬히 설명하기 시작했어요.

"복두를 벗은 것은 그 위에는 사람이 없다는 것이고, 흰 삿갓을 쓴 것은 면류관을 쓸 징조이고, 12현의 가야금을 지닌 것은 12손이 왕위를 전해 받을 징조이고, 천관사 우물에 들어간 것은 궁궐로 들어가는 좋은 징조이옵니다."

아찬은 또다시 말을 이어갔어요.

"북천신에게 제사를 지내십시오. 분명히 효험이 있을 것이옵니다."

김경신은 아찬의 말을 그대로 따랐어요. 신라의 왕이 갑자기 죽자 신하들은 김주원을 왕으로 맞이하려고 했어요. 그런데 신기하게도 북천 북쪽의 시냇물이 갑자기 불어서 김주원이 궁궐에 올 수가 없었지요. 그래서 김경신이 먼저 궁궐로 들어가 왕이 되었어요. 김경신이 꾼 꿈은 왕이 되는 길몽이었던 셈이지요.

🔎 만파식적을 숨긴 원성왕

원성왕은 나라의 보물인 만파식적을 전해 받았어요. 왕은 하늘의 은혜를 받은 것처럼 매우 기뻐했어요. 이때, 일본에서는 신라를 공격하려고 군사를 일으키고 있었어요. 일본의 왕이 사신에게 말했어요.

"금 50냥을 줄 터이니, 신라에 가서 만파식적을 보고 오라."

일본 사신은 신라 왕에게 왔어요.

"전하, 우리 나라의 왕이 만파식적을 보고자 하옵니다."

원성왕은 말했어요.

"짐은 선대왕 진평왕 대에 있었다고 들었으나, 지금은 어디에 있는지 알지 못하오."

분황사 모전석탑
ⓒ 한국민족문화대백과사전

왕은 일본 사신을 돌려보냈어요. 그러나 다음 해에 일본 사신이 은 1000냥을 가지고 다시 신라에 왔어요. 왕은 다시 말했어요.

"은은 사양하겠소. 은 3000냥과 금을 줄 터이니 가서 피리는 없다고 전하시오."

사신은 어쩔 수 없이 자기 나라로 돌아갔어요. 원성왕은 사신이 돌아가자 신하들에게 명령했어요.

"여봐라, 만파식적을 깊숙이 숨겨두거라."

그래서 만파식적은 깊숙한 곳에 보관되었어요.

📍 호국룡을 훔쳐간 당나라 사신

왕이 즉위하자 당나라 사신이 방문해서 한 달 동안이나 머물렀어요. 그들이 돌아가자 두 여자가 왕에게 와서 하소연을 했어요.

"우리는 동지와 청지라는 두 용의 아내이옵니다."

"당나라 사신이 주문을 읊어 우리들의 남편과 분황사 우물의 용을 작은 물고기로 변하게 해서 통 속에 가지고 가버렸습니다."

두 여인은 통곡하며 애원했어요.

"폐하, 저의 남편들과 분황사 용을 되찾아주십시오."

왕은 그들을 뒤쫓아가서 잔치를 열고 이들에게 명령했어요.

"너희는 어찌하여 우리나라 용 세 마리를 이곳까지 데리고 왔느냐? 사실대로 고하지 않으면 극형에 처하겠도다."

왕의 명령이 매우 다급한 것을 알아차린 당나라 사신들은 물고기 세 마리를 꺼내 보였어요. 당나라 사신들은 왕의 신성함과 현명함에 탄복했어요.

역사 수업

• 왜 갑자기 만파식적이 등장할까요?

상대등● 출신의 38대 원성왕은 37대 선덕왕이 자식이 없어 조카 김주원에게 왕위를 물려주려고 했기 때문에 왕과 갈등이 심했어요. 조카를 지지하는 세력을 제거하고 자신의 왕권을 정당화하기 위해 신라에 내려오는 만파식적을 아버지한테 받아 보관한다는 이야기를 퍼트렸어요.

• 용이 갑자기 작아진 이유는 무엇일까요?

원성왕 시대부터 신라는 말기에 접어들어요. 이때 보이는 용은 웅장하고 거대한 용이 아니라 다소 작고 힘을 잃은 모습으로 나타나요. 우물을 지키는 작은 용은 불교의 힘이 다소 축소된 신라 말기 시대상을 보여주는 것이라 할 수 있어요.

• **복두**	두건의 일종이에요. 중국 주나라 때 무제라는 왕이 처음 만들었어요. 귀인이 쓰는 모자라고 할 수 있어요.
• **아찬**	신라의 중간급 벼슬.
• **상대등**	왕을 도와 정권을 맡았던 으뜸 벼슬.

〈제2 기이〉 진성여대왕 거타지

인천광역시 백령도
거타지와 꽃을 지킨 용

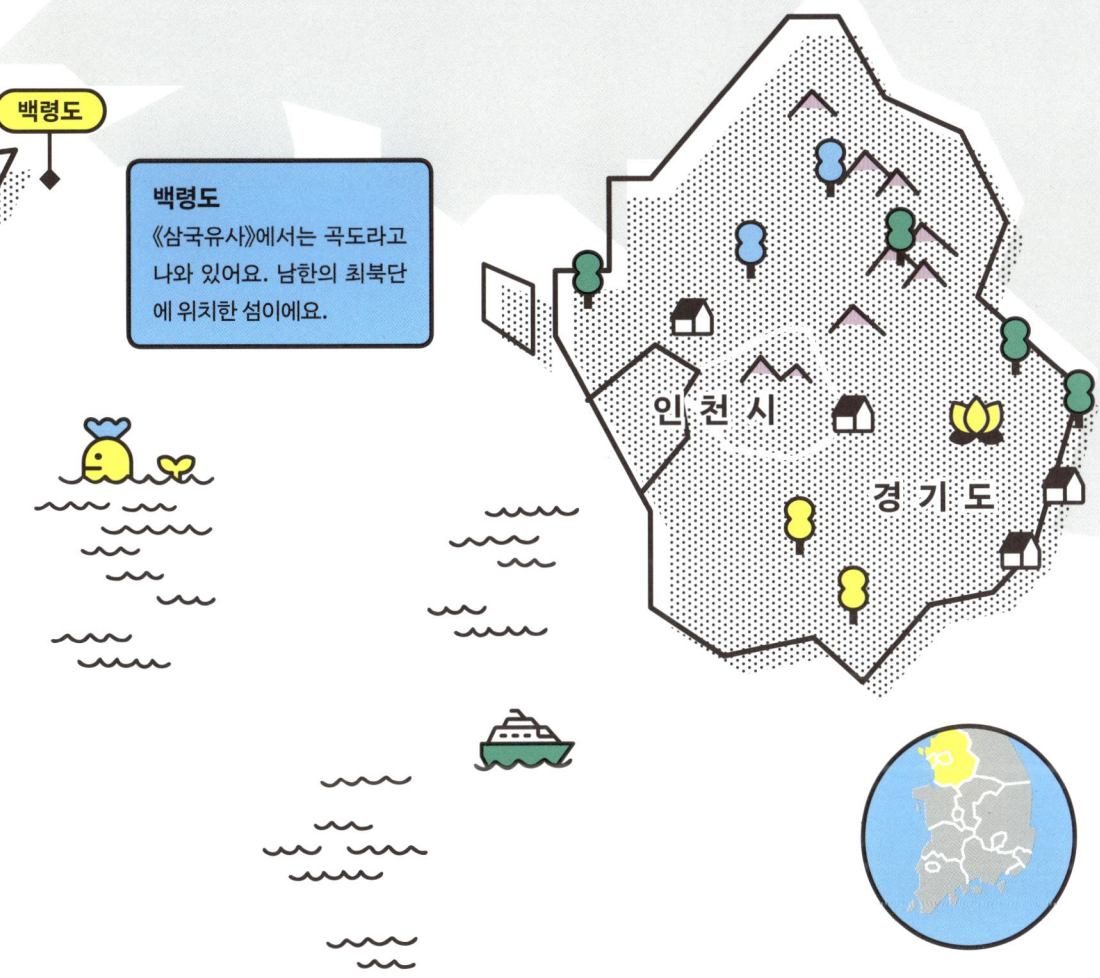

백령도

백령도
《삼국유사》에서는 곡도라고 나와 있어요. 남한의 최북단에 위치한 섬이에요.

🔍 꿈에 나타난 노인의 말

인천광역시 옹진군 백령도에는 '거타지 설화'가 전해져요.

때는 신라 51대 진성 여왕(재위 887~897) 시기예요. 나라가 그다지 평안하지는 않았어요. 왕이 총애하는 신하 몇몇이 나라를 좌지우지하고 있었죠. 이때 왕의 막내아들 양패가 군사 50명을 끌고 당나라 사신으로 가게 된 일이 있었어요.

배가 곡도, 즉 지금의 백령도를 지나려는데 바람과 파도가 심해서 열흘 동안 움직일 수가 없었어요. 그래서 점을 치게 했더니, 신령스러운 곳에서 제사를 지내야 한다고 했어요. 제사를 지낸 날 꿈에 한 노인이 양패의 꿈에 나타나 말했어요.

"활 잘 쏘는 사람을 이곳에 남겨두면 순풍을 만날 것이다."

💡 바람과 파도를 잠재우는 나무 가라앉히기 게임

양패는 주위 신하들에게 꿈을 말하고 누구를 남겨둘지 의논했어요. 신하들은 말했어요.

"나무 조각 50개를 만들어 각각 이름을 써서 바다에 던진 후 가라앉은 자의 이름으로 제비를 뽑아야 합니다."

거타지라는 신하의 이름이 물속으로 가라앉았기 때문에 신하들은 그를 섬에 남게 했어요. 그러자 바다는 순식간에 순풍으로 바뀌었어요.

홀로 섬에 남겨져 마음이 무거운 거타지에게 어디선가 한 노인이 나타났어요.

"나는 서해의 신이오. 날마다 승려 한 사람이 해가 뜨면 나타나 다라니를 외면서 이 연못을 세 바퀴 돌면 우리 부부와 자손들이 물 밖으로 나온다오. 그러면 그 승려는 우리 자손의 간장을 모조리 먹어버린다오. 이제 남은 사람은 우리 부부와 딸 하나뿐이오. 내일 아침에 다시 승려가 올 테니 그를 활로 쏘아주시오."

거타지는 노인의 애타는 부탁을 듣고 승려가 나타나기를 기다렸다 활을 쏘았어요. 그러자 그 승려는 늙은 여우로 변해서 죽었어요. 노인은 고마움을 전하기 위해 자기의 딸을 꽃으로 변신시켜 거타지에게 아내로 삼아달라고 했어요.

💡 예쁜 꽃을 가슴에 품은 거타지

거타지는 매우 기쁜 마음으로 노인의 뜻에 따라 예쁜 꽃을 받았어요. 노인은 거타지의 품에 꽃을 넣어주고는 두 마리 용을 시켜 거타지를 무사히 당나라까지 호위하도록 했어요. 두 마리의 용이 호위한 신라 사람을 보자 당나라 황제는 그를 비범한 사람으로 여겨 매우 후하게 대접하고 금과 보물을 선물로 주었어요. 신라로 돌아온 거타지는 품에서 꽃을 꺼내 여자로 변신하게 했어요. 그리고 그녀를 아내로 맞이해서 행복하게 잘 살았어요.

동화 같은 이야기이지요. 물에 잠긴 나무토막 때문에 섬에 남아야 한다는 것도 이상하지만 딸을 꽃으로 변신시켜서 옷에 넣어준다는 상상력도 매우 멋진 것 같아요.

역사 수업

- **작제건 설화**

이 이야기는 고려 태조 왕건의 할아버지 작제건의 설화와 매우 비슷해요. 작제건이 당나라에 가던 중 풍랑을 만나 홀로 섬에 남겨졌어요. 서해 용왕이라는 한 노인이 작제건에게 늙은 여우를 활로 쏘아 죽여달라고 부탁했어요. 늙은 여우를 죽인 작제건이 용왕의 딸을 아내로 삼게 되었어요.

- **늙은 여우의 정체**

이 이야기 속 늙은 여우는 왜 스님의 모습일까요? 여기에서 용은 불교의 용이라기보다는 민간신앙에 가까운 용이라는 견해가 많아요. 그래서 지방의 용 신앙이 불교와의 대립에서 다소 힘을 얻어 가는 이야기라고 할 수 있어요. 늙은 여우를 부정적인 승려로 그려내고 있는 것을 보면 짐작할 수 있어요.

- **효녀 심청 이야기와 연결하기**

〈심청전〉은 여자가 꽃으로 변해서 용궁에서 현실로 돌아온 이야기예요. 작제건 설화나 거타지 설화는 효녀 심청이의 연꽃 변신과 연관해서 생각해볼 수 있어요.

⟨제5 의해⟩ 보양이목

경상북도 청도 운문사
유리 눈의 이무기와 배나무

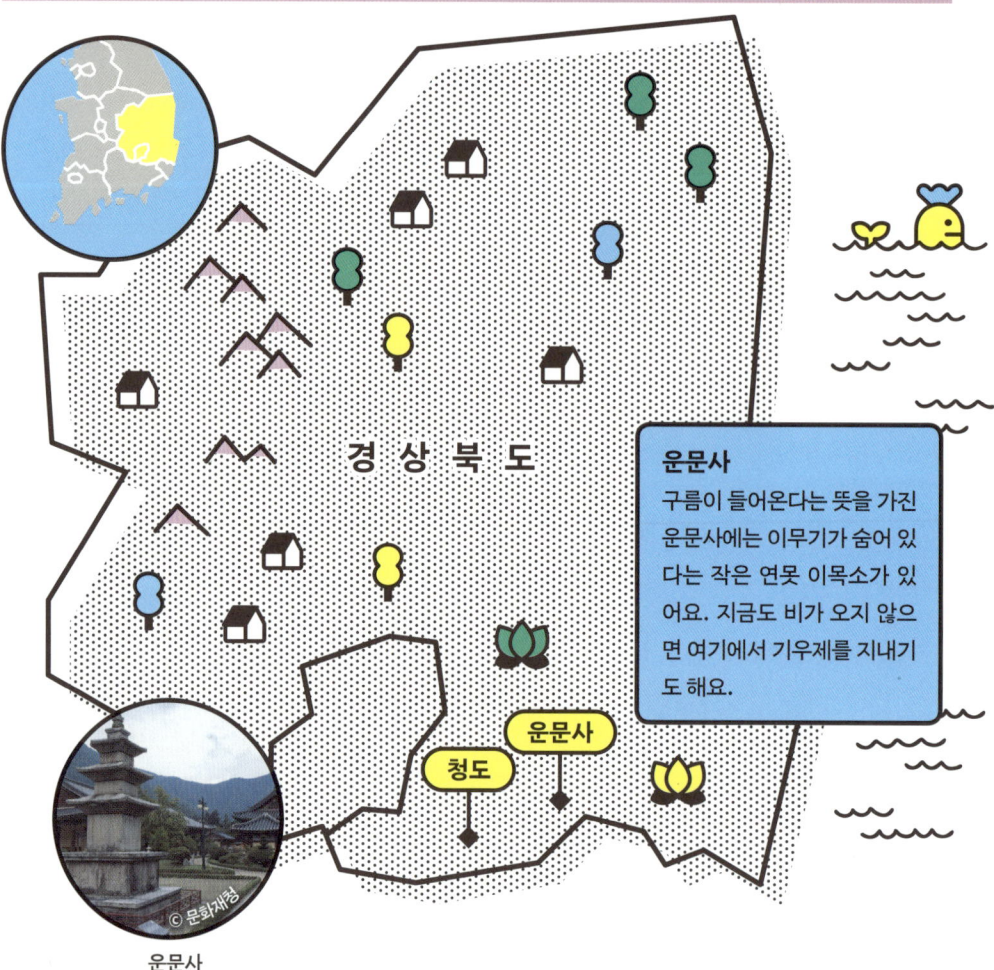

운문사
구름이 들어온다는 뜻을 가진 운문사에는 이무기가 숨어 있다는 작은 연못 이목소가 있어요. 지금도 비가 오지 않으면 여기에서 기우제를 지내기도 해요.

운문사

📍 이무기를 데리고 산 보양

　경상북도 청도 운문사에는 '보양과 배나무'라는 전설이 전해지고 있어요.
　운문사에는 유리 눈을 가진 이무기 이야기가 있어요. 이무기는 용이 되기 전의 상태라고도 하고, 작은 용이라고도 해요●. 때는 신라 말이에요. 보양 스님이 중국에서 불법을 전수받고 돌아오는 길에 서해의 용을 만났어요. 용이 스님에게 말했어요.

"지금 세 나라가 소란하여 불법에 귀의한 군주가 없지만, 만약 내 아들과 함께 본국의 작갑에 가서 절을 세우고 살면 도적을 피할 수 있을 것이오. 또한 몇 년 안에 반드시 불교를 보호하는 어진 임금이 나와 삼국을 안정시킬 것이오."

서해의 용은 보양에게 금실로 짠 스님 옷을 주고 자신의 아들인 이무기(이목璃目)를 데리고 가서 작갑사를 짓게 했어요. 그리고 곧 불교를 받드는 왕이 나타나 세상을 평정할 것이라는 말을 했어요. 작갑사는 후에 운문사라는 절이 되었어요. 그리고 얼마 후 고려 왕건이 나라를 세우고 불교를 받들기 시작했어요. 이무기는 보양 스님과 함께 운문사에서 스님의 일을 도우면서 잘 지냈어요.

하느님 몰래 비를 내린 이무기

어느 해 청도에는 가뭄이 심하게 들었어요. 비가 오지 않아서 운문사 주변 사람들의 고통이 이만저만이 아니었어요. 그래서 보다 못한 보양 스님은 이무기에게 비를 만들어달라고 부탁했어요. 타들어가는 곡식을 살리기 위해 이무기는 비를 내리는 신통력을 발휘했어요. 그런데 당시 비를 관장하는 것은 하느님만 할 수 있는 금지된 일이었어요. 하느님은 매우 화가 나 이무기를 벌하기 위해 사자를 급히 보냈어요. 벌을 주기 위해 온 사자는 보양 스님에게 다짜고짜 이무기를 내놓으라고 호통을 쳤어요. 이무기는 큰일이 난 것이지요.

이무기 대신 벌을 받은 배나무

하늘에서 온 사자는 스님에게 이무기를 내놓으라고 호통을 쳤어요. 그러나 보양 스님은 이무기를 마루 밑에 숨기고, 뜰에 있던 배나무, 즉 이목(梨木)을 가리켰어요.

사자는 유리 눈을 가진 이무기, 즉 이목(璃目)을 배나무인 이목(梨木)으로 잘못 이해하고 서둘러 번개를 쳐서 나무를 시들게 했어요. 두 단어의 소리가 같아서 실수를 범한 것이지요. 성급한 하늘의 사자는 할 일을 다 했다고 판단한 후 하늘나라로 갔고, 이무기는 구사일생으로 살게 되었어요. 이때 시들어버린 나무는 식당에서 방망이로 쓰이게 되었다고 해요.

불교의 도구로 배나무가 쓰인 것을 보면 불교와 민간신앙이 조화롭게 공존했던 것 같아요. 이 이야기에서 이목(璃目)과 이목(梨木)은 같은 소리를 가진 다른 뜻의 이름이에요. 운문사에는 아직도 용이 산다는 작은 연못인 이목소가 있어요. 어쩌면 이곳에 아직도 이무기가 살고 있을지도 모르지요.

> **역사 수업**
>
> ● **용 신앙과 불교의 대립**
> 이 이야기는 용을 믿는 민간신앙이 외국에서 들어온 새로운 종교인 불교와 충돌하면서 생긴 갈등 이야기라고 할 수 있어요. 신라는 법흥왕 때 이차돈의 순교로 불교를 공인하고, 국가의 공식 종교로 많은 사람에게 불교를 믿게 했어요. 하지만 민간에서는 여전히 용 신앙과 같은 민간신앙을 믿고 있었어요.

● **이무기와 용**	이무기는 지렁이와 용의 중간 정도로 볼 수 있어요. 이무기가 천년을 수행하고 여의주를 얻으면 용이 된다고 해요. 한국 신화 〈원천강 본풀이〉에서 주인공 오늘이라는 인물을 도와주는 이무기는 용이 되고 싶어서 많은 여의주를 들고 있지만 용이 되지 못해요. 그런데 위기에 빠진 오늘이를 구하려다 여의주를 모두 놓치고 오직 하나를 가질 때 용이 되었어요. 이무기가 용이 되기 위해서는 여의주와 긴 세월의 수련과 인간에게 감동을 주는 것이 일리가 있는 것 같아요.
● **동음이의어, 이목**	같은 소리를 내지만 뜻은 다른 단어를 동음이의어라고 해요.
	이목璃目 이무기로 불려요. '유리구슬 이(璃)'와 '눈 목(目)'으로 이루어진 단어로, 용의 눈이 유리구슬 같다는 것으로 이해할 수 있어요.
	이목梨木 배나무를 뜻해요. '배나무 이(梨)'와 '나무 목(木)'으로 이루어진 단어예요.

3부
가야를 찾아가는 신비의 여행

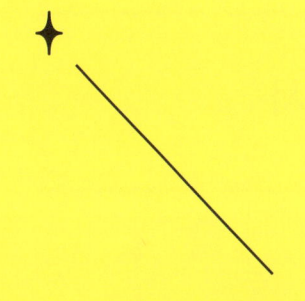
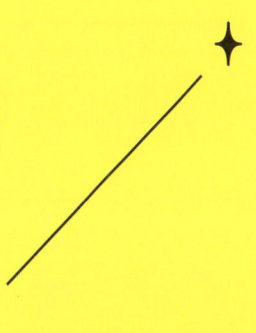

《삼국유사》 속 가야를 찾아서

1. 김해시 대성동 고분군
2. 함안군 말이산 고분군
3. 고성군 송학동 고분군
4. 창녕군 교동과 송현동 고분군
5. 합천군 옥전리 고분군
6. 고령군 지산동 고분군
7. 남원시 유곡리와 두락리 고분군

국립김해박물관
가야의 문화와 역사를 주제로 하는 고고학 전문 박물관으로, 1998년에 개관했어요.

◆ 유네스코 세계유산으로 등재된 가야 고분군

2023년은 가야 고분군이 유네스코 세계유산으로 등재된 뜻깊은 해예요.

가야 고분군은 7개나 있어요. 전라북도 남원시 유곡리와 두락리 고분군, 경상북도 고령군 지산동 고분군, 경상남도 김해시 대성동 고분군, 경상남도 함안군 말이산 고분군, 경상남도 창녕군 교동과 송현동 고분군, 경상남도 고성군 송학동 고분군, 경상남도 합천군 옥전리 고분군 등이에요. 우리가 알고 있던 6가야보다 더 많지요.

유네스코는 세계유산으로 가야 고분군을 지정하면서 가야가 주변국과 자율적이고 수평적인 체제를 유지했다고 평가했어요. 그리고 동아시아 고대 문명의 다양성을 보여주고 있다는 점을 탁월한 보편적 가치로 인정했어요. 현재 우리에게 남겨진 가야 관련 역사 자료는 많지 않아요. 하지만 가야의 고분군들을 통해 우리 역사에서 500년도 더 넘게 존재했던 가야를 다시 기억하고 그 의미를 생각해볼 수 있어요.

◆ 가야의 정신이 담긴 가야금

대가야의 7대 가실왕(재위 421~451)은 신하 우륵에게 가야의 백성을 하나로 이을 수 있는 악기를 만들게 했어요. 바로 가야금의 탄생 이야기예요.

우륵은 먼저 위를 둥글게 하고 아래는 평평하게 했어요. 둥근 것은 하늘을 상징했고, 평평한 것은 땅을 상징한 것이지요. 가운데는 허공으로 비웠어요. 줄은 열두 줄을 만들어서 1년 열두 달을 표현했어요. 줄을 받치는 기둥을 3개로 했는데, 이것은 하늘과 땅과 인간을 상징했어요.

◆ 우륵의 가야금을 받아들인 신라 진흥왕

우륵은 가야가 망해가자 가야금을 들고 신라 땅인 충주에서 살았어요. 신라의 24대 진흥왕(재위 540~576)은 우륵을 불러 가야금을 연주하게 했어요. 가야금의 소리는 정말 아름답고 신비로웠어요. 우륵이 가야금을 연주하자 진흥왕은 말했어요.

"음악이 무슨 죄가 있는가? 나라의 어지러움은 음악 때문이 아니다."

진흥왕은 우륵이 만든 음악을 신라의 음악으로 받아들였다고 해요. 신라 사람들을 보내 우륵에게 음악과 춤을 배우게 했어요. 우륵은 신라에 넘어와서도 많은 음악을 남겼어요.

우륵은 12곡의 가야금 음악을 작곡했어요. 〈하가라도(下加羅都)〉, 〈상가라도(上加羅

都)〉,〈보기(寶伎)〉,〈달이(達已)〉,〈사물(思勿)〉,〈물혜(勿慧)〉,〈하기물(下奇物)〉,〈사자기(師子伎)〉,〈거열(居烈)〉,〈사팔혜(沙八兮)〉,〈이사(爾赦)〉,〈상기물(上奇物)〉 등의 곡이 있다고 해요. 안타깝게도 현재 악보가 남아 있지 않아 어떤 음악이었는지는 알 수 없어요.

역사 수업

- **거문고와 가야금**

가야금과 거문고는 모두 줄을 튕겨 소리를 내는 우리나라 전통 현악기예요. 거문고는 5세기 이전에 고구려의 왕산악이 만들었어요. 왕산악이 거문고를 연주할 때 검은 학이 날아와 곡에 맞춰 춤을 췄다고 해요. 그래서 '검을 현(玄)', '학 학(鶴)', '거문고 금(琴)' 자를 써서 '현학금'이라고도 해요. 가야금과 달리 거문고는 6줄로 되어 있고, 술대라는 나무 막대기로 줄을 쳐서 소리를 내요.

〈제2 기이〉 가락국기

경상남도 김해 구지봉
하늘에서 내려온 알

김해의 가야 유적
김해시에는 수로왕이 내려온 구지봉과 수로왕릉, 수로왕비릉, 대성동 고분군, 구산동 고분군, 양동리 고분군, 칠산동 고분군 등 곳곳에 금관가야 유적지가 있어요.

대가야박물관
대가야의 우수한 문화를 보고, 듣고, 느낄 수 있는 세계 유일의 '대가야사 전문 박물관'이에요.

◆ 하늘에서 내려온 수로왕

　지금으로부터 약 2100년 전 한반도의 북쪽에는 고구려가 세워졌고, 그 후에 고구려에서 떠나온 소서노와 온조가 남쪽으로 내려와 백제를 세웠어요. 이때가 기원전 18년에서 기원후 28년쯤이었어요. 그리고 얼마 뒤인 기원후 42년경 남쪽 끝에서는 신기한 일이 벌어지고 있었어요.

"여기에 사람들이 있는가?"

하늘이 깜깜해지고 요상한 기운이 돌더니 남쪽 바닷가의 구지봉에서 갑자기 이상한 소리가 들렸어요. 그곳에 사는 200~300명의 사람들은 그 신기한 기운에 이끌려 무리를 지어 구지봉에 모여들었어요.

분명 사람의 소리 같았지만 어떠한 형체인지 전혀 보이지 않았어요. 순간 정적이 감돌았어요. 무서운 생각에 무리를 대표하는 유천간과 신귀간과 아도간을 포함한 구간● 들이 말했어요.

"우리들이 있습니다."

그런데, 또다시 이상한 소리가 연달아 들렸어요.

"내가 있는 곳이 어디인가?"

그 소리가 어찌나 장엄하던지 구간들은 두려움에 떨며 간신히 대답했어요.

"구, 구지봉입니다."

그러자, 그 소리는 더욱더 선명하게 들리기 시작했어요.

"하늘이 나에게 이곳으로 내려가 새로운 나라를 세워 임금이 되라고 하셨기에 일부러 여기에 온 것이다."

순간 사람들은 일제히 고개를 조아리며 감히 누구도 눈을 마주치려고 하지 않았어요. 목소리는 하늘나라의 왕처럼 위엄이 있었고 신성하게 들렸어요.

◆ 노래를 부르며 왕을 맞이하다

하늘의 목소리는 이상한 명령을 내렸어요.

"너희들은 구지봉 봉우리 꼭대기의 흙을 파내면서 '거북아, 거북아, 목을 내밀어라, 그렇지 않으면 구워 먹겠다'라고 노래를 부르고 춤을 추어라."

사람들은 차마 그 명령을 거역할 수 없었어요. 신귀간과 유천간과 아도간을 비롯한 구간들과 그곳에 모인 수많은 사람은 기쁘게 노래하고 춤을 추었어요. 그 춤은 왕을 맞이하는 신성한 춤이었어요. 그때 정말 신기한 일이 벌어졌어요. 갑자기 하늘에서 자줏

빛 새끼줄이 내려오는 것이었어요. 사람들은 정신을 잃을 만큼 깜짝 놀랐어요. 그 줄의 끝에는 붉은색 보자기에 감싸진 상자가 달려 있었는데, 사람들은 그 광경을 신기하게 바라보았어요.

"하늘에서 상자가 줄에 매달려 내려온다."

구지봉 천강육란석조상
ⓒ 한국민족문화대백과사전

사람들은 여기저기 술렁이고 흥분에 휩싸였어요. 구간들은 얼른 그 상자를 열어보았어요. 6개의 둥근 황금 알들이 찬란하고 영롱하게 반짝거리고 있었어요. 사람들은 놀란 나머지 모두 고개를 숙이고, 허리를 굽혀 백 번이나 절을 하고서야 다시 알들을 바라보았어요. 아도간은 이 알들을 자기 집으로 가져가서 탑 위에 놓기로 했어요.

◆ 가장 크고 멋진 알에서 태어난 수로왕

하루가 지나고, 이틀이 지나고, 사흘이 지나고, 드디어 12일이 된 어느 날이었어요. 아도간이 함을 열어보니, 6개의 알들에서 모두 용모가 빼어난 사내아이들이 태어났어요. 사람들은 사내아이들을 향해 일제히 절하고 축하하며 지극 정성으로 공경했어요.

아이들은 하루가 마치 1년처럼 쑥쑥 자라기 시작했어요. 열흘이 되자 키가 아홉 자(약 2.73미터)나 되었어요. 그 모습이 마치 은나라의 탕왕 같고, 얼굴은 용과 같아 한나라의 고조 같고, 눈썹은 여덟 색채로 마치 요임금 같았어요. 무엇보다 신기한 것은 눈동자가 겹으로 되어 있어서 마치 중국의 성군인 순임금 같았어요.

비로소 보름이 되던 날이었어요. 그중 가장 멋지게 생긴 아이가 왕이 되었는데, 바로 그 아이가 수로예요. 수로는 주변 산악을 보면서 그곳 풍경이 아름답다고 마음에 들어 했어요. 그래서 그곳에 멋진 궁궐도 지었어요. 수로가 왕이 되어 나라는 점점 자리를 잡아갔고 번성했어요.

> 역사 수업

- **가야는 520여 년간 존재했어요**

가야는 1~6세기에 우리나라 남부 지방 곳곳에 흩어져 있던 작은 나라들의 연합 국가를 말해요. 철을 바탕으로 매우 세련된 문화를 선보였어요. 금관가야 유적지에서는 금동관을 비롯한 화려한 목걸이, 팔찌, 청동거울과 철제 제품들이 다수 발견되었어요.

- **가야와 일본의 임나일본부설**

일본의 몇몇 역사 교과서는 고대에 일본이 한반도를 지배한 적이 있었다고 우겨대고 있어요. 7세기에 써진 《일본서기》라는 책에 임나일본부任那日本府라는 표현이 있는데, 그것이 4세기부터 6세기까지 일본이 한반도 남부의 임나(가야) 지역에 세운 통치 기구라고 주장하죠. 하지만 한국과 일본의 역사학자들의 모임인 한일역사공동연구위원회는 임나일본부설의 근거가 전혀 없다고 발표했어요.

- **가락국기**駕洛國記 　《가락국기》는 가야의 역사와 신화를 담은 책인데, 《삼국유사》에 인용된 부분 말고 전해지는 것이 없어 전체 내용을 알 수는 없어요. 1075~1084년에 편찬되었다고 해요.

- **구간**　가야국 초기의 아홉 부족의 우두머리.

⟨제2 기이⟩ 가락국기

경상남도 고령 지산동 고분군
탈해와 수로의 술법 겨루기

세계유산도시 고령
고령은 대가야의 옛 지역으로, 수백 기의 가야 무덤이 있어요. 그중 지산동 고분군에는 형태가 크고 분명한 것을 복원해 72호 무덤까지 정했어요.

고령 지산동 고분군 정상부

◆ 알에서 태어난 아이와 그를 호위한 붉은 용

 기원후 57년경 완하국이라는 가야의 이웃 나라에서도 비슷하게 이상한 일이 벌어졌어요. 완하국에는 함달왕과 왕비가 오랫동안 아들이 없어서 근심 걱정이 이만저만이 아니었어요. 무려 7년 동안 하늘에 지극 정성으로 빌어서 드디어 왕비는 기적처럼 임신을 했어요. 그런데 놀라운 일이 벌어졌어요. 왕비가 낳은 것은 아이가 아니라 커다란 알이었어요.

근심에 싸인 왕이 신하들을 불러놓고 말했어요.

"여봐라. 왕비가 알을 낳았는데 이것은 무슨 징조이겠느냐?"

그러자 신하들은 말했어요.

"사람이 알을 낳는 것은 동서고금에 없는 일이옵니다. 분명 좋은 징조는 아닐 것입니다. 필시 멀리 버리는 게 상책일 줄 아뢰옵니다."

왕은 자식을 잃은 슬픔을 참으면서 큰 궤짝이 달린 배를 만들게 했어요. 왕은 그 궤짝 안에 알과 여러 가지 진기한 보물들을 넣어 멀리 바다로 떠나보냈어요. 왕비는 눈물을 흘리며 축원을 빌었어요.

"아무 곳이나 인연 있는 곳에 닿아 나라를 세우고 집안을 이루어라."

그런데 어디서 나타났는지는 모르게 갑자기 붉은 용이 알을 실은 배를 호위하면서 바다 멀리 아스라이 사라져갔어요.

알을 실은 배는 계속 흘러가다가 가야의 바닷가에 닿았어요. 수로왕과 가야의 사람들은 그 배가 저절로 흘러온 것이 신기한 나머지 시끄럽게 북을 두드리며 그 배를 맞이하려고 했어요. 그런데 그 배는 나는 듯이 순식간에 멀리 달아나버렸어요. 그리고 계림(옛 신라) 동쪽의 하서지촌이라는 곳에 이르렀어요.

그때 노파 아진의선은 바닷가에 바위도 없는데 까치가 몰려드는 이유를 궁금하게 생각했어요.

"바다에 아무것도 없는데 웬 까치람, 저리 가!"

◆ 가야에 도착한 돌함 속 소년 석탈해

까치가 날아가고 난 곳에는 주인 없는 배가 있었어요. 노파는 배에 가까이 가서 살펴보았어요. 그 배는 단순히 빈 배가 아니었어요. 배 위에는 길이가 스무 자(6미터 정도)에 너비가 열세 자(약 4미터)나 되는 큰 궤짝이 하나 놓여 있었어요. 궁금해서 견딜 수가 없던 노파는 결국 궤짝을 열어보았어요.

궤짝 안에는 잘생기고 반듯한 사내아이가 있었고, 그 옆에는 온갖 진귀한 칠보 보물들이 놓여 있었어요. 노파는 이 아이를 7일 동안 성심으로 잘 대접했어요. 7일이 지나자 아이는 비로소 말을 했어요.

"저는 용성국 용왕의 아들입니다. 그런데 왕과 왕비는 알로 태어난 저를 상서롭지 못하게 여겨서 이렇게 먼 바다에 떠나보낸 것입니다."

이렇게 석탈해는 바다를 둥둥 떠다니다가 수로가 나라를 일으키고 있던 가야를 거쳐 계림에 도착했던 것이지요. 석탈해는 그 궤짝에서 무럭무럭 자랐어요. 키가 석 자(약 91센티미터)이고, 머리둘레가 한 자(약 30센티미터)나 되었다고 해요. 탈해는 가야라는 나라를 보고는 매우 기뻐하면서 수로왕을 찾아갔어요.

◆ 가야의 김수로와 변신 시합을 한 탈해

"왕위를 빼앗으러 왔소!"

탈해의 한마디에 한없이 평화롭던 가야가 발칵 뒤집혔어요. 그러나 수로왕은 난데없이 도전해오는 탈해를 바로 물리치지 않고, 먼저 차분한 어투로 조목조목 힘주어 말했어요.

"나는 하늘의 명에 따라 왕이 되었소. 나라와 백성을 편안하게 하라는 하늘의 명령을 어기고 당신에게 왕위를 넘겨줄 수는 없는 노릇이오. 무엇보다도 우리 백성을 당신 같은 사람에게 갑자기 맡길 수는 없소."

수로왕의 목소리는 과연 우렁차고 위엄이 있었어요. 이에 질세라, 탈해도 성난 어조로 위협적으로 말했어요.

"그대는 나와 술법을 겨룰 수 있겠소?"

수로왕은 마지못해 응답했어요.

"좋소."

말이 끝나기가 무섭게 탈해가 먼저 매로 변신했어요. 무척 빠르게 나는 매서운 매였어요. 그러자 수로왕은 용맹하고 부리부리한 독수리로 변신했어요. 창공을 퍼덕퍼덕 나는 탈해를 가로질러 독수리의 비상은 참으로 눈부실 정도였어요. 독수리가 매를 잡아먹을 다급한 상황이었지요.

　탈해는 위험을 피하기 위해 다시 변신을 시도했어요. 이번에는 조그마하고 앙증맞은 참새였어요. 그러자 수로왕은 새매로 변신을 했어요. 역시, 새매는 참새를 금방 삼킬 수도 있었어요. 하지만 아무 일도 일어나지 않았어요. 이 모든 변신들은 정말로 눈 깜짝할 정도로 짧은 시간에 일어났어요.

　얼마 후, 탈해가 본래의 모습으로 돌아오자 수로왕도 자기의 모습으로 돌아왔어요. 사람들이 보다시피 수로왕은 탈해보다 더 센 동물로 변신했지만, 탈해를 꿀꺽 삼키지 않았어요. 탈해는 이내 수로왕에게 엎드려 항복했어요. 탈해는 자신의 실패를 인정하면서 말했어요.

　"제가 기술을 다투는 장면에서 매가 독수리에게, 참새가 새매에게서 죽음을 피한 것은 아마 성인께서 죽이기를 싫어하는 인자한 덕을 가지셨기 때문입니다. 제가 수로왕과 왕위를 다툰다고 하였으나 이기기는 진실로 어렵겠습니다."

역사 수업

● 다양한 석탈해 이야기

석탈해에 관해서는 여러 가지 이야기가 전해져요. 위 이야기는 《삼국유사》 2권 끝부분 '가락국기'에 나오는 이야기예요. 《가락국기》는 가야의 역사와 신화를 담은 책인데, 전해지는 것이 없어 《삼국유사》에 인용된 부분 말고 전체 내용을 알 수는 없어요. 석탈해에 관해서는 배에 실린 궤짝에서 구해낸 아이가 신라의 왕이 되고, 석씨의 시조가 된다는 이야기가 많이 알려져 있는데, 그것은 《삼국유사》 1권과 《삼국사기》에 실려 있어요. 물론 두 이야기도 조금씩 달라요.

〈제2 기이〉 제사 탈해왕

경상북도 경주 토함산
호공의 집을 차지한 탈해의 계략

석탈해왕탄강유허
경주시 양남면 나아리의 아진포는 석탈해가 탄 배가 도착한 곳이라고 해요.

석탈해왕탄강유허

◆ 호공의 집을 점찍은 탈해의 음모

수로왕에게 패한 탈해는 배를 타고 계림으로 향했어요. 지금의 경주시 양남면 하서리의 바닷가로 추정되는 아진포라는 곳에 도착한 탈해는 노비 2명을 데리고 토함산에 올라가 돌무덤을 만들고, 7일 동안 머무르면서 성안에 살 만한 곳을 살폈어요. 그러다가 어떤 사람의 집을 눈여겨보기 시작했어요.

"흠. 저기가 좋겠군!"

탈해의 눈에 들어온 곳은 호공이라는 사람의 집이었다고 해요. 탈해는 몰래 호공의 집 옆에 숯과 숫돌을 묻고, 이튿날 이른 아침에 그의 집으로 갔어요.

"여기는 우리 조상이 대대로 살던 집이오. 그러니 집을 내놓으시오."

하루아침에 자기 집을 빼앗기게 될지 모른다는 생각에 호공은 하늘이 무너지는 것 같았어요.

토함산
ⓒ 한국민족문화대백과사전

◆ 대장장이 집안이라고 우긴 탈해

호공은 화가 나서 탈해에게 말했어요.

"무슨 근거로 너의 집이라고 하느냐?"

그러자 탈해는 너무나 당당하게 말했어요.

"우리 조상은 본래 대장장이였는데, 잠깐 이웃 고을에 간 사이에 당신이 이곳을 빼앗은 것이오. 땅을 파서 보면 사실을 알 것 아니오."

탈해의 말대로 땅을 파보니 과연 숯과 숫돌이 나왔어요. 결국 탈해는 호공의 집을 빼앗는 데 성공했어요. 탈해는 남해왕으로부터 지혜롭다는 평가를 받아 왕의 사위가 되어 신라의 4대왕이 되었다고 전해져요.

신라의 왕이 된 탈해는 23년 동안 나라를 다스리다 세상을 떠났어요.

오랜 세월이 흐른 뒤 태종 무열왕(문무왕이라고도 해요)은 신비한 꿈을 꾸었어요. 매우 위엄 있고 용맹하게 생긴 노인이 나타나 이렇게 말한 것이에요.

"내가 바로 탈해다. 내 유골을 파내어 토함산에 안치하라."

태종은 그 말을 따라 궐 안에 있던 탈해의 유골을 토함산에 모셨어요.

> **역사 수업**

- **석탈해의 의미**

석탈해의 성은 까치에서 유래해요. 그가 처음 신라에 들어올 때 탔던 배 위에 까치가 많이 있었어요. '까치 작(鵲)'이라는 글자에서 '새 조(鳥)' 부분을 빼고, 남은 '석(昔)'을 성으로 삼았어요. '탈해'라는 이름은 상자 속에서 알을 깨고 출생했기 때문에 지어졌다고 해요.

- **석탈해는 어디에서 왔나요?**

《삼국사기》에서는 석탈해를 다파나국多婆那國 출신이라고 밝히고 있어요. 《삼국유사》에서는 용성국龍城國 출신이라고 적으면서 동시에 정명국正明國이나 화하국花廈國 출신이라는 설도 제시했어요. 《삼국사기》에서도 탈해왕이 금관가야의 해변에 닿았다가 다시 신라로 가게 되었다고 적고 있어요.

- **석탈해가 갑자기 신라에 나오는 이유**

《삼국유사》에는 석탈해 이야기가 두 번 등장해요. 1권의 탈해왕 이야기, 2권의 가락국기죠. 2권에서는 탈해가 가야에 도착해 수로왕과 변신술 대결을 펼친 뒤 물러났다는 이야기가 담겨 있죠. 탈해가 신라에 도착해 호공의 집을 빼앗고, 훗날 신라 왕의 자리에까지 오르는 이야기는 1권에 등장해요. 탈해는 석씨의 시조이기도 하답니다.

〈제4 탑상〉 금관성파사석탑

경상남도 김해 수로왕비릉
꿈의 계시와 놀라운 석탑

파사석탑
파사석탑은 원래 김해 연화사에 있었는데, 현재 수로왕비릉으로 옮겼어요. 우리나라에서 보기 힘든 석질로 이루어져 있어요.

◆ 성장한 수로와 신하들의 권유

　가야의 수로왕은 결혼할 나이가 되었는데도 아직 짝을 찾지 못하고 있었어요. 구간들은 조회를 마친 후 수로왕에게 아뢰었어요.
　"대왕께서 이 땅에 내려오신 이래로 아직도 좋은 짝을 얻지 못했으니, 신들의 딸 중에서 제일 훌륭한 처자를 뽑아 배필로 삼으시는 것이 어떠신지요?"

그러나 수로왕은 단호하게 거절하였어요.

"짐이 이곳에 온 것은 하늘의 명이었다. 황후를 맞이하는 것도 역시 하늘의 뜻이 있을 것이니, 염려하지 말거라."

◆ 꿈으로 이어진 운명적인 인연

한편, 거의 비슷한 시기에 머나먼 서역 아유타국•에서도 놀라운 일이 벌어지고 있었어요. 아유타국의 왕과 왕비는 같은 날 밤 같은 꿈을 꾸었어요. 그들은 너무나 요상한 꿈이어서 서로 이야기를 하고 딸 허황옥을 불렀어요. 황옥은 아버지와 어머니의 목소리가 평소와 다르게 너무나 비장해서 무서운 생각이 들었어요. 황옥의 아버지는 고통스러운 표정으로 말을 이어갔어요.

"황옥아, 어젯밤에 아비와 어미가 똑같은 꿈을 꾸었다. 꿈속에서 상제가 나타나 너를 머나먼 가야라는 나라로 보내어 수로라는 왕의 부인이 되게 하라는구나."

어머니는 말을 하는 내내 눈물을 흘렸어요. 더 이상 말을 잇지 못하자, 아버지가 다시 말을 이어갔어요.

"황옥아, 상제의 뜻이 그러하니 우리와 작별하고 어서 가야로 가거라."

황옥은 아버지의 말씀을 거역할 수도 없고, 쉽사리 간다고 할 수도 없었어요. 한 번도 가보지 않은 머나먼 가야로 어떻게 가야 할지 막막하기만 했어요. 황옥은 신선이 먹는다고 하는 대추를 준비하고, 하늘로 가서 상제의 복숭아도 구하고, 반듯하게 얼굴과 내무새를 다듬었어요. 그리고 신하들과 금은보화를 배에 싣고 항해를 준비했어요. 낯선 나라로 가야 했지만, 아버지와 어머니의 말을 따르기로 했어요.

◆ 파사석탑을 싣고 다시 떠난 허황옥

황옥과 일행을 실은 배는 아유타국의 왕과 왕비의 배웅을 받으며, 순탄하게 출항을 시작했어요. 어머니가 황옥에게 말했어요.

"황옥아, 동쪽으로 계속 가다 보면, 너의 배필을 만날 수 있을 것이다."

가슴이 미어지는 이별의 슬픔을 뒤로 하고 황옥은 두려움에 차서 망망대해를 바라보았어요. 바다는 으르르 쿵쾅 소리를 내면서 금세라도 황옥의 배를 삼켜버릴 것만 같았어요. 배는 심하게 흔들리고, 황옥과 신하들은 거의 뱃멀미로 실신할 지경이었어요. 설상가상으로 검은 폭풍우가 몰아치면서, 그만 돛이 부서져버리고 말았어요. 그때 노련한 어느 신하가 바다의 신이 노한 것 같다고 황옥에게 말했어요.

모두 어찌해야 할지 모르던 중 동행하던 공주의 오빠 보옥 스님이 말했어요.

"황옥아, 다시 우리 나라로 돌아가자. 돌아가서 바다의 분노를 잠재울 수 있는 탑을 싣고 다시 출발해야 할 것 같구나."

황옥은 눈물이 와락 쏟아질 것만 같았어요. 새로운 나라, 모르는 낯선 사람들, 모든 것들이 무섭기만 했어요. 다시 왕국으로 돌아간 황옥은 파사석탑을 배에 싣고 다시 출발했어요.

이번에는 석탑 덕분인지 무사히 가야에 도착하는 데 성공했어요. 황옥이 탄 배 이름은 주포(主浦)예요. 이 배에는 붉은 돛대와 붉은 깃발을 달았고, 아름다운 주옥을 실었다고 전해져요.

역사 수업

- **허황옥이 가져온 차**
  이능화라는 역사학자는 《조선불교통사》라는 책에서 허황옥이 가야에 들어올 때 인도에서 차茶를 가져왔다고 해요. 김해 지역 백월산에 죽도차가 있는데, 그것이 바로 허황옥이 가져온 것이라고 주장하고 있어요.

- **아유타국**   현재 인도의 아요디아 지방으로 추정되고 있어요. 김해시는 2000년부터 아요디아 지방과 자매결연을 맺고 있어요.

〈제2 기이〉 가락국기

경상남도 김해 수로왕비릉
바다를 건너 가야로 온 왕비

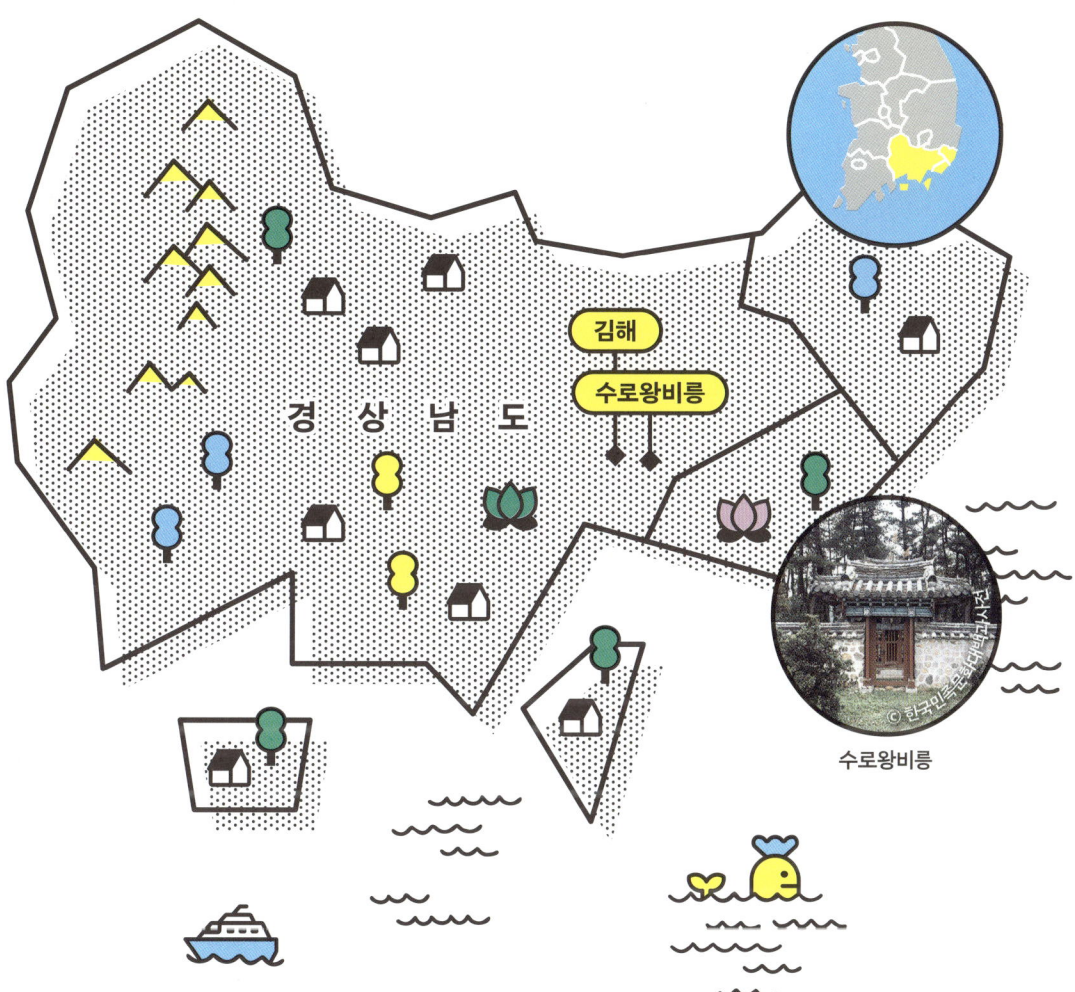

수로왕비릉

◆ 손수 마중 나간 수로왕

"배가 다가온다!"

가야의 어느 바닷가, 사람들이 이상하게 생긴 배가 다가오는 것을 보면서 소리쳤어요. 붉은 깃발을 단 배가 유유히 가야의 바닷가를 향해 오고 있었어요. 바로 수로왕이 기

3부 가야를 찾아가는 신비의 여행

다리던 왕비가 드디어 온 것이었어요. 수로왕은 유천간과 신귀간을 미리 보내 왕비를 맞이하게 했어요.

"여봐라, 목련으로 키를 만들고, 계수나무로 노를 만들어서 저어 마중하고 오라."

구간들은 왕의 명령대로 황후를 맞이할 준비에 정신이 없었어요.

"황후 마마, 어서 오십시오."

구간들을 대표해서 유천간이 인사를 했어요.

"나는 그대들과 평소에 알지 못하는 사이인데, 어찌 감히 경솔하게 따라가겠는가?"

황옥은 경계를 풀지 않았어요.

수로왕은 이 말을 전해 듣고 손수 마중을 나가기로 했어요. 수로왕을 만난 황옥은 곧장 왕국으로 가지 않고 언덕으로 올라서 비단 바지를 벗어서 산신령님께 폐백을 드렸어요.

◆ 가야에 온 허황옥, 수로를 만나다

수로왕은 황옥과 함께 온 모든 신하들에게도 살 곳을 마련해주었어요. 모두를 물리고 난 후에, 왕과 왕비는 둘만 방에 남게 되었어요. 모든 것이 완벽했어요. 달빛도 그윽하고, 주변은 고요하고, 촛불이 방 안을 비추고 있었지요. 황옥은 수줍게 고개를 들어서 말을 했어요.

"저는 아유타국의 공주라고 합니다. 성은 허씨이고 이름은 황옥이며, 열여섯 살이랍니다. 저는 부모님의 영험한 꿈만 믿고 머나먼 서방님을 찾아왔습니다."

수로왕 역시 기다렸다는 듯이 말했어요.

"나는 태어나면서부터 자못 신성한 기운을 타고났소. 하여 공주가 먼 곳에서 올 것을 미리 알았소이다. 그래서 신하들이 왕비를 맞이하자고 계속 재촉했지만, 지금까지 따르지 않은 것이오."

두 사람은 어려운 상황을 이겨낸 상대방을 향해 위로하면서 사랑하는 마음이 가득 생겼어요. 이렇게 수로왕과 허황옥은 신이 맺어준 인연에 다시금 감사하며, 행복한 결혼식을 올렸어요. 가야는 황옥 왕비가 가져온 진귀한 보물로 더욱 풍성해졌어요.

◆ 백성들에게 해와 달이 된 왕과 왕비

수로왕은 어느 날 신하들에게 말했어요.

"고관들의 호칭이 지나치게 농부나 소인의 이름을 가졌다. 혹여 다른 나라 사람들이 비웃을까 걱정이 되는구나."

그래서 나라에서 고관들을 부르는 호칭인 관직 이름을 모두 새롭게 바꾸는 등 국가의 품격을 더욱 높였다고 전해져요.

수로왕과 황옥 왕비는 백성에게 매우 사랑을 받았어요. 왕과 왕비도 백성을 자식처럼 사랑했지요. 권위적이지 않으면서도 고상한 위엄이 있었어요.

가야의 백성은 왕과 왕비를 해와 달처럼 여기면서 의지하고 평화롭게 살았다고 해요. 왕과 왕비는 무려 150세가 넘는 나이까지 행복하게 살았다고 해요.

역사 수업

- **자신의 성씨를 물려준 허황옥**

허황옥은 10명의 아들을 낳았는데, 그중 8명은 아버지 김씨의 성을 따르고, 나머지 2명은 어머니 허씨의 성을 따르게 했어요. 허황옥은 최초의 다문화 여성이면서 호주제 폐지를 가장 먼저 실현한 여성이라고 할 수 있어요.

- **가락은 가야를 부르는 다른 이름이에요**

가락의 뜻은 '물고기'라고 해요. 불교에서 물고기는 중요한 상징물이지요. 절에 가면 한 번쯤은 커다란 종 위에 나무로 만든 물고기가 걸려 있는 것을 보았을 거예요. 목어木魚라고 불러요. 왜 물고기를 걸어놓았을까요? 물고기는 잠을 잘 때도 눈을 감지 않는다고 해요. 그리고 거친 바다를 거슬러서 헤엄을 치기 때문에 스님들이 물고기처럼 쉬지 않고 수행을 하려는 다짐을 보여주는 것이라고 해요. 지금도 김해에 가면 두 마리 물고기 문양이 김수로와 허황옥의 무덤에 그려져 있어요. 김해의 다리 문양에도 그려져 있어요. 현재 인도의 아요디아라는 곳에서는 두 마리 물고기를 그 지역의 상징으로 삼고 있다고 해요.

〈제1 기이〉 신라 시조 혁거세왕

경상북도 경주 나정
혁거세와 신라의 건국

경주 나정
박혁거세가 내려왔다고 전해지는 곳이에요.

경주 계림
김알지가 내려왔다고 전해져요. 김알지가 태어난 계림이 있는 경주 월성지구에는 동궁과 월지, 첨성대 등이 있어 세계문화유산으로 지정되었어요.

◆ 붉은 알에서 태어난 박혁거세

우리나라의 삼국 시대가 열리기 전 신라 지역에는 진한이라는 나라가 있었어요. 진한은 여섯 마을이 모인 나라였죠.• 어느 날 여섯 부족의 촌장들이 모두 알천 남쪽에 모였어요.

"우리 여섯 부족은 모두 위로 하나의 군주가 없고 이런 상태로 백성을 거느리니, 백성이 방자하여 자기가 하고 싶은 대로 하고 있소. 심히 큰일이 아닐 수 없소."

알천 양산촌의 촌장 알평이 말했어요. 그러자, 돌산 고하촌의 촌장 소벌도리가 이어서 말했어요.

"덕 있는 사람을 찾아 군주로 삼아 나라를 세우고 도읍을 정하는 것이 어떻겠습니까?"

그러고는 모두 높은 곳으로 올라가 남쪽을 바라보니, 과연 양산 아래 나정이라는 우물 옆에 번갯불 같은 이상한 기운이 보였어요.

"백마가 있다. 백마가 있어!"

사람들의 외치는 소리가 들렸어요. 여섯 부족의 촌장들과 함께 많은 사람이 나정이라는 우물가에 왔어요. 말은 온데간데없이 사라지고, 붉은색 알 하나만 덩그러니 놓여 있었어요. 사람들은 무서움 반 호기심 반으로 알을 조심스럽게 깨뜨렸어요. 그런데 그 안에는 모습이 아름다운 사내아이가 들어 있었어요.

사람들이 조심스럽게 아이의 몸을 씻겨주자 아이의 몸은 반짝반짝 빛이 나기 시작했고, 새와 짐승들이 춤을 추고, 천지가 진동하고, 해와 달이 밝아졌어요. 그러한 가운데 밝게 반짝거린다고 해서 혁거세라는 이름을 붙여주었어요.

◆ 혁거세와 알영의 만남

그때, 무산 대수촌 촌장 구례마가 말했어요.

"천지기 이미 우리에게 내려왔으니, 덕이 있는 왕비를 찾아 짝을 맺어드립시다."

그 말이 끝나기가 무섭게 알영정 우물가에 해룡이 나타나 왼쪽 옆구리에서 아이 하나를 낳았어요. 갑자기 일어난 신기한 사건에 사람들이 깜짝 놀라고 있을 때 한 꼬마가 소리쳤어요.

"엄마, 저 아이의 입술이 닭 부리 같이 생겼어요."

여섯 촌장은 아이를 월성 근처 북천에서 목욕시키기로 했어요. 목욕을 시켰더니 부리는 없어지고, 신기하게도 아름다운 여자아이로 탈바꿈했어요. 사람들은 그 여자아이를 알영이라고 불렀어요.

남자아이와 여자아이가 열세 살이 되자, 사람들은 그들을 왕과 왕비로 삼았어요. 그리고 나라의 이름을 서라벌, 서벌, 사로, 계림이라고도 불렀는데, 모두 당시 신라를 이르는 다양한 이름이었어요.

◆ 혁거세의 죽음과 신기한 일

혁거세왕은 61년 동안 나라를 다스리고 어느 날 갑자기 하늘로 올라갔어요. 그러고 나서 7일 후에 그의 시신이 땅에 떨어졌고 왕비도 죽게 되었지요. 사로국 사람들은 이들을 함께 장사지내려고 했어요.

그러자 뱀들이 이를 방해해서 왕의 머리와 사지를 다섯 곳에 나누어 묻어주었는데, 뱀 때문에 생긴 무덤이어서 사릉(蛇陵)이라고도 불렀어요.

혁거세의 뒤는 혁거세와 알영의 큰아들인 남해왕이 이었어요. 남해왕은 자신의 왕위를 아들인 유리에게만 넘기지 않고 사위에게도 동일한 기회를 주었어요. 그 사위는 바로 앞에서 나온 탈해였어요.

수로왕과의 변신술 싸움에서 패배한 탈해는 신라에 건너가 뛰어난 재능을 발휘해 남해왕의 사위가 되었어요. 남해왕은 세상을 떠나기 전에 자신의 아들 유리와 사위 탈해를 불러놓고 더 지혜로운 사람에게 왕위를 물려주겠다고 했어요.

그러자 탈해는 유리에게 제안했어요.

"내가 듣기에 성스럽고 지혜가 많은 사람은 치아가 많다고 합니다. 떡을 물어 잇자국이 많은 사람이 왕위를 이어받읍시다."

유리가 떡을 물자 탈해보다 잇자국이 더 많았어요. 그래서 유리가 먼저 왕위를 이어받고, 다음에 탈해가 왕위를 이어받게 되었어요.

◆ 탈해가 발견한 상자와 김알지

어느 날, 탈해에게 집을 빼앗겼던 호공이 월성 서쪽을 지나다가 커다란 빛이 반짝이는 것을 보았어요. 하늘에서 땅까지 자줏빛 구름이 드리워지고, 구름 속으로 보이는 나뭇가지에 황금 상자가 신비하게 걸려 있었어요. 상자 안에서는 밝은 빛이 쏟아져 나오고 있었고, 나무 밑에서는 흰 닭이 울고 있었어요.

호공은 탈해왕에게 그 사실을 알렸어요. 탈해왕이 상자를 열어보니, 사내아이가 들어 있었어요. 탈해왕은 이 상자 속 사내아이의 출현이 시조인 혁거세왕의 출현과 닮았다고 생각해서 아이의 이름을 김알지라고 했어요. 김알지는 금궤에서 나온 어린아이라는 뜻이에요.

탈해왕이 알지를 데리고 궁궐로 오는데, 신기하게도 혁거세왕 때처럼 새와 짐승이 춤을 추면서 즐거워했어요. 탈해왕은 알지를 태자로 삼았어요, 그러나 알지는 탈해왕을 따라 왕위를 잇지 않았어요. 한참 후에 알지의 후손이 13대 미추왕이 되어 왕위를 계승했다고 해요.

> **역사 수업**
>
> - **신라의 여러 이름**
>
> 신라는 서라벌, 서벌, 사로, 계림 등으로 다양하게 불렸어요. 앞선 이야기에서 신라를 계림이라고도 불렀는데, 왕이 계정鷄井에서 태어나서 계림국으로 불리기도 했대요. 그런데 계림이라는 이름에는 탈해왕이 김알지를 숲속에서 얻은 일과도 연관이 있어요. 탈해왕이 김알지를 얻자 닭이 울어서 국호를 '닭 계(鷄)'와 '수풀 림(林)'을 써서 계림이라고 불렀어요.
>
> - **김알지의 '김'의 의미**
>
> 김알지가 금궤에서 나왔다고 해서 성을 김(金) 씨라고 했어요. 신라는 박혁거세의 박씨, 석탈해의 석씨, 김알지의 김씨가 번갈아서 왕위를 차지했어요.

> - **사로육촌**   진한 사로국을 구성한 6개의 마을이에요.

〈제2 기이〉 가락국기

경상남도 김해
아름다운 가야의 후손 문무왕

가야문화축제
매년 5월이면 김해에서는 가야문화축제가 열려요. 다양한 공연과 전시가 이어지고, 수로왕 행차가 단연 돋보인답니다.

◆ 아름다운 문무왕의 효심

　189년 김수로왕의 왕비 허황후가 157세 나이로 세상을 떠났어요. 백성들은 땅이 무너질 듯 탄식했어요. 199년 수로왕도 나이 158세에 세상을 떠났어요. 백성들은 부모가 죽은 것처럼 슬퍼했어요. 이후 가야는 첫째 아들 거등왕부터 9대손 구형왕까지 이어졌고, 매년 왕실에서는 정성껏 김수로와 허황옥에게 제사를 지냈어요. 그리고 가야가 망한 후 한참 동안 제사는 이어지지 못했어요. 그러다가 신라 30대 문무왕이 조서를 내렸어요.

"가야국 시조왕의 9대손 구형왕이 우리 나라에 항복할 때 데리고 온 아들 세종의 아들인 솔우공의 아들 잡간 서운의 딸 문명 왕후가 나를 낳았으니 김수로는 나에게 15대 시조다. 그 나라는 이미 망했으나 장례를 모시는 묘는 아직까지 남아 있다. 종묘●에 합하여 제사를 지내도록 하라."

이에 나라에서는 해마다 술과 떡과 다과를 준비해서 제사를 지내기 시작했어요. 문무왕의 효심으로 가야의 시조에게 다시 제사를 지내게 된 것이지요.

◆ 분수 넘은 제사가 불러들인 재앙

가야 제사와 관련된 이야기가 있어요. 신라 말년에 잡간 충지라는 사람이 금관성, 즉 가야 땅을 공격하여 빼앗은 후 성주 장군이 되었어요. 또 아간 영규라는 사람이 장군의 위엄을 빌려서 종묘에 함부로 제사를 지냈어요. 그런데 단옷날 사당의 대들보가 이유도 없이 무너져서 영규가 깔려 죽고 말았어요. 이에 성주 장군은 혼잣말을 했어요.

"내가 마땅히 영정●을 그리고 향과 등을 바쳐서 제사를 지내야겠다."

그런데 제사를 지낸 후 사흘도 되지 않아 영정의 두 눈에서 피눈물이 흘러내려 땅바닥에 흥건히 고였어요. 장군은 두려워서 수로왕의 직계 후손인 규림을 불렀어요.

"자네가 왕의 직계 자손이니 제사를 직접 지내는 게 옳겠네."

이때부터 규림이 대를 이어 무사히 제사를 지내게 되었어요. 그런데 갑자기 지난번 죽은 영규의 아들 준필이 미친 증세로 와서 자기가 직접 제사 음식을 차렸어요. 준필은 술잔을 올리기도 전에 갑자기 병이 나서 집으로 돌아가 죽고 말았어요.

◆ 도적들도 도망가게 한 사당의 수호신과 뱀신

김수로와 허황옥의 사당에는 금과 옥이 많았어요. 어느 날 도둑들이 보물을 훔치러 사당에 왔어요. 그런데 갑옷을 입고 투구를 쓰고 활과 화살을 든 한 용사가 나와서 비 오듯 활을 쏘아 도둑들을 맞혔어요. 도둑들은 혼비백산 도망을 가고 말았어요.

며칠 후 도둑들이 다시 사당에 와보니 길이가 30자나 되고 눈빛이 번개 같은 큰 구렁이가 사당 옆에서 나와 8~9명을 물어 죽였어요. 그때부터 사람들은 신물이 능을 지키고 있다고 생각했어요.

역사 수업

- **수로왕을 사모하는 놀이**

가야에서는 매년 7월 29일에 수로왕을 사모하는 놀이가 펼쳐졌다고 해요. 백성과 병사들이 승점에 올라가서 장막을 치고 술과 음식을 먹으면서 즐겁게 놀았죠. 말을 타고 달리기도 하고 배를 띄워 북쪽을 향해 내달리기도 했어요. 이 놀이는 신하들이 허황후가 오는 것을 보고 왕에게 알리는 것을 나타내요.

- **김수로와 허황옥에게는 아들 10명과 딸 2명이 있었어요**

자식들 중에서 첫째 아들은 거등왕이고 7명은 스님이 되었어요. 아들 중 2명은 엄마의 허씨 성을 따랐어요. 이 중 한 딸의 외손녀가 후에 신라 김알지의 부인이 되었어요.

- **종묘**   역대 왕과 왕비의 위패를 모시는 사당.
- **영정**   제사 등을 지낼 때 고인의 얼굴을 그린 그림.

4부
영웅과 귀신과 도깨비를 만나러 가는 여행

《삼국유사》에 등장하는 인물의 다양성

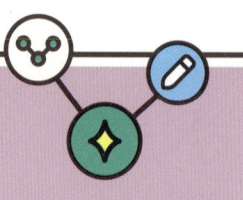

외국에서 건너온 허황옥, 석탈해, 처용

《삼국유사》에는 외국에서 들어온 이방인들에 대한 이야기가 매우 많아요. 다문화가 오늘날만의 현상이 아니었던 것이죠. 그 옛날 일연 스님이 이야기를 모을 때도 매우 많은 다문화 이야기가 있었어요.

가장 유명한 인물은 가야의 왕비인 허황옥이에요. 왕비는 머나먼 인도 아유타국의 공주로서 부모가 꾼 꿈 때문에 가야에 오게 되었어요. 오랜 항해 끝에 가야에 온 공주는 김수로와 결혼해서 열 명의 자식을 낳고 150세가 넘도록 백성과 잘 살았어요.

신라의 4대왕 석탈해도 돌함에 실려 신라에 들어온 이방인이에요. 학자들은 러시아 캄차카 지방에서 왔다고 주장하고 있어요. 그곳에 탈해의 탄생 설화와 비슷한 이야기들이 전해지기 때문이지요.

신라 말 49대 헌강왕 때 들어온 처용은 페르시아에서 온 이방인이라고 생각하고 있어요. 지금의 이란으로 알려진 페르시아에는 〈쿠쉬나메〉라는 신화가 있는데, 페르시아 왕자와 신라 공주의 사랑이 적혀 있어요. 이 세 사람 이외에도 이방인이 많이 등장해요. 《삼국유사》를 쓴 일연 스님은 아마도 우리 사회에 들어온 이방인들이 우리와 함께 어우러져 살아간다면 모두 우리 민족이라고 생각했던 것 같아요.

동물에 대한 이해와 사랑

《삼국유사》에는 동물들에 대한 애정을 담은 이야기도 매우 많아요. 동물로 변한 인간이 나오는가 하면, 동물이 인간으로 변하기도 하죠. 동물이 사람 말을 하기도 하고, 사람의 마음을 이해하는 동물들이 등장하기도 해요.

〈고조선〉편에서 곰은 여자가 되고 싶어 하고 아이를 가지고 싶어 해요. 그리고 비로소 우리의 시조인 단군을 낳기까지 해요. 호랑이는 〈고조선〉편에서는 쑥과 마늘을 싫어해서 뛰쳐나가지만, 〈김현감호〉에서는 호랑이 처녀가 인간과 사랑을 나누고 인간 남자를 위해 목숨을 희생하기도 해요.

〈사금갑〉에서 쥐와 까마귀는 왕에게 경고문을 알려주는 고마운 역할을 해요. 또 물고기가 스님의 불법을 이해하기도 하고 소가 스님의 불법을 이해해서 눈물을 흘리기도 해요. 김유신의 말은 주인의 마음을 읽어서 사랑하는 천관녀의 집에 데려다주기도 해요. 보양 스님 이야기에서 이무기는 비를 내려 가뭄을 구하는 데 도움을 주지요. 《삼국유사》에 그려진 동물들 이야기를 통해 동물에 대한 일연 스님의 애정을 느낄 수 있어요.

하층 여성들에 대한 관심

《삼국유사》에는 남성뿐만 아니라 여성에 대해서도 많은 이야기가 담겨 있어요. 특히 하층 여성들의 이야기가 많아요.

욱면이라는 하녀는 독실한 마음을 가지고 열심히 일하면서 부처님께 기도하는 것을 게을리하지 않았어요. 하늘에서는 남자 신도를 제치고 욱면을 제일 먼저 성불하도록 했어요. 욱면은 지붕을 뚫고 연화대에 오를 수 있었어요.

어느 지방의 가난한 딸은 눈이 먼 어머니를 위해 남의 집에서 일을 해서 봉양했어요. 그리고 그 어머니가 밥이 거친 이유를 물었을 때 비로소 그 사실을 알렸어요. 딸과 엄마는 목 놓아 울었죠. 그 울음소리가 왕궁까지 들릴 정도였다고 해요.

분황사 절에서는 희명이라는 천민 여자가 자기의 다섯 살 눈먼 아이를 데리고 노래를 부르면서 천수관음에게 기도를 했어요. 천수관음은 아이의 눈을 뜨게 했어요. 일연 스님은 불교가 높은 사람뿐만 아니라 하층민 여성들에게도 똑같이 사랑을 베푸는 종교임을 강조하고 싶었던 것 같아요.

〈제2 기이〉 고조선 왕검조선

인천광역시 강화도 마니산
인간을 이롭게 하고자 하는 마음

강화 참성단

인천

경 기 도

참성단 ⓒ문화재청

삼랑성 ⓒ문화재청

참성단
강화도의 마니산 참성단은 단군이 하늘에 제사를 올리기 위해 쌓은 제단이에요. 지금도 해마다 개천절에 이곳에서 제천 행사가 열려요.

삼랑성
강화도의 삼랑성은 정족산성이라고도 하는데, 단군의 세 아들이 쌓은 성이라는 전설이 있어요.

📍 곰의 간절한 기도

"저기가 좋겠군."

환웅이 인간 세계를 내려다보며 말했어요. 옛날 하늘의 신인 환인의 아들 환웅은 자주 천하에 뜻을 두고 인간 세계를 탐내곤 했어요. 아버지는 아들의 뜻을 알고 삼위태백•을 내려다보니, 인간을 널리 이롭게 할 만하여 환웅에게 천부인• 3개를 주어 인간 세계를 다스리게 했어요.

환웅은 무리 3000명을 데리고 태백산 꼭대기 신단수 아래로 내려왔어요. 환웅은 말했어요.

"이곳을 신시라고 하겠다."

환웅은 바람과 비와 구름을 거느리고 곡식, 생명, 질병, 형벌, 선악 등 인간 세상의 300여 가지 일을 주관하여 세상을 다스렸어요.

당시 곰 한 마리와 호랑이 한 마리가 같은 굴속에 살고 있었어요. 이들은 환웅에게 사람이 되게 해달라고 간절히 기도했어요.

"환웅님, 부디 저희를 인간이 되게 해주세요."

🔍 쑥과 마늘, 곰과 호랑이의 운명을 바꾸다

매일 간절하게 바라는 곰과 호랑이에게 환웅은 쑥 한 다발과 마늘 스무 쪽을 주었어요. 그러고는 그들에게 말했어요.

"그것들을 먹어라. 그리고 100일 동안 햇빛을 보지 않으면 사람이 될 것이다."

곰과 호랑이는 쑥과 마늘만을 먹고 열심히 견디려고 했어요. 하지만 너무 힘이 들었고, 점점 기운이 빠졌어요. 호랑이는 화가 나고 배가 고파서 말했어요.

"난 더 이상은 못하겠어."

곰은 그런 호랑이를 달래면서 말했어요.

"조금만 참으면 될 서야. 응, 우리 힘내사!"

그러나 호랑이는 결국 중도에 포기하고 말았어요. 끝까지 어려움을 견딘 곰만 드디어 삼칠일• 만에 여자의 몸이 되었어요.

🔍 아이를 원하는 웅녀•의 기도

여자가 된 곰은 혼인을 하고 싶었는데 상대가 없었어요. 그래서 신단수 아래에서 또 간절히 기도했어요.

"환웅님, 저를 여자로 변신시켜주셨으니, 이제 제발 아이를 낳게 해주세요."

환웅은 스스로 사람으로 변해 간절한 마음을 가진 웅녀와 결혼했어요. 단군은 그렇게 곰에서 변한 여자인 웅녀에게서 태어났어요.

단군은 평양성에 고조선이라는 이름을 가진 나라를 만들었어요. 환웅은 도읍을 백악산 아사달로 옮겼고, 1500년 동안 그곳을 다스렸어요, 단군은 1908세까지 산신처럼 살았어요.

역사 수업

- **신단수=박달나무**

신단수는 박달나무라고 해요. 박달나무는 잎이 뾰족한 달걀 모양으로 끝이 톱니 모양의 나무예요. 박달나무는 우리나라 전국에 퍼져 있어요. 신단수는 마을마다 있는 신기한 나무로 신이 내려오는 통로 같은 역할이었다고 해요.

- **일제 강점기 단군 논쟁**

일제 강점기 때 일본은 우리의 단군을 부정했어요. 심지어 《삼국유사》가 한 승려의 허튼 망담이라고까지 주장했어요. 일본이 단군을 인정하면 우리의 역사가 고조선까지 거슬러 올라가기 때문이지요. 우리 역사에서 일제 강점기 때 단군 연구를 한 학자가 많은데, 대표적으로 최남선과 신채호와 박은식 등이 있어요.

• **삼위태백**	삼위산과 태백산을 이르는 말로, 삼위산은 중국에 있는 산이고, 태백산은 백두산이에요.
• **천부인**	신을 상징하는 물건을 말해요. 환웅이 가져온 천부인 3개는 칼, 거울, 방울이에요.
• **삼칠일**	7일이 세 번 다가오는 21일을 말해요.
• **웅녀**	환웅은 하늘의 신(천신)이고 웅녀는 땅의 신(지신)이라고 할 수 있어요. 웅녀는 곰을 숭상하는 토테미즘을 상징해요.

⟨제1 기이⟩ 도화녀 비형랑

경상북도 경주 오릉
도깨비의 시조가 된 비형랑

경주 오릉
비형랑이 도깨비들과 지었다는 귀교는 오랫동안 위치가 전해지지 않았는데, 최근 경주 오릉 북쪽 담장과 접하는 남천내에서 유적이 발견되어 조사 중이에요.

📍 폐위된 왕, 25대 진지왕

신라 24대 진흥왕(재위 540~576) 때였어요. 당시 신라는 옆 나라인 백제와 사이가 매우 나빴어요. 대신 좀 떨어져 있던 고구려와는 사이가 좋았지요. 진흥왕에게는 동륜 태자와 금륜 태자라는 두 아들이 있었어요. 그런데 동륜 태자는 불의의 사고로 죽고, 그의 아들 백정만이 남았어요.

왕위는 둘째 아들 금륜 태자가 이었어요. 역사에서는 왕이 된 금륜 태자를 25대 진지왕(재위 576~579)이라고 불러요. 진지왕이 나라를 다스린 4년 사이 정치가 매우 혼란스러워졌어요. 백성은 참을 수가 없었고, 불행하게도 진지왕은 폐위되고 말아요.

아름다운 도화녀를 다시 찾은 죽은 왕

진지왕이 했던 가장 좋지 않은 일 중에 장안•의 미녀 도화녀와 관련된 일이 있어요. 도화녀는 당시 얼굴이 아름답기로 소문이 자자했어요. 하지만 이미 결혼을 한 여인이었어요. 진지왕은 그녀를 궁중으로 불러들여 자신에게 시중을 들도록 강요했어요. 도화녀는 단호하게 저항하면서 말했어요.

"여자는 두 남편을 섬기지 않습니다."

진지왕은 되받아쳤어요.

"임금의 명이다."

도화녀도 지지 않고 또박또박 대답했어요.

"비록 임금의 명이라고 하더라도 남편이 있는데, 다른 사람을 섬길 수 없습니다."

진지왕은 다시 위협적으로 말했어요.

"너를 죽인다면 어찌하겠느냐?"

도화녀는 질세라 다시 말했어요.

"차라리 시장 거리에서 죽어 딴마음이 없기만을 바랄 뿐입니다."

진지왕은 다시 그녀를 희롱하면서 물었어요.

"남편이 없으면 그때는 어찌하겠느냐, 가능하겠느냐?"

도화녀는 그런 일은 없을 것이라 여기고, 체념하듯이 말했어요.

"네."

그해에 진지왕은 궁궐에서 쫓겨나 폐위되고 죽었어요. 2년 후에는 도화녀의 남편도 갑작스럽게 죽었지요.

어느 날 밤, 진지왕이 마치 살아 있는 듯 옛 모습 그대로 도화녀의 집에 찾아왔어요.

그리고 도화녀에게 물었어요.

"네가 지난번 약속한 대로 남편이 죽었으니, 나를 섬기겠느냐?"

도화녀는 미처 이러한 상황이 올 것이라고 생각하지 못했어요.

승낙하지도 못하고 거절하지도 못하고 황당해하자 그녀의 부모가 말했어요.

"어찌, 옛 왕의 명령을 어기겠느냐?"

귀신의 아들, 도깨비의 시조가 되다

진지왕이 머무는 동안 도화녀의 집 지붕은 7일 동안 오색구름에 덮여 있었어요. 그리고 방 안에는 향기가 가득했지요. 왕은 7일 후에 홀연히 사라져버렸어요.

얼마 후 도화녀는 아이를 낳았어요. 그때 백성은 천지가 진동하는 것을 느꼈어요. 그 아이의 이름은 비형이었는데, 매우 특이하다는 소문이 돌았어요.

진지왕의 뒤를 이은 26대 진평왕(재위 579~632)은 그 소문을 듣고 비형을 데려다 길렀어요. 열다섯 살이 되었을 때 집사 벼슬을 내려 일도 시켰어요. 그런데 궁중에 이상한 소문이 돌았어요. 한 신하가 진평왕에게 아뢰었어요.

"전하, 집사 비형이 밤마다 월성을 넘어 서쪽 황천 언덕으로 가서 귀신들과 노닌다고 하옵니다."

진평왕은 병사들에게 비형이 노는 것을 몰래 엿보게 했어요. 비형과 귀신들은 즐겁게 놀다가 종소리가 들리면 모두 흩어지는 것이었어요. 진평왕은 비형을 불러 조용히 말했어요.

"네가 진정 귀신들과 논디는 것이 사실이냐?"

비형이 대답했어요.

"네, 그러하옵니다."

진평왕은 다시 말을 건넸어요.

"그렇다면 네 귀신 친구들과 신원사 북쪽 시내에 다리를 놓아보거라."

비형은 그의 귀신 친구들과 하룻밤 사이에 다리를 놓았어요. 사람들은 그 다리를 귀교(鬼橋), 즉 귀신다리라고 불렀어요.

진평왕은 비형을 다시 불러 말했어요.

"귀신들 중 인간 세상에 도움이 될 만한 자가 있으면 어디 한번 추천해보거라."

비형은 말했어요.

"길달이라는 자가 있습니다."

진평왕은 길달을 데려오라 했어요. 길달 역시 집사 벼슬을 받아 왕을 도와 일을 잘했어요. 귀신이었지만 과연 충직하게 일을 잘했지요. 왕은 자식이 없는 각간 임종에게 길달을 아들로 삼게 해주었어요.

그런데 어느 날 어떠한 사연인지 알 수 없는 일이 일어났어요. 길달이 여우로 변한 것이에요. 비형은 귀신을 시켜 여우를 붙잡아 죽였어요. 귀신들은 그때부터 비형이란 이름만 들어도 무서워 도망쳤어요.

역사 수업

- **진지왕의 죽음에 대한 진실**

《삼국유사》와 《삼국사기》에는 진지왕이 이미 죽었다고 나왔지만, 김대문이 쓴 《화랑세기》에는 진지왕은 죽은 것이 아니라 폐위된 후 궁궐 유궁에 갇혀 있었다고 해요. 지금의 궁궐 감옥 같은 곳이에요. 아무도 모르게 잠깐 밖으로 나와 도화녀를 찾아간 것 같아요.

- **도깨비 비형**

한국의 대표 신화학자인 김열규는 비형이라는 도깨비를 귀신과 인간의 중간자라고 말하고 있어요. 비형이란 존재는 이것과 저것, 여기와 저기의 중간적 존재라는 것인데, 무엇인가 서로 다른 것들이 맞닿아 있는 곳에 자리 잡은 존재이지요.

- **비형랑**鼻荊郎　　본디 이름은 비형이에요. 랑(郎)은 당시에 사내를 가리키는 호칭이에요. 참고로 여자에게는 여자, 아가씨, 각시를 뜻하는 랑娘을 붙였어요.

- **장안**　　나라의 수도를 이르는 말이에요.

〈제2 기이〉 경덕왕·충담사·표훈대덕

경상북도 경주 굴불사지
하늘과 땅을 자유롭게 오간 표훈 대덕

경주. 굴불사지 석조사면불상

성덕대왕신종
경덕왕이 아버지인 성덕왕의 공덕을 기리기 위해 만든 종으로, 경덕왕의 아들인 혜공왕 때인 771년에 완성되었어요. 우리나라에 남아 있는 종 중에 가장 크고, 에밀레종이라는 별명이 있어요.

국립경주박물관
성덕대왕신종을 비롯해 신라의 문화유산을 한눈에 볼 수 있는 우리나라의 대표 박물관이에요.

💡 굴불사를 지은 경덕왕의 소원

때는 신라의 35대 경덕왕(재위 742~765) 시절이었어요. 경덕왕은 아버지 성덕왕을 이어 왕이 되었죠. 어느 날 경덕왕이 백률사로 행차하는 길이었어요. 갑자기 땅속에서 목탁 소리가 들렸어요. 왕은 신하들에게 땅을 파게 했어요. 그때 사면에 부처가 새겨진 바위가 나왔어요. 그래서 왕은 그 자리에 절을 지어 굴불사라고 불렀어요.

경덕왕은 나라를 평안하게 하는 데 힘을 쏟았어요. 그리고 석굴암과 불국사와 같은 건축물을 완성해서 불교의 전성기를 가져왔어요. 그런데 왕에게는 단 하나 근심이 있었어요. 바로 자신의 뒤를 이을 아들이 없다는 것이었죠. 왕은 고심하다가 표훈 대덕•을 불러 명령했어요.

"대사, 내가 복이 없어 후사를 얻지 못했으니, 하늘에 청하여 사내아이 하나를 점지해주시오."

표훈 대덕은 하늘로 올라가 천제에게 말을 전하고 돌아왔어요. 표훈 대덕은 주춤하면서 왕에게 말했어요.

"천제께서는 딸을 구하는 것은 가능하지만, 사내아이는 마땅치 않다고 하옵니다."

그러나 왕은 포기하지 않고 다시 말했어요.

"제발 딸을 아들로 바꾸어주시오."

📍 천기누설과 하늘길의 막힘

표훈 대덕은 다시 하늘로 올라가서 왕의 청을 천제에게 전달했어요. 천제는 표훈 대덕을 단호하게 호통치며 말했어요.

"딸을 아들로 바꿀 수는 있다. 하지만 만약 사내아이가 태어난다면 나라를 매우 위태롭게 할 것이다."

지상으로 내려가려던 표훈 대덕을 천제가 다시 불렀어요.

"대사, 하늘과 인간 사이를 어지럽혀서는 안 된다. 지금 대사는 천기를 누설해서 천하를 어지럽히고 있다. 다시는 이곳으로 올라오지 못할 것이야."

표훈 대덕은 천재의 말을 왕에게 전달했어요. 왕은 그래도 고집을 굽히지 않고 대답했어요.

"나라가 위태로워지더라도 좋소. 짐은 꼭 아들을 얻어 후사를 삼고 싶소."

📍 무리한 부탁이 낳은 비극

얼마간 시간이 지났어요. 왕후는 드디어 왕이 고대하고 고대하던 아들을 낳았어요. 왕은 하늘을 얻은 것만큼이나 기뻤어요. 어느덧 왕이 죽고, 아이는 여덟 살 어린 나이에 왕이 되었어요. 이 아이가 후에 36대 혜공왕이 되었지요.

혜공왕의 취미는 매우 요상했다고 해요. 부녀자들이 하는 비단 주머니 놀이를 좋아했고, 나라의 큰일들도 잘 처리하지 못했어요. 표훈 대덕은 그 후로 다시는 하늘로 올라갈 수 없었지요. 신라는 혼란해졌고, 혜공왕은 결국 암살을 당하고 말아요.

역사 수업

● 경덕왕의 업적

신라의 35대 왕인 경덕왕(재위 742~765)은 신라의 전성기를 이끌었어요. 그는 여러 제도를 정비하고, 전국의 행정구역을 9주 5소경으로 바꾸는 등 행정 체제도 개편했어요. 또 불국사를 비롯해 여러 큰 절을 지었으며, 봉덕사 종을 만들도록 했어요. 이 종은 현재 우리나라에 남아 있는 가장 큰 종으로 성덕대왕신종 혹은 에밀레종이라는 이름으로도 불려요. 경덕왕은 당나라와도 활발히 교역하는 등 신라의 전성기를 이끌었어요.

● 혜공왕의 죽음

혜공왕은 8세에 왕위에 올랐고 24세에 살해되었어요. 혜공왕은 아버지 경덕왕의 뒤를 이어 성덕대왕신종을 완성했어요. 혜공왕 시절 기록을 보면 심상치 않은 징후들이 눈에 띄어요. 먼저, 천구성●이 동쪽 누각 남쪽에 떨어졌다는 기록이 있어요. 그것의 머리는 항아리만 하고 꼬리는 3척쯤 되며 색깔은 타는 불 같았대요. 그리고 천지가 진동하였다고 해요. 이런 기록들은 불안한 혜공왕 시절을 보여주고 있어요.

- **대덕** 출가한 승려 가운데 장로, 부처, 보살, 고승 등을 높여 이르는 말이에요.
- **천구성** 재해의 징조로 나타난다고 하는 별을 말해요.

〈제5 의해〉 의상전교

경상북도 영주 부석사
의상을 사모해서 용이 된 선묘

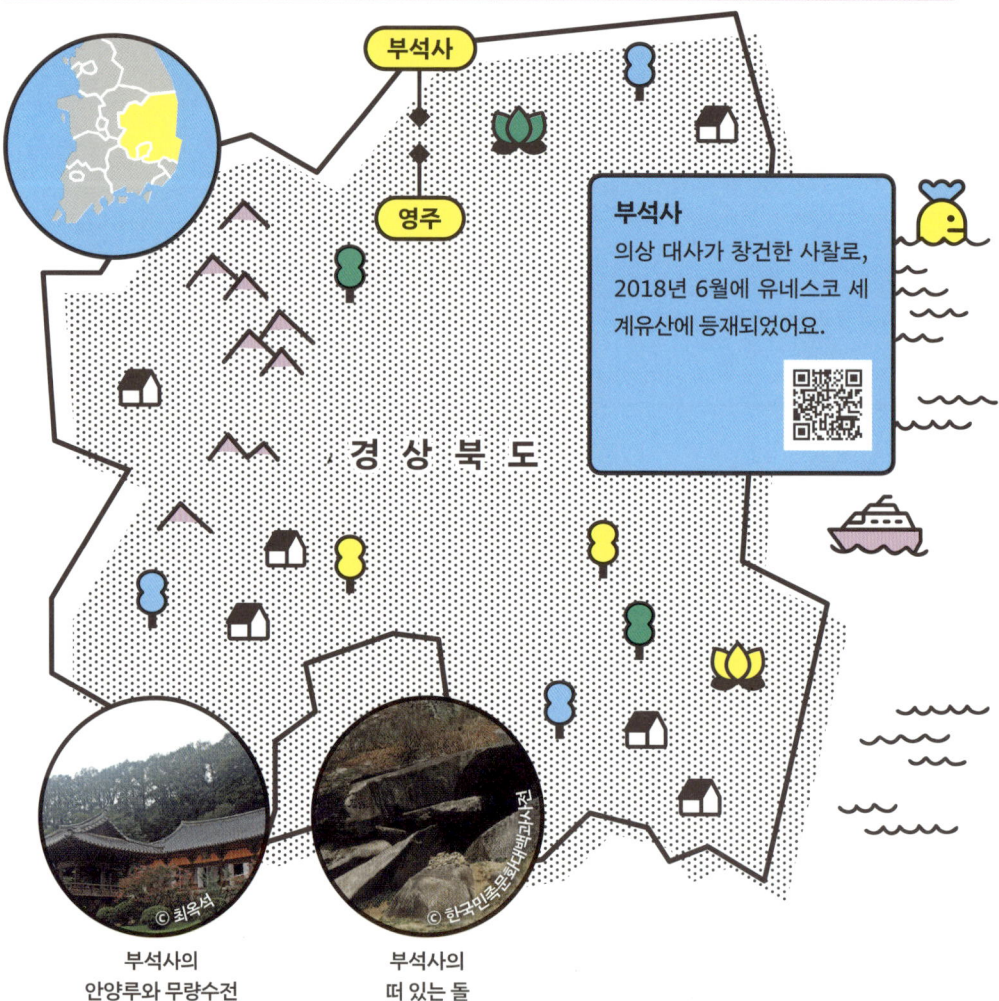

부석사의 안양루와 무량수전

부석사의 떠 있는 돌

부석사
의상 대사가 창건한 사찰로, 2018년 6월에 유네스코 세계유산에 등재되었어요.

🔍 당나라로 유학을 떠난 의상

　의상 스님은 원효 스님과 함께 우리 역사에서 가장 유명한 스님이라고 할 수 있어요. 의상이 스님이 되려고 할 때 진덕 여왕이 매우 슬퍼했다고 해요.

　의상은 원효와 함께 당나라에 유학을 떠났어요. 처음 당나라에 갈 때는 국경에서 당의 군사에게 잡혀 첩자로 오해받고 수십 일 동안 갇히기도 했어요. 여러 고비를 겪은 후 마침내 의상은 당나라 사신의 배를 타고 중국으로 갔어요. 당나라에 도착한 의상은 지엄이라는 스님을 만났어요.

부석사 무량수전
ⓒ 한국민족문화대백과사전

📍 여의주를 문 봉황의 빛과 의상

지엄 스님은 중국 화엄종●의 2대조인데, 의상을 만나기 전날 신기한 꿈을 꾸었어요. 해동에서 큰 나무 한 그루가 솟아났어요. 그리고 그 나무의 가지와 잎이 우거져서 그늘이 생겼어요. 그 그늘은 중국까지 덮었어요. 그 나무 위에는 봉황의 둥지가 있었는데, 그 위에 올라가 보니 여의주 하나가 반짝이고 있었어요. 꿈에서 깬 지엄 스님은 이상하게 여겼어요. 주변을 깨끗하게 청소하고 누군가를 기다렸는데, 그때 바로 의상이 도착한 것이에요. 지엄 스님은 의상을 극진하게 맞이하면서 말했어요.

"어젯밤에 꾼 꿈은 자네가 올 징조였군."

지엄 스님은 뛰어난 재주를 가진 제자를 맞이해서 너무나 기뻤어요.

📍 의상을 사모한 선묘 낭자와 떠 있는 돌

당나라는 신라에게 삼국통일을 도와준 대가를 요구했어요. 신라와 뜻이 맞지 않자 신라를 공격할 계획도 세웠지요. 이를 알게 된 의상은 신라로 돌아와 왕에게 당나라의 침입 계획을 알렸어요.

의상이 중국에서 신라로 돌아올 때 그를 사모했던 한 여인이 있었어요. 바로 선묘 낭자인데, 그녀는 자신이 죽어 의상을 지키겠다며 스스로 바다에 몸을 던져 용이 되었다고 해요. 후에 의상이 영주에 부석사라는 절을 지으려 할 때 그곳에는 절을 못 세우게 방해하는 사람이 많았어요. 그런데 바로 그때 선묘 낭자가 나타나 큰 바위를 공중으로 들어 올려서 영험함을 드러냈어요. 사람들은 무서워서 모두 도망가고 그곳에 '돌이 떠 있다'는 뜻인 부석사가 세워졌어요. 부석사의 돌은 지금도 그대로 남아 있다고 해요.

> **역사 수업**
>
> ● **왕족 출신의 승려가 많아요**
>
> 의상 대사는 왕족 출신의 승려예요. 사실 신라의 유명한 스님들 중에는 왕족 출신이 많아요. 신라 시대에 불교는 국가나 왕실과 밀접한 관계를 가졌어요. 왕실의 보호 아래 불교가 발전하다 보니 왕족 출신들이 불교에 귀의하는 경우가 많았죠. 의상 대사는 당나라의 지엄 스님으로부터 화엄종의 이치를 깨닫고 신라에 와서 부석사를 중심으로 우리나라 화엄종의 시조가 되었어요.

- **의상전교**義湘傳敎　　의상 대사의 전기를 기록한 글이에요.
- **화엄종**　　　　　　《화엄경》을 근본 경전으로 삼은 불교 종파예요.

〈제4 탑상〉 황룡사구층탑

경상북도 경주 황룡사지
이웃 나라의 침입을 막기 위한 황룡사 탑

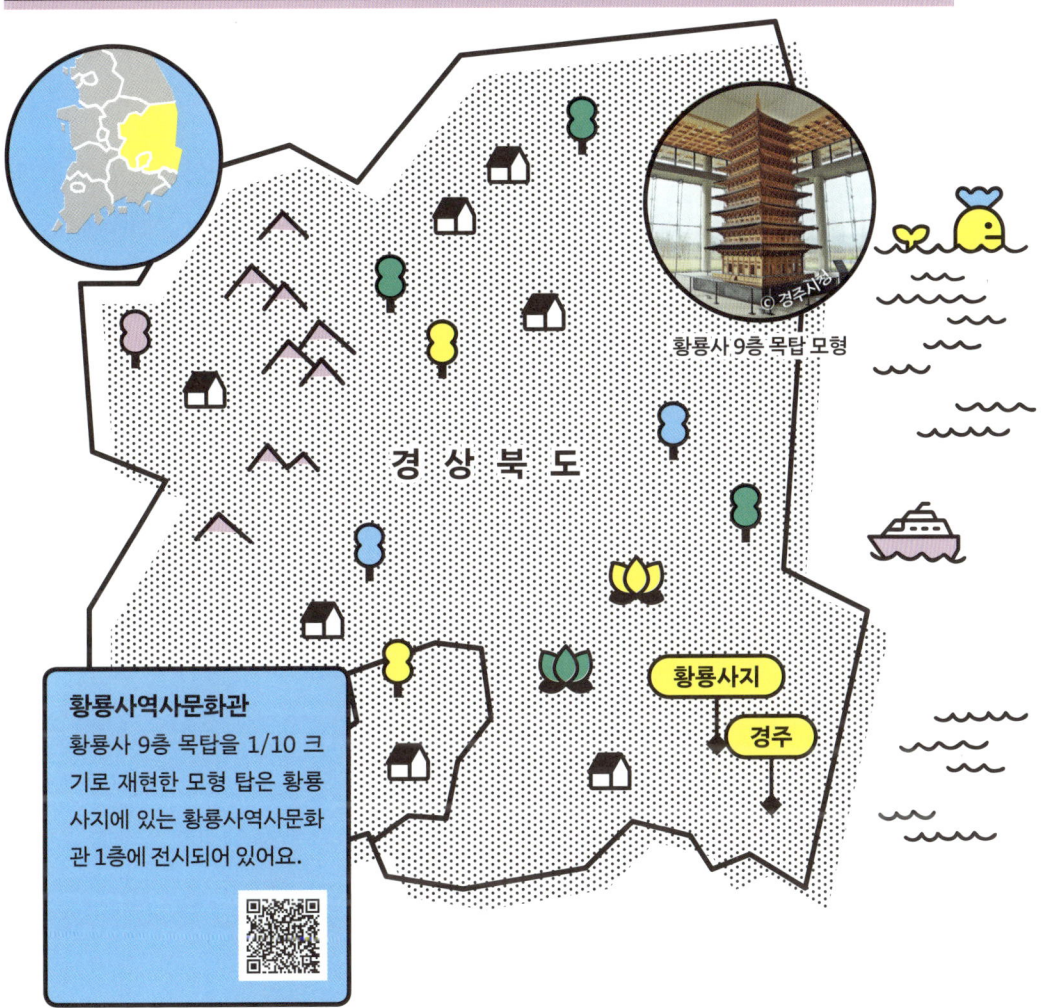

황룡사 9층 목탑 모형

황룡사역사문화관
황룡사 9층 목탑을 1/10 크기로 재현한 모형 탑은 황룡사지에 있는 황룡사역사문화관 1층에 전시되어 있어요.

📍 황룡사와 아육왕의 보물

신라 24대 진흥왕(재위 540~576) 시절이었어요. 나라에서 용궁 남쪽에 대궐을 지으려고 하자 황룡이 나타났어요. 진흥왕은 그곳에 왕궁 대신 황룡사라는 절을 지었어요. 얼마 후 바닷가에 큰 배 한 척이 나타났어요. 그 안에는 글이 있었어요. "서축 아육왕이 황철 5만 7000근을 가지고 석가상 3개를 만들려고 했으나 이루지 못하고 바다에 띄워 보내니 인연 있는 곳에서 이루어지리라."

진흥왕은 배에 실린 황철을 녹여 거대한 불상을 만들어 황룡사에 안치했어요.

🔍 신령한 사람의 황룡사 예언

세월이 흘러 신라 27대 선덕 여왕(재위 632~647) 시절이었어요. 자장 법사라는 스님이 당나라에서 돌아와 오대산 문수보살에게 불법을 전수받았죠. 자장은 당나라에 있을 때 태화지 둑을 지나가다 신령한 사람을 만났어요.

"그대는 어찌하여 이곳까지 왔는가?"

자장이 대답했어요.

"부처님의 도를 얻고자 하옵니다."

신령한 사람이 다시 물었어요.

"너희 나라는 어떤 어려움이 있는가?"

자장은 주변의 여러 나라가 침입을 하고 있어서 백성이 고통스럽다고 했어요. 신령한 사람이 말했어요.

"지금 너희 나라는 여자가 왕이어서 덕은 있지만 위엄이 없으니 이웃이 침입하려는 것이다. 빨리 본국으로 돌아가라."

자장이 본국에 가서 무엇을 해야 하냐고 물으니, 그는 9층 탑을 세우면 아홉 나라가 조공을 바치고 평화로울 것이라고 했어요. 신령한 사람은 말을 마치고 자장에게 옥을 주고 사라졌어요.

🔍 아비지의 꿈과 황룡사 건립

자장의 이야기를 들은 선덕 여왕은 신하들과 탑을 세우는 것에 대해 의논했어요. 신하 중 하나가 말했어요.

"백제에서 공장•을 불러와야 할 것입니다."

선덕 여왕은 백제에 보물과 비단을 보내 뛰어난 공장을 보내달라 청했어요. 이에 아비지라는 사람이 명을 받고 200여 명의 기술자를 데리고 신라에 왔어요. 처음 탑의 기둥을 세우던 날 아비지는 백제가 불에 타는 꿈을 꾸었어요. 아비지는 무서워서 그만두려고 했어요. 그때 노승과 장사가 한 명씩 나타나 기둥을 세우고 사라져버렸어요. 아비지는 운명을 받아들여 탑을 건립했어요. 탑을 세운 뒤 신라는 결과적으로 통일을 이루었어요.

역사 수업

- **황룡사 9층 목탑의 높이**

9층으로 된 목탑은 현대 높이로 보자면 아파트 30층에 해당한다고 해요. 황룡사가 지어진 곳은 저수지를 메운 곳이라 높은 탑을 세우는 데 어려움이 많았다고 해요. 어려운 건축 공법인 판축 기법을 사용했대요. 황룡사는 1238년 몽골군이 침략했을 때 모두 불에 타 그 흔적만 남아 있어요. 이때 진평왕의 천사옥대와 함께 신라의 3대 보물로 꼽힌 황룡사 9층 목탑과 장륙존상(높이 5미터 내외의 거대 불상)도 불탔어요.

- **황룡사 9층 목탑의 의미**

황룡사 9층 목탑은 신라 주변의 9개 나라를 의미해요. 제1층은 일본, 제2층은 중화, 제3층은 오월, 제4층은 탁라, 제5층은 응유, 제6층은 말갈, 제7층은 단국, 제8층은 여적, 제9층은 예맥이에요. 탁라는 제주도의 옛 이름이에요.

- **공장**工匠 수공업에 종사하는 기술자 중에서 가장 실력이 뛰어난 사람을 말해요.

⟨제2 기이⟩ 신무대왕, 염장, 궁파

전라남도 완도 청해진
장보고와 푸른 바다의 꿈

장보고기념관
완도 청해진 유적에서 발굴한 유품을 비롯해 장보고의 업적을 보여주는 미디어 아트 작품이 전시되어 있어요.

완도
장보고가 살해되고 나자 완도는 사람이 살 수 없는 땅이 되었어요. 이때 완도에 사는 사람들은 모두 벽골제, 즉 지금의 김제 땅으로 이사하게 했어요. 이들은 그곳에서 장보고에 대한 그리움을 여러 가지 이야기로 남기고 있어요.

📍 청년 장보고의 꿈

신라는 귀족 사회였기에 신분을 뛰어넘어 할 수 있는 일이 별로 없었어요.

남해안 완도 해안가 작은 마을에 사는 궁복(궁파)과 정년은 매일 바다를 보면서 꿈을 키워나가고 있었어요. 궁복과 정년은 가난한 천민 출신이었어요. 그들은 신라 땅에서는 아무것도 할 수 없다는 것을 알고 있었지요. 궁복은 정년에게 말했어요.

"정년아, 우리 당나라로 가자."

정년 역시 아무것도 할 수 없는 나라의 백성으로 살아가기에 힘이 들었어요.

"그래, 형. 우리 당나라로 가서 한번 열심히 살아요."

둘은 신라에 들어온 당나라 배에 몰래 올라타기로 계획했어요. 그들은 우여곡절 끝에 당나라에 도착했어요. 당나라에서의 생활은 생각만큼 쉽지 않았어요. 둘은 신라 사람들이 모여 사는 신라방에 머물면서 열심히 무술도 연마하고 힘을 기르면서 자신들에게 기회가 오기를 기다렸어요.

당나라에서의 성공과 청해진 건설

궁복과 정년은 당나라에서 인정을 받았어요. 궁복은 무령군 장수라는 지위까지 얻었지요. 궁복은 당나라에서 장보고라는 이름을 얻었어요. 안타깝게도 당시 당나라에는 신라에서 많은 사람이 팔려 오고 있었어요. 그들은 해적에게 인신매매를 당한 사람들이었어요. 장보고는 팔려 온 신라 사람들을 보면서 가슴이 아팠어요. 장보고는 동생 정년에게 말했어요.

"정년아, 우리 이제 신라로 돌아가자."

정년은 말했어요.

"형, 신라로 돌아가면 어려운 일이 많을 거예요."

선뜻 동의하지 못하는 정년을 설득해서 장보고는 신라로 돌아왔어요. 신라 42대 흥덕왕(재위 826~836) 때였어요. 장보고는 왕에게 아뢰었어요.

"전하, 저에게 군사를 내주시면 남해 바닷가 해적을 소탕하겠습니다."

흥덕왕은 걱정하며 신하들에게 물어봤어요. 신하들은 장보고의 명성을 이야기하면서 왕에게 허락하도록 간청했어요. 왕이 대답했어요.

"좋다. 그대는 어서 가서 해적을 소탕하라."

💡 청해진으로 들어온 신무왕과의 거래

장보고는 남쪽 완도에 청해진이라는 기구를 설치하여 해적을 소탕하는 데 큰 공을 세웠어요. 그리고 완도에 국제 무역항을 만들어서 동아시아 여러 나라가 무역을 하게 했어요. 장보고는 중국의 물건을 사다가 다른 나라로 파는 중개무역을 했어요.

45대 신무왕(재위 839)은 왕이 되기 전 청해진에 와서 얼마간 지냈어요. 왕위 다툼에서 졌기 때문이에요.

"장보고, 나에게는 같은 하늘 밑에서 살 수 없는 원수가 있소. 그대가 나를 위해 그 원수를 제거해주면 왕이 된 후에 그대의 딸을 왕비로 삼겠소."

장보고는 군사를 일으켜 수도를 침범해 그 일을 이루었어요. 신무왕은 왕위를 찬탈하고 장보고의 딸을 왕비로 삼으려고 했어요. 그때 신하들이 강력하게 반대했어요.

"장보고는 비천하니 왕께서 그의 딸을 왕비로 삼아서는 아니 되옵니다."

왕은 신하들의 말을 따를 수밖에 없었어요. 신무왕은 얼마 지나지 않아 죽게 되었어요. 그리고 아들 김경응이 왕이 되었어요. 46대 문성왕(재위 839~857)이에요. 나라 안에는 장보고가 왕이 약속을 어긴 것을 원망하여 반란을 일으킨다는 소문이 퍼졌어요.

💡 신라 왕실의 배신과 장보고 살해

신라 장군 염장은 왕에게 아뢰었어요.

"장보고가 장차 불충을 저지르려 하니 소신이 가서 제거하겠사옵니다."

염장은 장보고를 만나러 청해진에 왔어요. 그리고 장보고에게 말했어요.

"저는 왕에게 원망이 있어 현명한 공께 몸을 의탁하고자 하옵니다."

장보고는 처음에는 그를 믿지 않고, 크게 노하여 말했어요.

"너희 무리가 왕에게 간하여 내 딸을 왕비로 삼지 못하게 했는데, 어찌하여 나를 직접 만나려 하는가?"

염장은 다시 대답했어요.

"이는 백간들이 간언한 것이오. 저를 의심하지 마십시오."

그 말을 들은 장보고는 염장을 믿고 불러들였어요.

"무슨 일로 이곳에 왔소?"

염장이 말했어요.

"왕의 뜻을 거스른 일이 있어 장군께 기대어 해를 피하고자 하옵니다."

장보고는 말했어요.

"다행한 일이오."

둘은 술자리를 가지고 매우 기뻐했어요. 그런데 갑자기 염장이 장보고의 장검을 가져다 그를 단숨에 죽여버리고 말았어요. 주변의 많은 사람이 모두 땅에 엎드렸어요. 염장은 곧장 서울로 올라와 왕에게 결과를 말했어요.

"전하, 드디어 장보고를 죽였습니다."

왕은 기뻐하며 염장에게 상을 주고 벼슬을 내렸어요. 염장은 그 후 청해진을 몇 년간 지배했어요.

역사 수업

- **고구려 '주몽'과 신라의 '장보고'**

장보고의 이름은 궁복弓福 또는 궁파弓巴였어요. 이를 한자의 음과 뜻을 빌려 우리말을 적은 표기법인 '이두'에 따라 읽으면 '활보'라고 해요. 고구려에서는 활을 잘 쏘면 주몽이라고 불렀대요. 신라에서 장보고의 원래 이름인 궁파 역시 활을 잘 쏘는 사람에게 붙여준 이름이에요.

- **중국의 장보고 유적지**

장보고는 당나라에서 돈을 많이 번 거상이었어요. 그는 자신의 재산으로 당나라 등주 석산촌에 '법화원'이라는 절을 지어 한 번에 500여 명의 신라인이 모여 기도를 할 수 있게 했어요. 지금도 산둥반도의 덩저우에 가면 '법화원'이 있어요.

- **일본에서 신이 된 장보고**

장보고가 청해진 대사로 있었을 때였어요. 일본의 천태종의 창시자인 엔닌 스님은 당나라에서 불교를 공부하고 일본으로 돌아가다가 거친 풍랑을 맞았어요. 다행히 장보고의 배가 그를 구해주었지요. 엔닌은 청해진에서 얼마간 머무르면서 장보고의 은혜를 입었어요. 그는 일본에 돌아가서 일본 불교에 지대한 공을 세웠어요. 그는 연력사라는 절을 지어 장보고를 신으로 받들었어요.

⟨제2 기이⟩ 김부대왕

경기도 양평 용문사
은행나무에 깃든 설움

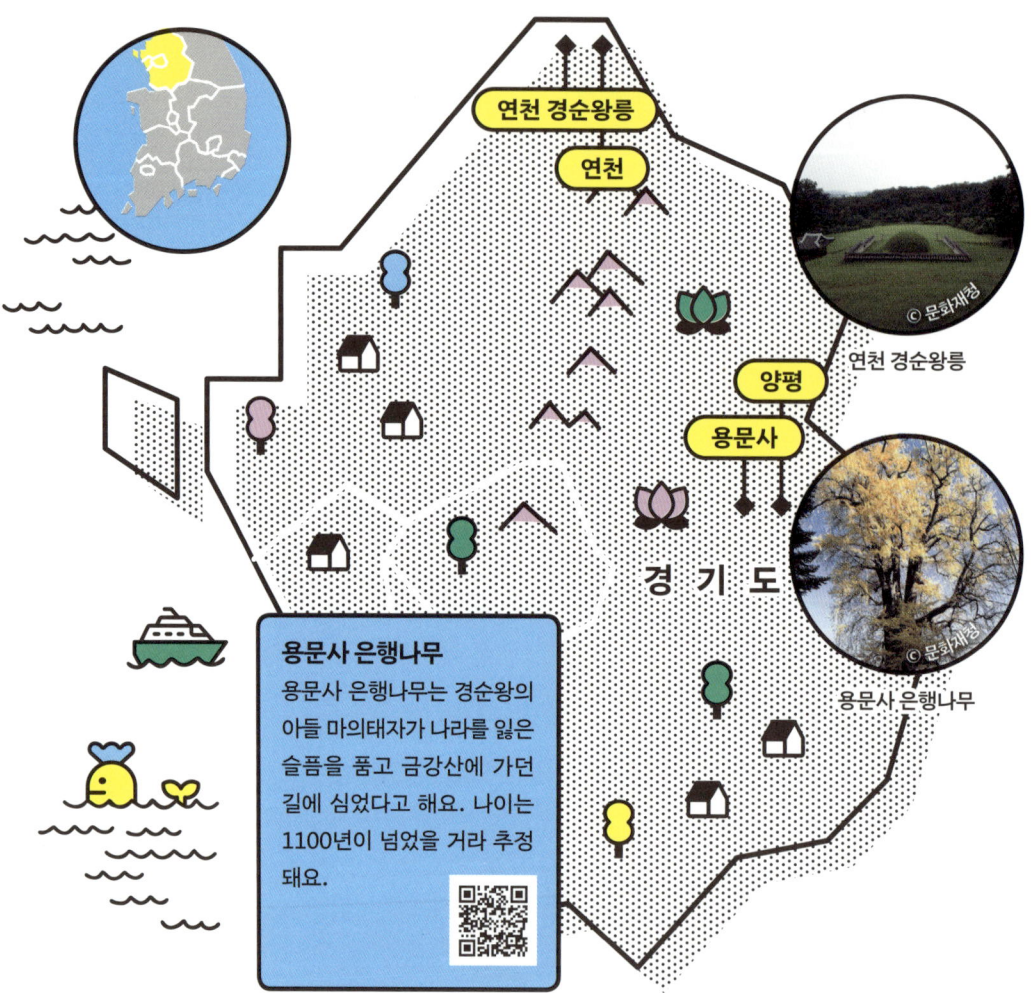

연천 경순왕릉

용문사 은행나무

용문사 은행나무
용문사 은행나무는 경순왕의 아들 마의태자가 나라를 잃은 슬픔을 품고 금강산에 가던 길에 심었다고 해요. 나이는 1100년이 넘었을 거라 추정 돼요.

📍 후백제 견훤의 신라 공격

신라 55대 경애왕(재위 924~927)은 백제의 견훤이 신라를 공격해 온다는 말을 듣고 고려 태조에게 긴급 지원을 요청했어요. 그런데 구원병이 오기도 전인 11월 겨울 견훤이 신라를 공격했어요. 그때 경애왕은 포석정*에서 신하들과 연회를 즐기고 있었어요.

112

"한 명도 놓치지 말고 모두 사로잡아라."

견훤의 목소리는 우렁찼어요. 백제 군사들이 순식간에 쳐들어와서 신라의 왕과 신하들을 포위하려고 했어요. 신라의 신하들이 여기저기 흩어지고 왕과 왕비는 후궁으로 들어갔어요. 신라의 신하들은 모두 엎드려 고개를 조아리며 말했어요.

"살려만 주십시오. 뭐든 하겠습니다."

견훤은 더욱 의기양양해서 민간인의 재물을 약탈하게 했어요. 그리고 신하들에게 말했어요.

"여봐라, 빨리 왕을 찾아오거라."

결국 경애왕은 발각되었고, 견훤은 왕에게 자결하라고 명령했어요. 그리고 견훤은 김부대왕을 새로운 왕으로 올렸어요. 그가 바로 신라의 56대 왕이자 마지막 왕인 경순왕(재위 927~935)이었어요.

고려 태조 왕건의 위로

김부대왕은 죽은 경애왕의 시신을 사당에 안치하고 통곡했어요. 고려의 태조 왕건은 사신을 보내 슬픔을 나누었어요. 이듬해 왕건이 신라에 왔어요. 임해전에서 김부대왕과 왕건은 술을 마시고 있었어요. 김부대왕이 슬픔을 이기지 못하고 말했어요.

"과인이 부덕하여 나라가 이 꼴이 되었습니다."

눈물을 흘리자 주변 사람들이 모두 울었고, 왕건도 함께 눈물을 흘렸어요. 왕건은 신라에 머물면서 사람들에게 매우 정중했어요. 도성 안의 시녀들은 모두 같은 목소리로 말했어요.

"지난번 견훤이 왔을 때는 이리와 호랑이를 만난 것 같더니, 지금 왕건이 온 것은 마치 부모를 만난 것 같네요."

아버지의 항복에 반대한 마의태자

김부대왕은 급기야 나라의 형세가 스스로 버틸 수 없다고 생각했어요. 왕은 왕건에게 항복할 것을 신하들과 의논했어요. 왕의 큰아들 마의태자는 완강하게 반대하면서 말했어요.

"나라가 흥하고 망하는 것은 모두 하늘의 뜻입니다. 마땅히 민심을 수습해본 뒤 할 수 없으면 그만두어야지, 어찌 천년 사직을 경솔하게 남에게 넘기려 하옵니까?"

경주 포석정지
ⓒ 한국민족문화대백과사전

김부대왕이 말했어요.

"신라는 고립되고 위태롭기가 매우 심한 상태도다. 백성에게 더 이상 도탄의 괴로움을 맛보게 할 수 없다."

왕은 항복의 뜻을 담은 편지를 왕건에게 보냈어요.

마의태자는 울면서 왕에게 항의했어요.

"전하, 아니 되옵니다."

마의태자는 결국 세자 자리에서 물러나 개골산•으로 들어가 삼베옷을 입고 풀뿌리를 캐 먹으며 일생을 마쳤어요. 김부대왕의 아들들은 승려가 되었고, 김부대왕은 고려로 갔어요. 왕건은 김부대왕의 편지를 받고 신하들에게 마중 나가게 했어요. 왕건은 자신의 큰딸 낙랑공주를 김부대왕과 결혼시켰어요.

"이제 왕이 짐에게 나라를 주었으니, 큰 은혜를 입었소. 제 딸과 결혼해서 장인과 사위로 좋은 관계를 맺고자 하오."

김부대왕 역시 자신의 백부의 딸을 왕건에게 시집 보내면서 말했어요.

"백부의 딸이 덕과 용모가 아름다우니 결혼하시고, 백부에게 내정을 맡기시는 것이 좋겠습니다."

이렇게 신라와 고려의 왕실은 얼기설기 결혼 관계로 복잡한 친척이 되었어요. 경순왕 김부대왕이 태조에게 투항한 것은 어쩔 수 없는 일이었기에 잘한 일이라고 기록되어 있어요.

역사 수업

- **늘 삼베옷을 입은 마의태자**

마의태자 이야기는 《삼국유사》에는 자세하게 나오지 않아요. 《삼국유사》와 《삼국사기》에는 울면서 아버지에 반대했다고만 나와요. 하지만 설화에는 강원도 인제에서 두 아들과 세력을 이루어 신라 부흥을 꾀했다고 전해져요. 그리고 마의태자는 늘 삼베옷(마의麻衣)을 입고 다녔다고 해요. 마의태자라는 이름도 여기에서 유래했어요.

- **왜 경기도 연천에 경순왕의 묘가 있나요?**

신라 경순왕이 죽자 운구 행렬이 고려에서 경주로 가기 위해 임진강 고랑포에 이르렀어요. 고려 왕실은 개경 100리 바깥에는 왕릉을 쓸 수 없다며 막았다고 해요. 시신을 경주로 보내지 않은 이유는 후삼국을 통일하고 왕권을 확립해가던 고려가 장례 때문에 민심이 흔들릴까 걱정했기 때문이지요. 그래서 경주에 없는 유일한 신라 왕릉이 되었어요.

• **포석정**	신라 귀족들의 연회 장소였어요. 22미터의 물길을 만들어 물 위에 술잔을 띄워 흘려보내고 시를 지으며 놀았어요.
• **개골산**	금강산의 겨울 이름이에요. 금강산은 봄에는 금강산, 여름에는 봉래산, 가을에는 풍악산, 겨울에는 개골산으로 불려요.

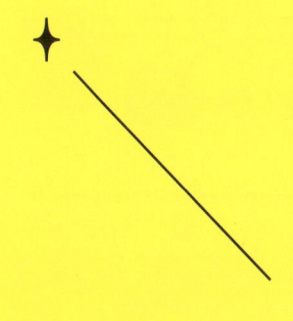

5부
선덕 여왕과 불국토의 꿈

《삼국유사》 속 선덕 여왕을 찾아서

◆ 《삼국유사》에서는 선덕 여왕을 지혜로운 여왕으로 기록했어요

《삼국사기》에는 《삼국유사》와는 달리 신라 27대 선덕 여왕(재위 632~647)에 대해 부정적인 내용이 많이 담겨 있어요. 《삼국사기》를 쓴 김부식은 "사람으로 말하면 남자는 존귀하고 여자는 비천하거늘 어찌 늙은 할멈이 안방에서 나와 나라의 정사를 처리할 수 있겠는가?"라고 하기도 하고, 《서경(書經)》을 인용해서 "암탉이 새벽을 알린다"고 하였고, 《역경(易經)》의 말을 인용해서 "파리한 돼지가 껑충껑충 뛰려 한다"고 했어요. 아주 오래전 사람이긴 하지만 김부식은 여자가 왕이 되었다는 사실 자체를 좋아하지 않았던 것 같아요.

우리는 일연이 쓴 《삼국유사》를 통해서 선덕 여왕을 지혜로운 여왕으로 기억하고 있어요. 일연은 이야기 하나로 늙은 할멈을 일약 지혜의 여신 자리로 올려놓았어요.

◆ 석가모니와 선덕 여왕

기원전 6세기, 지금의 네팔 지역에 있던 카필라 왕국의 정반왕과 마야 부인 사이에는 아이가 없었어요. 어느 날 마야 부인은 이빨이 6개 있는 흰 코끼리가 옆으로 들어오는 꿈을 꾸었어요. 그리고 음력 4월 8일에 꽃이 만발한 시기에 오른쪽 겨드랑이 밑에서 석가모니를 낳았어요. 하늘에서는 오색구름과 무지개가 아이의 탄생을 축하해주었고, 가릉빈가●의 아름다운 피리 소리가 아이의 탄생을 축복해주었어요.

석가모니는 태어나서 사방으로 일곱 걸음을 걸었는데, 그 걸음마다 연꽃이 피어났어요. 그러고 나서 아기 석가모니는 오른손은 하늘을 가리키고 왼손은 땅을 가리키며 말했어요.

"천상천하 유아독존 삼계개고 아당안지(天上天下唯我獨尊 三界皆苦 我當安之)."

이 말은 "우주 안에 오직 나만이 높구나. 삼계가 모두 괴로우니, 이제 내가 그들을 편안하게 해주리라"라는 뜻이에요.

선덕 여왕의 본명은 덕만이에요. 선덕 여왕은 인도의 석가모니에 비유될 수 있어요. 석가모니의 아버지는 백정(白淨)으로도 불렸고 어머니는 마야였는데, 신라 선덕 여왕의 아버지인 진평왕의 이름 역시 백정(白淨)이고 어머니는 마야였기 때문이에요. 선덕 여왕은 계룡의 옆구리에서 태어난 알영을 모시는 영묘사라는 절을 지었어요. 그리고 석가모니가 옆구리에서 나오는 것을 첨성대 옆문으로 표현해냈어요. 선덕 여왕은 석가모니의 탄생과 신라 왕국의 탄생을 연결했어요.

◆ 선덕 여왕의 불국토• 정책

선덕 여왕은 신라 최초의 여성 왕이에요. 아버지 진평왕은 아들이 없었기 때문에 딸인 덕만을 왕으로 삼고자 했어요. 많은 신하는 여자가 왕이 되는 것을 그다지 원치 않았어요. 선덕 여왕은 아버지 진평왕으로부터 오랜 시간 왕위 계승 교육을 받았어요. 아버지 진평왕은 무려 53년 동안이나 왕을 했기 때문에 선덕 여왕은 50세가 넘어서야 왕위를 이어받았어요.

선덕 여왕은 여자의 힘을 믿지 못하는 백성에게 왕의 힘을 보여주기 위해 불교의 믿음을 적극적으로 활용했어요. 일단 많은 절을 지었어요. 영묘사, 분황사, 황룡사 등의 절을 비롯해 첨성대를 만들기도 했어요. 이때는 특히 자장 스님의 역할이 두드러졌어요. 자장 스님은 선덕 여왕을 도와 황룡사에 9층 목탑을 만들어서 나라의 무사함을 기원했어요.

역사 수업

- **신라에 여왕이 탄생한 이유**

신라에는 선덕 말고도 진덕 여왕과 진성 여왕도 있었어요. 고구려와 백제에는 여왕이 없었는데, 신라에는 왜 여왕이 있었을까요? 또 고려와 조선에도 여왕은 없었죠. 신라에 여왕이 등장할 수 있었던 이유는 신라의 계급 제도인 골품제 때문이라는 주장이 있어요. 신라에서 왕족은 성골과 진골로 구성되어요. 성골은 왕이 될 수 있는 자격을 가진 최고의 신분이었고, 진골은 왕족이긴 하지만 왕이 될 수는 없었어요. 선덕 여왕 때에 성골 출신 남자가 하나도 없어서 여성이 왕이 될 수 있었다고 해요. 선덕 여왕과 진덕 여왕 이후 무열왕 때부터 진골도 왕이 될 수 있었어요.

- **가릉빈가** 불경에 나오는, 사람의 머리를 한 상상의 새예요. 히말라야 산맥의 설산에 살며, 그 울음소리가 곱고, 극락에 둥지를 튼다고 해요.

- **불국토** 신라 땅이 부처가 사는 곳이라는 의미예요.

〈제2 기이〉 선덕왕 지기삼사

경상북도 경주 오봉산
할망과 암퇘지에서 지혜의 여신으로

경주 낭산
경주 낭산 일대에는 선덕 여왕릉을 비롯해 사천왕사지, 능지탑, 마애불, 경주 황복사지 삼층석탑 등 많은 신라 유적이 있어요. 문무왕이 사천왕사를 짓자 선덕 여왕의 무덤은 자연히 도리천이 되었어요.

◆ 모란꽃에는 정말 향기가 없을까요?

　진평왕에게는 왕위를 이어받을 왕자가 없었어요. 진평왕의 뒤를 이어 덕만 공주가 선덕 여왕으로 27대 왕이 되었어요. 선덕 여왕은 16년 동안 나라를 다스리면서 세 가지 일을 미리 알았을 정도로 매우 지혜로웠다고 해요.

"이 꽃은 정녕 향기가 없을 것이다."

선덕 여왕은 신하들에게 말했어요. 이것은 선덕 여왕이 미리 안 첫 번째 일이었어요. 그 꽃은 바로 모란꽃이었어요. 당 태종이 붉은색, 자주색, 흰색의 세 가지로 그린 모란꽃 그림과 씨앗을 보낸 것을 두고 선덕 여왕은 향기가 없을 것이라고 말했어요. 신하들은 어떻게 그 꽃에 향기가 없는 줄을 알았느냐고 물었어요.

선덕 여왕은 입을 열었어요.

"꽃 그림에 나비가 하나도 없지 않느냐? 이는 당나라 황제가 배필이 없는 나를 놀린 것임이 분명하다."

신하들은 왕의 말을 듣고 과연 고개를 끄덕였어요.

◆ 개구리 울음소리를 듣고 적을 알아차리다

어느 해에 영묘사 옥문지에서 한겨울에 개구리들이 모여 사나흘 동안 울어댄 일이 일어났어요. 나라의 사람들은 왕에게 물었어요.

"전하, 이게 어찌 된 일인지 모르겠습니다. 아직 개구리가 깨는 계절도 아닌데, 왜 이리 많은 개구리가 울고 있는지 모르겠사옵니다."

왕은 급하게 각간 알천과 필탄을 불렀어요.

"그대들은 급히 군사 2000명을 이끌고 서둘러 서쪽 교외로 가서 여근곡이 어디 있는지 물어보아라. 그곳에 필시 적병이 있을 것이다. 그들을 습격하여 격퇴하고 오라."

각간 알천과 필탄은 각각 1000명씩 군사를 나누어 이끌고 서쪽 교외로 급하게 이동했어요. 여근곡에 다다르니 과연 백제 군사 500명이 숨어 있었어요. 백제의 장수와 군사들은 신라의 습격을 받아 전부 죽임을 당했어요.

백제에서 원병 1200명이 왔지만, 그들도 미리 출두했던 신라의 군사에게 모두 목숨을 잃었죠. 이것이 선덕 여왕이 미리 안 두 번째 영험한 이야기예요. 신하들은 여왕에게 다시 물었어요.

"전하, 어찌 백제 군사들이 숨어 있다고 생각하셨습니까?"

선덕 여왕은 다시 차분한 어조로 말했어요.

"성난 개구리의 모습은 군사들의 형상이라고 볼 수 있다."

선덕 여왕은 차분하고 강한 어조로 차분히 말을 이어갔어요.

"옥문이란 여인을 상징하는데, 이는 음이며 그 색깔은 하얗다. 거기서 하얀색은 서쪽을 나타낸다고 보기 때문에 군사가 서쪽에 있음을 알았도다."

신하들은 또다시 고개를 끄덕였어요.

왕은 다시 말을 이었어요.

"남자들이 여자를 상징하는 음에 들어가면 반드시 죽게 된다."

과연 선덕 여왕의 말대로 백제 군사는 여근곡에 숨어 있었고, 신라 병사의 공격을 받아 전멸했지요. 선덕 여왕의 신성한 예지 능력이 빛을 발했어요.

◆ 죽으면 도리천에 묻어달라는 마지막 유언

선덕 여왕이 하루하루를 평안하게 보내던 어느 날이었어요. 갑자기 신하들에게 말했어요.

"내가 어느 해 어느 달 어느 날이 되면 죽을 것이니, 나를 도리천 가운데 장사 지내도록 하라."

도리천은 불교에서 말하는 상상 속 세계 중 하나로 수미산의 꼭대기에 있다고 하는 곳이에요. 신하들은 선덕 여왕이 이야기한 도리천이 어디를 말하는지 몰라서 물었어요.

"전하, 그런데 그곳이 어디쯤이옵니까?"

선덕 여왕은 다시 대답했어요.

"낭산의 남쪽이다."

그러나 낭산의 남쪽은 너무 넓기 때문에 도리천이 구체적으로 어느 지점인지 제대로 아는 신하는 한 명도 없었어요. 드디어 여왕이 예언한 그해 그달 그날이 되었어요. 선덕 여왕은 정말로 예언대로 세상을 떠났어요.

신하들은 정확한 장소는 모르지만, 대충 낭산의 남쪽 어느 지점에 여왕을 모시기로 했어요. 세월이 흘러 10년이 지난 어느 날, 문무왕은 선덕 여왕의 무덤 아래에 사천왕사를 지었어요. 불교에서는 사천왕사 위에 도리천이 있다고 말해요.

"사천왕사 위에 도리천이 있다."

결국 낭산의 남쪽 도리천에 묻히겠다고 했던 선덕 여왕의 말이 실현되었던 것이에요. 신하들은 선덕 여왕이 지혜롭고 신령스럽고 성스럽다고 생각하게 되었어요.

역사 수업

- **세 송이의 모란과 세 여왕**

당 태종이 세 가지 색의 꽃을 보낸 것은 신라에 선덕, 진덕, 진성의 세 명의 여왕이 있으리라는 것을 예언한 것이라고 알려져요.

- **여근곡에 백제 병사가 들어온 일**

이 사건은 선덕 여왕의 예지력을 나타내기 위해 활용되는 이야기이지만 거꾸로 보면 선덕 여왕 시절 국력이 약했다는 것을 보여주기도 해요. 왕이 사는 수도까지 백제 군사가 잠입해왔다는 것은 그만큼 국력이 흔들리고 있었다는 뜻이죠. 선덕 여왕은 여자가 군주가 되는 것에 반대한 신하들의 난을 평정해야 했어요.

- **수미산이 어디인가요?**

불교에서는 부처님이 수미산에 산다고 생각하고 있어요. 수미산 꼭대기를 도리천이라고 불러요. 절은 수미산 형상 중 하나예요. 절의 대웅전은 모두 수미산의 도리천이라고 여겨져요. 절 앞문에는 사천왕이 지키고 있어요. 4명의 무서운 사천왕들이 악귀를 쫓아서 수미산을 지키고 있는 것이죠. 그래서 문무왕은 선덕 여왕의 무덤 아래에 사천왕사를 지어 여왕의 무덤을 도리천으로 만들었어요.

- **선덕왕 지기삼사** 善德王 知幾三事   선덕 여왕이 미리 안 세 가지 일.

⟨제2 의해⟩ 이혜동진

경상북도 경주 영묘사지
불이 된 지귀의 사랑

영묘사지에서 발굴된
얼굴무늬 수막새

◆ 선덕 여왕을 사모하는 지귀

신라 선덕 여왕 때 일이에요. 활리역에 사는 지귀라는 남자가 선덕 여왕을 사랑했어요. 지귀는 선덕 여왕을 너무 사랑한 나머지 얼굴이 초췌해질 정도였어요. 나라 안에 이 소문이 퍼지자 여왕은 영묘사에 행차할 때 지귀를 불렀어요.

◆ 불이 되어버린 지귀를 달랜 선덕 여왕의 노래

선덕 여왕이 자신을 영묘사로 불러주자 지귀는 너무 좋아서 잠도 이루지 못했어요. 선덕 여왕이 영묘사에서 기도를 하는 동안 지귀는 탑 아래서 기다렸어요. 기도가 길어지면서 아무리 기다려도 선덕 여왕이 나오지 않았어요. 지귀는 그만 깜박 잠이 들어버렸어요.

기도를 끝낸 여왕은 깊게 잠이 든 지귀를 깨우지 않고 팔찌를 빼 지귀의 가슴 위에 올려두었어요. 잠에서 깬 지귀는 여왕을 보지 못한 것이 너무너무 아쉽고 후회가 되었어요. 괴로워하던 지귀는 갑자기 가슴에서 열이 나더니 탑 주위를 돌다가 그만 불덩어리가 되고 말았어요. 지귀가 가는 곳마다 불이 일어났어요.

여왕은 지귀를 달래서 불을 잠재우기 위해 노래를 만들어 불렀어요.

"지귀가 가슴에 불이 나 / 몸을 태워 불귀신이 되었네 / 멀리 바다 밖으로 옮겨가서 / 보지도 말고 친하지도 말지어라."

그러자 불은 점차 잠잠해졌어요.

◆ 지귀의 불을 피한 혜공 스님

지귀는 《삼국유사》의 〈이혜동진〉에 딱 한 번 등장해요. 바로 혜공 스님의 이야기예요. 혜공 스님의 어릴 적 이름은 우조예요. 천진공이라는 귀족의 집 하녀의 아들이었죠.

어느 날 천진공의 몸에 종기가 나서 생명이 위태로울 정도가 되었어요. 우조는 고작 일곱 살이었는데, 자기가 주인의 병을 고칠 수 있다고 말했어요. 그 말을 이상하게 여긴 엄마는 주인에게 말했고, 우조는 주인의 방에 들어갔어요. 그러자 주인의 병이 갑자기 나았어요.

한번은 이런 일도 있었어요. 구참봉이 키운 매를 우조가 미리 알고 잘 찾아 바쳤어요. 구참봉은 그때부터 우조를 성인으로 모셨어요. 우조는 스님이 되어 혜공이라는 이름을 썼어요. 늘 미친 사람처럼 취하여 삼태기●를 지고 거리에서 춤을 추었어요. 사람들은 그를 부궤화상이라고 했어요. 부궤는 삼태기를 이르는 말이에요.

혜공은 절 우물 속에 들어가 몇 달 동안이나 나오지 않았어요. 그런데 우물에서 나와도 옷이 전혀 젖지 않았어요. 혜공 스님은 원효 스님과 가끔 말장난을 했어요. 어느 날 원효와 혜공이 시냇가에서 물고기와 새우를 잡아먹고 똥을 누었어요. 그런데 혜공 스님이 말했어요.

"자네가 눈 똥은 내 물고기다."

포항의 오어사(吾魚寺)는 나(吾)의 물고기(魚)라는 의미로 만들어진 이름이에요.

한번은 혜공 스님이 영묘사라는 절에 들어가 금당과 좌우의 경루와 나무를 둘러 묶고는 말했어요.

"이 새끼줄을 반드시 사흘 뒤에 풀어라."

그런데 신기하게도 영묘사에는 지귀의 불로 많은 것이 타버렸지만 혜공 스님이 새끼줄을 맨 곳만 불을 피할 수 있었어요. 지귀의 불도 혜공 스님을 방해할 수 없었던 것 같아요.

> **역사 수업**
>
> ● 영묘사지? 흥륜사지?
>
> 선덕 여왕 때 세워진 영묘사는 신라의 일곱 큰 절을 뜻하는 '칠처가람'에 속하는 중요한 절이었는데, 조선 시대에 없어졌다고 해요. 오랫동안 위치를 몰랐는데, 최근에 신라에서 가장 먼저 세워진 절인 흥륜사의 절터에서 그곳이 사실 영묘사임을 알려주는 증거가 나왔어요. 기와 조각 등에 영묘사라는 이름이 적혀 있던 것이죠. 흥륜사지는 '신라의 미소'라는 별명으로 유명한 얼굴무늬 수막새가 발굴된 곳이기도 해요. 신라의 미소의 고향은 흥륜사가 아니라 영묘사일 수도 있어요.

● 이혜동진二惠同塵	혜숙과 혜공이 여러 모습을 나타내는 불교 이야기예요.
● 삼태기	흙이나 거름, 쓰레기 등을 담아 나르는 데 쓰는 기구예요.

5부 선덕 여왕과 불국토의 꿈

⟨제6 신주⟩ 밀본최사

경상북도 경주 금곡사지
밀본의 육환장으로 살아난 선덕 여왕

선덕 여왕 행차 모습

선덕여왕릉
매년 4월부터 10월까지 주말이면 경주 첨성대와 동부사적지 일대에 선덕 여왕의 행차를 재현해요. 철저한 고증을 통해 신라의 복장과 무기 등을 온전히 재현한다고 해요.

◆ 질병에 걸린 선덕 여왕

《삼국유사》의 〈왕력편〉에는 김씨 성골의 남자가 다하였으므로 여자가 왕이 되었다고 말하고 있어요. 바로 선덕 여왕 이야기예요. 그렇다면 성골은 선덕 여왕 때 얼마나 되었을까요? 선덕 여왕의 아버지 진평왕은 53년 동안 왕을 했어요. 그래서 성골의 범위를 차츰차츰 줄여서 진평왕 자신의 집안으로만 한정했지요. 아들이 없던 진평왕은 딸을 후계자로 삼았어요. 선덕 여왕은 매우 총명하고 지혜로웠다고 해요.

선덕 여왕은 632년에 왕위를 이어받았는데, 636년 큰 병이 나서 황룡사에서 큰 법회를 열었어요. 642년 대야성을 지키던 김춘추의 사위 김품석이 백제에 항복하고 죽임을 당하자 선덕 여왕의 마음이 많이 힘들었던 것 같아요. 그때부터 여왕은 647년 죽을 때까지 몸이 좋지 않았어요.

선덕 여왕이 많이 아팠을 때 흥륜사의 법척이라는 스님이 치료했어요. 그런데 별 효과가 없었어요. 이때 밀본 법사의 소문이 자자했어요. 신하들은 모두 법척 대신 밀본을 추천했어요.

◆ 밀본의 육환장, 늙은 여우를 잡아 왕의 병을 고치다

경주 금곡사에서 지내던 밀본은 법척 스님을 대신해 선덕 여왕을 돌보게 되었어요. 왕에게 온 밀본이 왕의 침실 밖에서 약사경을 읽었어요. 밀본이 약사경을 읽자 갑자기 고리가 6개인 지팡이 육환장이 왕의 침실 안으로 날아 들어가 늙은 여우 한 마리와 법척을 찔렀어요. 그러자 왕의 병은 언제 그랬나 싶게 씻은 듯이 싹 나았어요.

그리고 밀본의 머리 위에 다섯 빛깔의 신비한 빛이 비쳤어요. 사람들은 밀본의 신기한 능력에 모두 놀라움을 금치 못했어요.

◆ 귀신을 떨게 한 밀본

밀본의 신기한 일은 여왕에게만 일어난 것이 아니었어요. 김유신과 같이 활동했던 김양도라는 신하도 밀본과 깊은 관계가 있어요.

김양도가 어렸을 때였어요. 그는 갑자기 입이 붙어버리고 몸도 굳어지고 말조차 못하는 큰 병에 걸린 적이 있었어요. 김양도는 집안의 제사 때 큰 귀신이 작은 귀신을 데리고 와서 상 위에 맛있는 음식들을 먹고 무당을 욕하는 것을 보았어요. 김양도는 귀신들에게 물러가라고 말하고 싶었지만 입이 굳어서 말이 나오지 않았어요.

김양도의 아버지가 한 승려를 모셔와서 경을 읽게 하자 큰 귀신이 작은 귀신을 시켜 쇠몽둥이로 승려의 머리를 쳐서 죽게 했어요. 그런데 귀신들은 밀본 법사가 온다는 이야기를 들었어요. 작은 귀신은 빨리 피하자고 했으나 큰 귀신은 해로움이 없을 것이라고 말하면서 태연자약하게• 행동했어요. 그러자 갑자기 쇠로 된 갑옷과 긴 창으로 무장한 신들이 와서 귀신들을 잡아갔어요.

밀본이 김양도에게 왔을 때는 미처 책을 펴기도 전에 김양도의 병이 말끔하게 나았어요. 김양도는 그간 자신이 보았던 귀신들의 이야기를 가족에게 자세히 했어요. 그 후 김양도는 밀교 불교를 성심껏 믿었어요.

역사 수업

- **《삼국유사》의 〈신주편〉에는 세 가지의 이야기만 전해져요**
일연 스님은 밀본, 혜통, 명랑 법사 등 승려의 이야기를 통해 밀교에 대한 신비스러운 주문과 그 힘을 소개하고 있어요. 밀교는 해석하거나 설명할 수 없는 경전, 주문, 진언 따위를 말해요. 이 이야기들은 선덕 여왕부터 신문왕 때까지 당나라와의 긴장 관계를 보여준다고 볼 수 있어요. 이렇게 긴장 관계일 때는 신기한 힘을 기대하는 법이거든요.

• **밀본최사**密本摧邪	(경상북도 경주 금곡사에 살았던) '밀본 법사가 요사한 귀신을 무찌른다'는 뜻이에요.
• **태연자약하다**	마음에 어떠한 충동을 받아도 움직임이 없이 천연스럽다는 뜻이에요.

〈제5 의해〉 자장정률

강원도 강릉 등명낙가사
자장과 문수보살의 만남

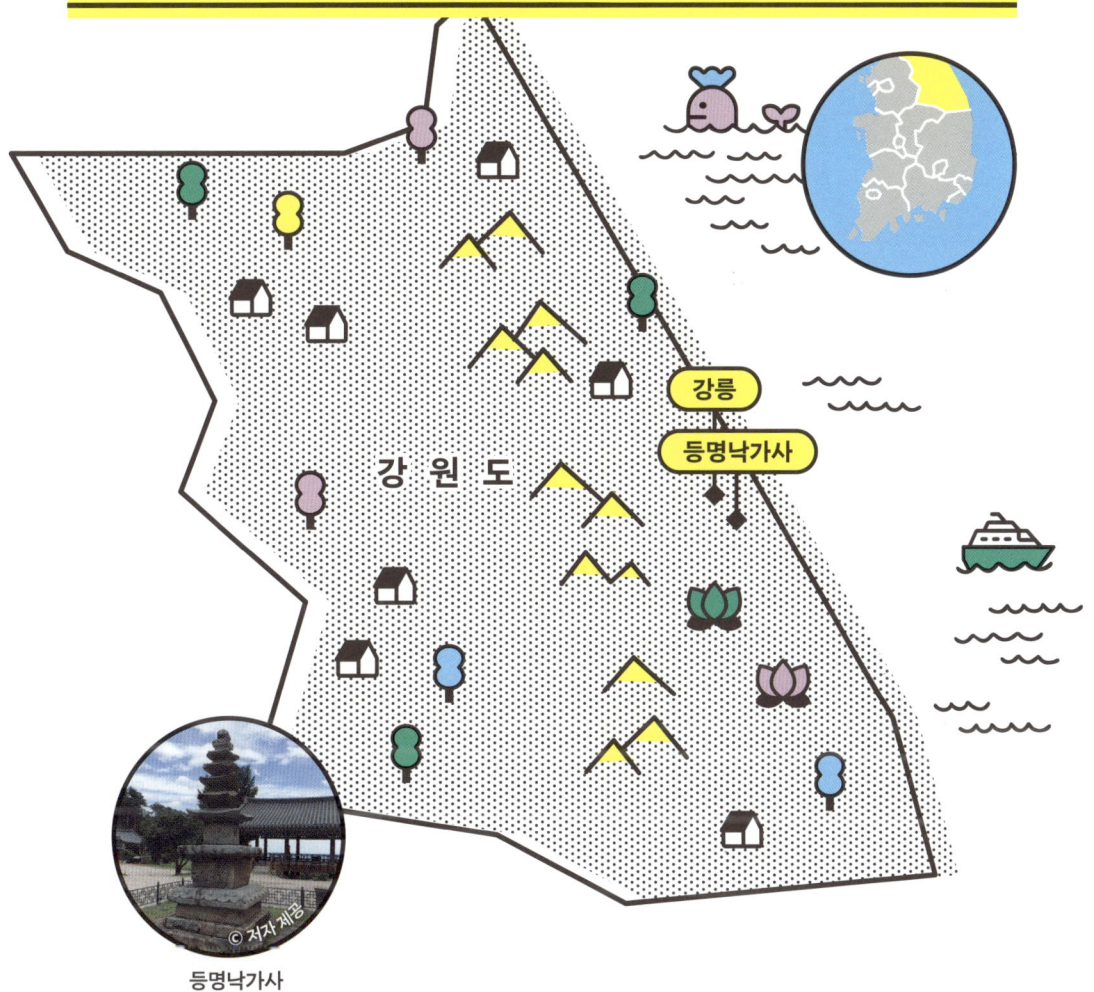

등명낙가사

◆ 별이 품 안으로 들어와 태어난 자장

자장의 아버지 무림은 진골 출신 귀족이었어요. 그에게는 아들이 없었어요. 그래서 늘 기도를 했어요.

"만일 사내아이를 낳으면 시주하여 불법의 바다에 나루터로 삼겠습니다."

그러던 어느 날, 무림의 부인이 품 안으로 별이 떨어져 들어오는 꿈을 꾸었어요. 그렇게 해서 생긴 아이가 태어난 날은 하필 석가세존이 태어난 날이었어요. 그래서 이름을 선종랑이라고 불렀어요. 나라에서 선종랑에게 재상 자리를 주려고 했을 때 그는 이미 수도자가 되어 작은 울타리를 치고 도를 닦고 있었어요. 이름은 자장으로 불렸어요. 선덕 여왕은 자장을 향해 명령했어요.

"나오지 않으면 목을 베겠다."

자장이 이 말을 듣고 대답했어요.

"소인은 차라리 하루 동안 계율을 지키다가 죽을지언정 파계하여 백 년 동안 계율을 어기면서 살기를 원하지 않습니다."

왕은 이 말을 듣고 어쩔 수 없이 자장의 출가를 허락했어요.

◆ 꿈에 계시를 받은 자장

스님이 된 자장은 어느 날 꿈을 꾸었어요. 꿈에서 부처로부터 네 구로 된 글을 받았는데, 도무지 뜻을 알 수 없어서 수심에 잠겨 있었어요. 그때 한 승려가 비단으로 된 금색 가사● 한 벌과 부처의 바리때● 한 개와 부처의 머리뼈 한 조각을 가져와서 자장 옆에 와서 물었어요.

"왜 그렇게 수심에 잠겨 있으시오?"

"꿈에 네 구의 글을 받았는데, 범어라 이해할 수가 없어서 그럽니다."

승려는 해석을 해주었어요.

"가라파좌낭은 '일체의 불교 이치를 깨달았다', 날예치거야는 '본래의 성품은 가진 바 없다', 낭가사가낭은 '불교의 이치를 깨달았다', 달예노사나는 '노사나 부처를 본다'입니다."

그리고 가지고 온 물건들을 자장에게 주면서 석가모니의 물건이라고 말해주었어요. 이렇게 해석해준 사람은 바로 문수보살●이었어요.

◆ 죽은 강아지를 사자 보좌로 만든 문수보살과 자장의 실수

자장은 항상 문수보살을 보고 싶어 했어요. 만년에 강릉에 수다사, 지금의 등명낙가사를 세우고 머무를 때였어요. 꿈에 한 승려가 나타나서 말했어요.

"내일 너를 대송정에서 만나게 되리라."

자장이 송정에 도착하니 문수보살이 와 있었어요. 그러고는 다시 말했어요.

"다시 태백산 갈반지에서 만나자."

자장이 태백산으로 가서 보니 큰 구렁이가 똬리를 틀고 있었어요.

자장이 정암사에서 성인이 오기를 기다리고 있었는데, 늙은 거사가 허름한 옷을 입고 칡으로 만든 삼태기에 죽은 강아지를 담아 가지고 왔어요. 거사는 말했어요.

"자장을 보려고 왔다."

하인은 말했어요.

"아직까지 우리 스승 이름을 부른 사람을 보지 못했습니다. 댁은 누구이기에 미친 말을 하는 거요?"

거사는 자장에게 알렸어요.

"네 스승에게 말하기나 해라."

자장 역시 말했죠.

"아마도 미친 사람일 것이다."

거사는 삼태기를 거꾸로 하더니 죽은 강아지를 사자 보좌로 변신시켜 하늘로 올라가면서 말했어요.

"돌아가야겠다. 돌아가야겠다. 남을 업신여기려는 마음이 있는 자가 어찌 나를 알아보겠나?"

그 말을 듣고 나간 자장은 그곳에서 쓰러져 죽고 말았어요.

경주 석굴암 석굴 중 사리불과 문수보살
ⓒ 한국민족문화대백과사전

역사 수업

- **사자 보좌**

불교에서 사자는 문수보살을 모시는 상징물로 알려져 있어요. 우리나라 사찰 어느 곳에서든지 사자를 흔하게 볼 수 있어요. 문수보살은 사자 위에 앉아 있거나 사자가 끄는 수레를 타고 있는 모습으로 자주 등장해요.

• **자장정률**慈藏定律	자장 스님의 출생과 출가에 관한 이야기예요.
• **가사**	승려가 겉옷인 장삼 위에 한쪽 어깨에서 아래로 걸쳐 입는 옷이에요.
• **바리때**	절에서 승려들이 사용하는 식기 등을 말해요.
• **문수보살**	불교에서 복덕과 지혜를 상징하는 보살이에요.

〈제4 탑상〉 대산오만진신

강원도 평창 월정사
절로 들어간 왕자들

평창 우통수

월정사

월정사
자장이 세운 월정사는 보천과 효명 두 태자가 수행하며 문수보살을 중심으로 5만 보살을 모시는 오대산의 중심 사찰이 되었어요.

평창 우통수
오대산의 월정사 근처에 있는 우물인 우통수는 조선의 3대 명수로 꼽히기도 했어요.

◆ 신효 거사의 깃털 안경

자장이 세운 정암사에 신효 거사라는 사람이 살고 있을 때였어요. 신효 거사는 공주에서 홀어머니를 모시며 살고 있었어요. 신효 거사는 효심이 매우 깊었어요. 어머니는 고기를 좋아해서 고기가 아니면 밥을 먹지 않았어요. 거사가 고기를 구하기 위해 산과

들을 돌아다니다 학 다섯 마리를 보고 쏘았어요. 그때 한 마리가 깃털 하나를 떨어뜨렸어요.

거사는 깃털을 주워 눈에 대보았어요. 그러자 사람들이 모두 짐승으로 보이기 시작했어요. 그는 고기를 얻어 오지 못하고 어쩔 수 없이 자신의 허벅지 살을 어머니에게 드렸어요.

그리고 후에 출가해서 그 집을 효가원이라고 불렀어요. 거사는 깃털로 보이는 것이 사람인 곳에서 살고자 했어요. 길에서 아낙을 만나 살 만한 곳을 물었어요. 그 아낙은 서쪽 고개 넘어 북쪽 골짜기가 살 만하다고 말하고 사라졌어요. 이 아낙은 관음보살이 변신한 것이었어요.

◆ 차를 끓여 도를 닦은 두 태자

신라 문무왕의 아들 31대 신문왕(재위 681~692)은 아버지의 유언대로 문무왕이 죽는 날 왕의 즉위식을 치렀어요. 그런데 바로 그해에 신문왕의 장인인 김흠돌이 난을 일으켰어요. 김흠돌은 신라 통일의 일등 공신인 김유신의 조카이기도 해요.

신문왕은 장인을 사형에 처하고 그의 딸이자 부인인 왕비를 폐위시켰어요. 폐위된 왕비에게는 보천 태자와 효명 태자가 있었지만 어머니가 폐위되고 나서 왕자들은 새로운 왕비가 낳은 동생에게 태자 자리를 내주어야 했어요. 외할아버지가 죽고 어머니가 쫓겨나자 왕자들은 겁에 질렸어요.

왕자들은 화랑들과 함께 오대산에 들어갔어요. 첫째 보천 태자는 푸른색 연꽃이 땅으로 올라온 곳에 보천암을 세우고, 동생도 안쪽 기슭에 암자를 지어 열심히 기도했어요. 두 태자는 매일 골짜기 물을 길어다 차를 끓여 도를 닦았다고 해요. 그 우물은 우통수◆라고 불리고 있어요.

◆ 속세를 버린 형과 왕이 된 동생

신문왕은 자신의 새 부인이 낳은 아들이 6세일 때 갑자기 죽었어요. 신문왕의 뒤를 이은 왕은 효소왕(재위 692~702)으로 너무 어려서 정치는 사실상 어머니가 대신했어요. 이런 정치 형태를 섭정이라고 해요. 당연히 왕의 힘은 약했고, 모든 일에 어머니의 의견에 따를 수밖에 없었어요. 11년간 왕위를 지키던 왕은 갑자기 죽음을 맞아요.

신하들은 신문왕의 폐위된 첫 왕비가 낳은 아들들인 보천 태자와 효명 태자를 새 왕으로 모시기 위해 오대산을 찾아갔어요. 형 보천은 울면서 왕의 자리를 사양했고, 신하들은 어쩔 수 없이 효명 태자를 데리고 갔어요. 동생은 신라의 33대 왕인 성덕왕(재위 702~737)이 되었어요. 형 보천 태자는 골짜기의 신령스러운 물을 마셨기 때문에 육신이 허공을 떠서 울진의 장천굴에 들어가 수도를 했다고 해요.

역사 수업

• 신문왕의 업적

즉위하자마자 장인의 반란을 맞기는 했지만 신문왕은 많은 업적을 남겼어요. 유교 이념을 따르는 인재를 양성하고 가르치기 위해 국학國學을 설립하고, 중앙 관직을 정비했을 뿐 아니라 전국을 9주 5소경으로 나누어 통치했어요. 또 관료들에게 일정한 지역의 경제적 이익을 허용해준 녹읍제를 폐지하고 해마다 조세를 차등 있게 지급하여 관리의 경제적 기반을 마련해주었어요. 이러한 제도 변화를 통해 왕권 강화의 기반을 마련했어요.

- **대산오만진신**臺山五萬眞身 오대산의 오만 진신으로, 이 이야기에서 '오만'은 수많은 사람을 의미하고, '진신'은 부처의 진실한 몸을 말해요.

- **우통수** 우통수는 물 빛깔이 매우 곱고 맛 또한 다른 물보다 훌륭하다는 뜻을 가진 이름이에요. 우통수의 물이 중심 줄기가 되어 한강으로 흐른다고도 해요. 그래서 우통수 물줄기는 한중수漢中水 또는 강심수江心水라고 불리기도 해요. 《삼국유사》에는 우동수于洞水로 기록되어 있어요.

〈제5 의해〉 양지사석

경상북도 경주 석장사지
한국의 미켈란젤로 양지

석장사지 '녹유벽전'

◆ 한국의 미켈란젤로로 인정받는 양지 스님

선덕 여왕 시기에 활동한 양지 스님은 조각가이자 서예가이자 공예가라고 할 수 있어요. 신라의 미술 수준을 한 단계 올렸다는 평가를 받고 있죠. 사실적으로 묘사한 양지 스님의 조형 기법은 지금 보아도 생생함이 느껴져요. 《삼국유사》에는 양지 스님이 벽

돌을 다듬어서 작은 탑 하나를 만들고, 삼천불상을 만들어 그 탑에 모셔 두었다고 해요. 작품의 섬세함과 사실적 묘사는 서양의 미켈란젤로와 비교되기도 해요.

양지 스님이 만든 '녹유귀면와'와 '녹유신장벽전'의 조각 모습을 살펴보면 익살스럽고 섬세한 기법이 매우 잘 나타나 있어요.

녹유귀면와
ⓒ 국립경주문화유산연구소

◆ 스스로 시주받는 디지털 AI 지팡이

양지 스님은 석장사라는 절에 머물렀는데, 이 절에는 신기한 일이 많았어요. 특히 양지 스님에게는 스스로 시주를 받아오는 신비한 지팡이가 있었어요. 스님이 지팡이 머리에 포대 하나를 걸어놓으면 지팡이가 저절로 시주를 하고 집으로 돌아오곤 했어요. 지팡이가 각 집에 가면 사람들은 재를 올릴 비용을 담아주었어요. 그리고 포대가 다 차면 지팡이는 스스로 날아서 되돌아오곤 했어요. 다음날이 되면 지팡이는 시주할 집에 도착해서 스스로 날아가 흔들거리면서 소리를 내곤 했어요,

녹유신장벽전
ⓒ 국립경주문화유산연구소

◆ 일하면서 부르는 노래 풍요

양지 스님은 영묘사에서 장륙●을 빚어 만들 때 고요한 기도에 들어갔어요. 그는 잡념 없는 상태에서 진흙을 주물러 만들었어요. 성인 남녀들은 진흙을 나르면서 넌지시 말하면서 깨우치는 노래인 풍요를 불렀어요.

"오라 오라 / 오라, 슬프구나 / 서럽구나, 우리들은! / 공덕 닦으러 오라."

사람들은 방아를 찧거나 다른 일을 할 때 이 노래를 부르곤 했어요. 일연 스님은 양지 스님이 재주가 완벽하고 덕을 갖춘 사람이라고 했어요. 그리고 양지가 하찮은 기술에 숨어 지내는 사람이라고 평했어요.

역사 수업

- **양지 스님의 작품**

《삼국유사》의 〈양지사석〉에는 양지 스님의 작품들이 기록되어 있어요. 영묘사의 장륙삼존상, 천왕상, 전탑의 기와, 법림사의 주불삼존, 좌우금강신상, 사천왕사의 탑 아래 팔부신장상 등 거대한 불상부터 작은 기와까지 모두 양지 스님이 제작했다고 기록되어 있어요.

- **귀신 얼굴의 기와, 귀면와**

우리나라의 역사 유적을 보면 기와에 귀신 얼굴을 조각해 넣은 경우를 많이 볼 수 있어요. 이것을 '귀신 얼굴 기와'라는 뜻의 '귀면와'라고 불러요. 더러는 귀신이 아니라 용의 모습이라고 하기도 해요. 귀면와는 벽사辟邪의 목적으로 사용했을 거라고 해요. 즉 나쁜 잡귀신을 쫓기 위해서라는 거예요.

- **양지사석**良志使錫   '양지 스님이 지팡이를 부리다'라는 뜻이에요.
- **장륙**   높이가 1장 6척이 되는 불상을 말해요. 약 5미터 정도의 크기예요.

6부
수수께끼와 도술 이야기

수수께끼가 많이 등장하는 《삼국유사》

 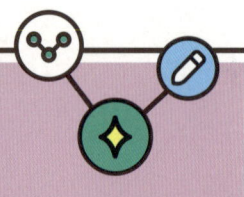

《삼국유사》에는 수수께끼 같은 이야기가 많이 실려 있어요

《삼국유사》에는 수수께끼 같은 이야기도 많고, 수수께끼 형식을 취하는 이야기도 많아요. 서양의 유명한 신화 이야기인 〈오이디푸스〉에는 "처음에는 네 발로 걷고, 다음에는 두 발로 걷고, 마지막으로는 세 발로 걷는 것이 무엇이냐?"라는 질문이 등장해요. 답은 여러분이 생각한 대로 바로 사람이지요.

답을 알고 나면 '아하' 하고 공감하는, 이런 형식의 이야기가 《삼국유사》에도 많아요. 《삼국유사》의 〈사금갑〉이라는 이야기에는 "열어보면 두 사람이 죽고, 열어보지 않으면 한 사람이 죽는다"라는 수수께끼가 등장해요. 그때 일관이 왕에게 한 사람은 임금이고 두 사람은 백성이라고 말해주지요.

수수께끼가 많은 《삼국유사》 이야기는 그 당시 사회의 복잡한 문화적 배경을 담고 있어요. 그 수수께끼를 풀다 보면 그 당시 사회에 대해 공부할 수 있어요.

호기심을 느끼게 하는 이야기 방식

《삼국유사》에는 거득공이라는 사람의 이야기가 나와요. 그는 지방에 사는 안길이라는 사람의 은혜를 입었어요. 거득공은 떠나면서 안길에게 말했어요.

"나는 서울 사람이다. 우리 집은 황룡사와 황성사의 두 절 사이에 있고, 내 이름은 단오다. 그대가 만약 서울에 올 기회가 있거든 우리 집을 찾아주면 고맙겠다."

이 수수께끼 같은 아리송한 주소를 듣고 안길은 단오의 집을 찾으러 갔어요. 사람들에게 단오의 집을 물었지만 아는 사람이 없었어요. 그때 한 노인이 그 수수께끼를 풀었어요.

"두 절 사이에 있는 한 집이란 아마도 대궐 안을 말하는 것이오. 단오란 거득공을 가리키는 것이오."

안길은 무사히 거득공을 만나게 되었지요.

이 이야기 이외에도 원성왕이 왕이 되는 과정에서 꿈풀이를 수수께끼 풀 듯이 하는 부분도 등장해요. 수수께끼는 호기심을 가지면서 긴장감을 느끼게 하는 이야기 방식이에요. 말하는 사람뿐만 아니라 듣는 사람도 함께 참여자가 되는 이야기 방식이라고 할 수 있어요.

💡 직설적 표현을 피하는 이야기 방식

수수께끼는 이야기하고 싶은 것을 직접 말하지 않고 에둘러 말하는 방식이라고 할 수 있어요. 누군가를 좋아한다고 직접 말하지 않고 아리송한 표현으로 관심을 드러낼 수도 있어요.

원효 스님이 바로 그 주인공이지요. 원효는 일찍 과부가 된 요석 공주에게 자신의 관심을 보여주고자 했어요. 그래서 거리에서 이상한 노래를 불렀어요.

"누가 자루 빠진 도끼를 내게 주겠느냐? 내가 하늘을 받칠 기둥을 찍으리라."

이 아리송한 수수께끼를 푼 사람은 태종 무열왕이었어요.

"원효가 귀한 부인을 얻어 현명한 아들을 낳으려고 하는구나. 나라에 큰 현인이 생긴다면 이보다 더 기쁜 일이 어디 있겠느냐?"

무열왕은 이렇게 말하며 길을 가는 원효를 불렀어요. 그래서 태어난 인물이 신라의 현인이라 불리는 설총이에요. 원효는 자신이 요석 공주를 사랑한다고 말하지 않고 수수께끼 노래를 통해 마음을 전달했어요.

〈제5 의해〉 원효불기

경상북도 경주 교촌마을
요석궁과 원효의 수수께끼

낙산사
의상 대사가 671년에 창건한 낙산사는 경치가 빼어나 관동 8경 가운데 하나로 꼽혀요.

경주향교
경주 향교는 경주 교촌마을 요석궁으로 추정돼요.

양양 �낙산사 건칠관음보살좌상
ⓒ문화재청

📍 원효 대사와 설총

　원효 대사는 의상 대사와 같은 시대를 살았지만 여덟 살 정도 많았어요. 둘은 함께 당나라에 가서 불교를 공부하려 했지만, 의상만 당나라에 가고 원효는 신라에 남아 백성에게 불교를 전파했죠. 당시 원효는 40대이고, 의상은 30대였어요. 신라를 통일한 문무왕 시절이었죠.

원효는 이미 결혼을 한 상태였어요. 원효가 결혼을 할 때도 유명한 일화가 있었어요. 문무왕의 아버지 무열왕 때였어요. 어느 날 원효가 마음이 들떠서 거리에서 요상한 노래를 부르기 시작했어요.

"누가 자루 없는 도끼를 내게 주겠느냐? 내가 하늘을 받칠 기둥을 찍으리다."

길을 가던 사람들은 이 노래를 들으면서, 아리송해서 고개를 갸우뚱했어요.

"무슨 노래지"

지나가던 사람들은 이 노래의 뜻을 도무지 알지 못했어요. 무열왕 김춘추가 이 노래를 전해 들었어요. 왕은 신하들에게 말했어요.

"원효가 귀한 부인을 얻어 슬기로운 아들을 낳으려고 하는구나. 나라에 큰 현인이 생긴다면 이보다 기쁜 일이 어디 있겠느냐?"

왕은 원효를 불러 과부가 된 자신의 둘째 딸 요석 공주를 소개해주었어요. 그래서 둘은 결혼하여 아들 설총●을 낳았어요. 설총은 이두●라는 문자를 만들어 세상에 편리함을 준 성인이었어요.

원효 앞에 나타난 관음보살

의상과 헤어진 원효는 스스로 소성거사(小性居士)라 불렀어요. 그리고 속세의 복장을 하고, 이 마을 저 마을을 돌면서 〈무애가〉를 부르며 춤을 추고 다녔어요. 어느 날 원효는 당나라에 간 의상이 낙산사를 지었다는 말을 듣고 그곳으로 향했어요. 낙산사에 거의 도착했을 즈음 원효는 논에서 흰옷을 입은 여인이 벼를 베고 있는 것을 보았어요. 원효는 장난삼아 여인에게 말했어요.

"그 벼를 좀 주시오."

여인도 장난하는 어투로 말했어요.

"아직 잘 영글지 않았습니다."

원효는 길을 가다가 또 다른 여자가 옷을 빨고 있는 것을 보았어요.

"내게 마실 물을 좀 주시오."

여인은 빨래하던 더러운 물을 떠주었어요. 원효는 그 물을 버리고 다시 깨끗한 물을 떠서 마셨어요. 그때 소나무 위에서 파랑새 한 마리가 원효에게 질책하듯 말했어요.

"스님은 그만두시오."

원효 스님이 새가 있는 곳을 보자, 그 새는 금세 사라져버리고 없었어요. 다만 소나무 아래에 신발 한 짝만이 남아 있었어요. 원효 스님은 낙산사에 도착해 관음보살을 보았어요. 그런데 관음보살 아래에는 조금 전 소나무 아래에서 보았던 나머지 신발 한 짝이 놓여 있었어요. 원효는 오다가 자신이 만난 여인들이 관음보살의 진신임을 비로소 알게 되었어요. 그때부터 사람들은 그 새가 앉은 소나무를 관음송(觀音松)이라고 불렀어요. 이 소나무는 지금도 낙산사에 있어요.

역사 수업

● 원효 스님이 결혼을?

본문을 읽고 당황한 독자가 있을 거예요. 원효 대사는 스님인데 결혼을 하고 아이까지 낳았다는 이야기가 나오니까요. 이 이야기에는 여러 해석이 있어요. 일단 원효가 결혼하면서 계율을 어겨 파문을 당했다는 해석이 많아요. 또 한편에는 이미 그전에 승려 생활을 그만두었다는 이야기도 있고요. 또 《삼국유사》의 이야기가 믿을 만하지 않다는 주장도 있어요. 이야기를 뒷받침할 근거도 없는 데다, 당시 요석 공주는 진골이고, 원효는 6두품이어서 신분 차이 때문에라도 결혼이 불가능했다는 것이에요.

● 설총과 이두

설총은 통일신라의 3대 문장가로 꼽히는 대표적인 학자예요. 우리나라의 유학과 한학을 발전시키는 데 큰 공을 세웠고, 특히 이두를 집대성한 공이 가장 커요. 이두吏讀는 한자의 소리와 뜻을 빌려 우리말을 기록하는 표기법을 말해요.

● **원효불기**元曉不羈   '원효 대사는 얽매이지 않는다'는 뜻이에요.

〈제5 의해〉 원광서학

경상북도 청도 운문사
원광 스님과 검은 여우

운문사
원광 법사가 세속오계를 지은 곳으로 알려졌어요.

🔎 신의 계시로 중국에 유학을 떠난 원광

《삼국유사》에는 원광 법사에 대한 이야기가 두 가지 전해지는데, 우리는 《수이전》에서 인용한 기록을 살펴보기로 해요. 원광 스님은 경주 출생으로 성은 설씨였다고 해요. 조용한 성격이었던 스님은 홀로 삼기산에서 기도하기를 좋아했어요. 그런데 이웃에 사납고 주술을 좋아하는 비구●가 살게 되었어요.

　어느 날 원광이 경전을 읊는데 신이 나타나 "좋구나, 너의 수행이여"라고 말했어요. 그리고 신은 원광에게 이웃에 사는 비구가 헛된 주술을 외고 사람들의 마음을 흔들어 싫다고 했어요. 자칫 자신의 죄업이 쌓일까 걱정되니 비구에게 가서 신이 산을 떠나란다고 전하라고 했어요. 원광이 비구를 만나 신의 말을 전했는데, 비구는 오히려 원광이 여우 귀신을 믿는다며 비난했어요.

구름 뚫고 나온 신의 큰 팔뚝

　원광 법사는 신의 도움으로 어려운 중국 유학을 무사히 마쳤어요. 그리고 신에게 고마운 마음을 전하며 모습을 보고 싶다고 청했어요. 신은 원광에게 이튿날 아침에 동쪽 하늘 끝을 보라고 했어요. 다음날 원광이 그대로 하니 커다란 팔뚝이 구름을 뚫고 하늘 끝에 닿아 있었어요.

　어느 날, 신은 자신이 곧 죽는다는 사실을 알리면서 자기의 몸을 거두어달라고 했어요. 원광은 이튿날 삼기산 고갯길에서 늙은 여우 한 마리가 숨을 쉬지 않는 것을 발견했고, 약속대로 시신을 거두어서 장례를 치러주었어요.

화랑이 지켜야 할 다섯 가지

　화랑●인 귀산과 추항이라는 사람이 원광에게 와서 부탁했어요.

　"속된 저희가 평생 잊지 않고 경계해야 하는 것을 한 말씀만 해주시길 바랍니다."

　원광은 말했어요.

　"충성으로 임금을 섬기고, 부모에게 효를 다하고, 믿음으로 친구를 사귀고, 살생은 가려서 하는 것이고, 싸움에서 물러서지 않아야 한다."

　그러자 귀산이 듣고 물었어요.

　"다른 것은 이해되지만, 살생을 가려서 하라는 말은 이해하기 어렵습니다."

　법사는 다시 말을 했어요.

"말, 소, 닭, 개와 같이 부리는 동물은 죽이지 말 것이며, 고기 한 점도 안 되는 미물은 죽이지 말 것이며, 죽일 수 있는 것도 필요한 만큼만 죽여야 한다는 뜻이다."

귀산은 그 말을 깊이 간직하겠다고 다짐했어요. 원광이 전하는 다섯 가지 계율은 화랑이 몸과 마음을 수련할 때 지켜야 할 세속오계로 전해지고 있어요.

역사 수업

● **원광의 세속오계**

사군이충事君以忠 충성으로 임금을 섬긴다.
사친이효事親以孝 부모에게 효를 다한다.
교우이신交友以信 믿음으로 친구를 사귄다.
살생유택殺生有擇 살생은 가려서 한다.
임전무퇴臨戰無退 싸움에서 물러서지 않는다.

- **원광서학**圓光西學 '원광 법사가 서쪽으로 유학을 가다'라는 뜻이에요.

- **비구** 출가한 남자 승려를 말해요. 여자 승려는 비구니라고 해요.

- **화랑** 화랑이란 신라 때 꽃처럼 아름다운 사내를 뜻하는 의미로 사용했어요. 화랑과 그를 따르는 청소년 집단을 화랑도라고 불렀어요. 화랑도는 함께 수련하고 춤을 추고 산천을 유람했어요. 화랑들은 몸과 마음을 단련시키면서 나라의 중요한 인재로 성장했어요.

〈제5 의해〉 이혜동진

경상북도 경주 흥륜사지
혜숙의 다시 붙은 허벅지 살

흥륜사지
흥륜사는 신라에서 가장 먼저 지어진 절이에요. 고구려에서 신라에 불교를 전파하러 온 최초의 승려 아도阿道가 창건했다고 전해져요. 조선 시대에 불에 타버렸어요. 이 절의 금당 동쪽 벽에는 아도, 이차돈, 의상, 혜숙, 안함의 모습이 그려져 있고, 서쪽 벽에는 표훈, 원효, 자장, 혜공, 사파의 모습이 그려져 있었다고 해요. 이들 10명의 스님을 신라 십성十聖이라고 해요.

♀ 혜숙의 허벅지 살

신라 26대 진평왕(재위 579~632) 시절이었어요. 승려인 혜숙은 호세랑과 함께 화랑의 무리에 있었지만, 어느 날 갑자기 자취를 감추어버렸어요. 혜숙이 적선촌이라는 곳에서 숨어 살았기 때문에 화랑의 명부에서 지워져버렸죠. 때마침 국선•인 구참공이 교외로 사냥을 나갔어요. 그때 혜숙은 그 무리에 끼어 따라가기를 청했어요.

허락을 받은 혜숙은 이리저리 치달으며 앞서거니 뒤서거니 열심히 사냥했어요. 구참공은 매우 흐뭇했어요. 그리고 잠시 쉬면서 고기를 삶아서 먹자고 권했어요.

"자, 어서 많이들 먹게나."

구참공의 말에 혜숙은 꺼리는 빛이 없이 잘 먹었어요. 그러다 갑자기 구참공에게 말했어요.

"이제 이 고기보다 더 신선한 것이 있으니 드실런지요?"

구참공은 기분 좋게 말했어요.

"그래, 좋소."

혜숙은 주위 사람들을 물리치고 자신의 허벅지 살을 베어 쟁반에 올렸어요. 그의 옷은 피에 젖어 있었어요. 구참공은 놀라서 물었어요.

"그대는 어찌하여 이다지도 지독한 짓을 내게 보이는가?"

혜숙은 말했어요.

"처음에 공을 인자한 사람이라 여겨 따랐습니다. 그런데 온통 죽이는 것에만 빠져 있고, 자신만 살찌우려 하시니, 어찌 군자가 할 짓입니까?"

혜숙은 옷을 털고 그 자리에서 일어나 가버렸어요.

여러 모습으로 변신하는 혜숙

구참공은 혜숙의 말에 부끄러움을 느꼈어요. 그리고 혜숙이 먹던 쟁반을 보니 생고기가 그대로였어요. 이것을 이상하게 여기고 왕에게 아뢰었어요. 이를 신기하게 여긴 진평왕은 사람들을 시켜서 혜숙을 찾도록 했어요. 그런데 혜숙은 부녀자의 침상에 누워서 잠을 자고 있는 것이었어요. 사신은 이것을 더럽게 여기고 그냥 돌아오고 말았어요. 그런데 돌아오는 길에 바로 그 혜숙을 만난 것이에요. 사신이 혜숙에게 물었어요.

"어디에서 오는 길이시오?"

혜숙은 말했어요.

"성안 신도 집에서 칠일제를 마치고 돌아오는 길이오."

사신은 어떤 말이 진짜인지 몰라 왕에게 있었던 일을 그대로 고했어요. 그리고 왕은 칠일제를 모신 신도 집을 조사하게 했는데, 모두 사실이었어요. 혜숙은 동시에 여러 모습을 하고 있었던 것이지요.

📍 짚신 한 짝으로 남은 스님

어느 날 혜숙이 죽었어요. 마을 사람들은 이현이라는 장소의 동쪽에 혜숙을 묻어주었어요. 마을 사람 중 하나가 이현의 서쪽에서 오다가 혜숙을 만나 물어보았어요.

"스님, 어디를 가십니까?"

혜숙은 말했어요.

"이곳에서 너무 오래 머물러서 다른 지방으로 가고자 하네."

서로 작별 인사를 하고 헤어졌는데, 혜숙은 벌써 구름을 타고 멀리 사라졌어요. 그 사람이 이현의 동쪽에 이르렀는데, 혜숙의 장례를 치르는 사람들이 여전히 흩어지지 않고 있었어요. 혜숙을 만난 이야기를 듣고 이상하게 여긴 사람들은 무덤 안을 파보았어요. 그곳엔 혜숙은 없고, 가죽신 한 짝만 남아 있었어요.

> **역사 수업**
>
> • **가죽신 한 짝**
> 《삼국유사》이야기에는 가죽신 한 짝 이야기가 자주 등장해요. 원효 스님이 낙산사로 갔을 때 소나무 아래에서 신발 한 짝만 남아 있었다는 이야기도 있고, 또 계집종 욱면이 지붕을 뚫고 승천할 때도 신발 한 짝을 남겼다는 이야기도 있어요. 중국의 유명한 달마 스님도 신발 한 짝을 메고 가지요. 왜 신발 한 짝일까요? 여러 가지 이야기가 있지만 신발이 인간의 역사, 즉 인간을 말한다고 해요. 그래서 신발 한 짝의 의미는 삶과 죽음이 같다는 것을 말하고 있어요.

- **이혜동진**二惠同塵 혜숙과 혜공이 여러 모습을 나타내는 불교 이야기예요.
- **국선** 화랑의 총 지휘자를 말해요.

〈제2 기이〉 사십팔 경문대왕

경상북도 경주 구황동
임금님 귀는 당나귀 귀

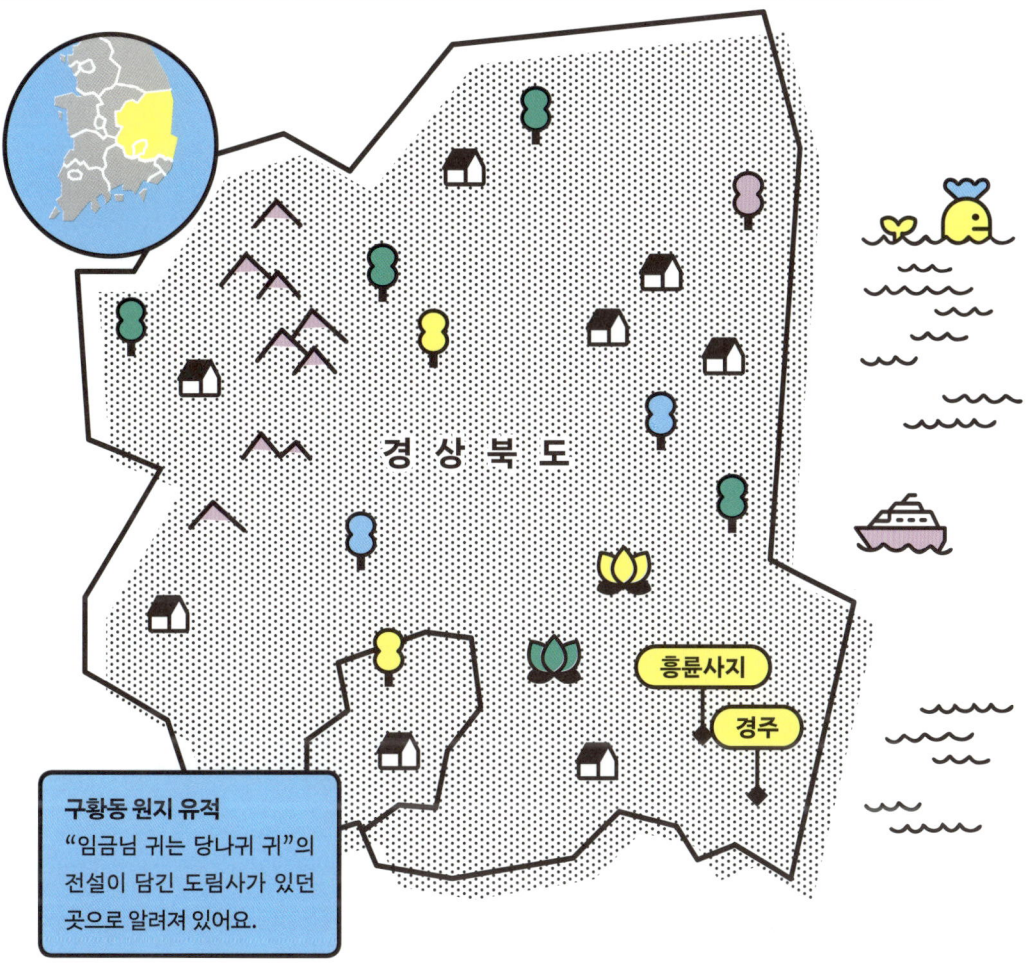

구황동 원지 유적
"임금님 귀는 당나귀 귀"의 전설이 담긴 도림사가 있던 곳으로 알려져 있어요.

🔍 아름다운 행실의 세 사람

　신라 47대 헌안왕(재위 857~861) 때였어요. 헌안왕에게는 슬하에 딸만 둘 있었어요. 첫째 딸은 정말 못생겼고, 둘째 딸은 매우 예뻤어요. 당시 화랑의 국선이었던 김응렴을 눈여겨보던 왕은 어느 날 그를 궁중으로 불렀어요. 왕은 응렴에게 말했어요.

"그대는 화랑으로 사방을 유랑했는데, 무슨 특별한 것을 보았소?

국선 응렴은 차분하게 말했어요.

"전하, 저는 세상을 유랑하면서 아름다운 행실을 가진 세 사람을 보았습니다. 첫째는 다른 사람의 윗자리에 있을 만한 사람인데도 겸손하게 다른 사람의 아래에 있는 사람입니다. 둘째는 세력 있고 부유한데도 의복이 검소한 사람입니다. 셋째는 본래 귀한 세력이 있는데도 위세를 떨치지 않는 사람입니다."

왕은 응렴의 말을 들으면서 자신도 모르게 감동해서 눈물을 흘렸어요.

큰딸과 결혼해서 생긴 좋은 일 세 가지

왕은 응렴에게 말했어요.

"국선, 짐에게는 두 딸이 있소. 그대에게 시집보내어 시중을 들게 하고 싶구려."

응렴은 선뜻 대답하지 못하고 집에 와서 부모님께 말했어요.

"어머니, 아버님, 왕께서 공주와 결혼을 제안하셨습니다."

응렴의 부모는 기뻐하면서 자식들과 함께 의논했어요. 부모님이 말했어요.

"왕의 첫째 공주는 외모가 보잘것없고, 둘째는 매우 아름답다고 한다. 둘째에게 장가드는 것이 좋겠다."

화랑의 무리 중 범교사란 자가 이 말을 듣고 응렴을 급하게 찾아왔어요. 범교사가 말했어요.

"그럼, 국선은 둘 중 누구와 결혼을 할 작정이시오?"

응렴은 말했어요.

"부모님께서는 둘째 공주와 결혼하는 것이 낫다고 하셨소."

응렴의 말을 들은 범교사는 단호하게 말했어요.

"만약 그대가 동생과 결혼한다면, 나는 반드시 당신의 눈앞에서 죽을 것이오."

그리고 한참 후에 다시 말을 이었어요.

"하지만, 첫째 공주와 결혼한다면 반드시 좋은 일 세 가지가 있을 것이오."

응렴은 범교사의 말이 다소 위협적으로 느껴졌어요.

"알았소, 그대가 일러준 대로 큰딸과 결혼하겠소."

얼마 후 왕은 사람을 보내 뜻을 물었어요.

"국선, 두 딸 가운데 누구를 선택할 것인지 오직 공의 뜻에 따르겠소."

왕의 전갈에 응렴은 대답을 보냈어요.

"맏공주와 결혼하고자 합니다."

응렴은 결국 큰딸과 결혼했어요. 그로부터 얼마 지나지 않아 왕이 위독한 병에 걸려 죽게 되었어요. 왕은 응렴을 불러 유언했어요.

"여보게, 나에게는 아들이 없으니 큰 사위인 자네가 왕을 맡아주게."

왕이 죽자 응렴이 왕이 되었어요. 그때 범교사가 다시 와서 응렴에게 말했어요.

"국선, 제가 말한 세 가지 좋은 일이 모두 이루어졌소. 첫째는 첫째 공주와 결혼해서 왕위를 물려받은 것이고, 둘째는 쉽게 아름다운 둘째 공주를 취할 수 있는 것이고, 셋째는 첫째 공주와 결혼했기 때문에 왕과 왕비가 기뻐하신 것입니다."

응렴은 왕이 되어 그에게 감사의 표시로 큰 벼슬을 내리고 금 130냥을 주었어요.

뱀들과 동침하는 경문대왕

응렴은 신라 최초로 화랑 출신의 왕이 되었어요. 바로 48대 경문왕(재위 861~875)이에요. 진골들은 6두품이자 화랑 출신인 응렴이 왕이 된 것에 불만이 많았어요. 하지만 경문왕은 화랑 정신에 입각해서 약 15년 정도 나라를 열심히 다스렸어요. 신라의 번영을 위해서 많은 개혁을 단행했어요. 그러나 결코 쉽지 않았어요. 특히, 왕이 집권하고 몇 년이 지나자 나라에는 온갖 역병과 자연재해가 끊이지 않았어요. 왕은 안으로는 진골 세력의 감시와 견제를 받아야 했고, 밖으로는 자연재해에 심신이 매우 고단했어요.

언젠가 왕의 침전에는 매일 저녁 수많은 뱀이 모여든 적이 있어요. 대궐에 신하들이 이 뱀들을 쫓아버리려고 하면 왕은 이를 말리며 말했어요.

"그만두거라. 나는 뱀이 없으면 편히 잠들 수가 없도다."

매일 왕이 잘 때면 뱀이 혀를 내밀어 왕의 가슴을 덮었어요. 왕은 뱀과 함께여야 편안하게 잠을 잘 수 있었어요.

💡 임금님 귀는 당나귀 귀

경문왕에게는 뱀 이야기 이외에도 신기한 이야기가 늘 따라다녔어요. 바로 당나귀 귀 이야기지요. 왕위에 오르자 갑자기 왕의 귀가 자라기 시작했어요. 왕은 깊은 고민에 빠졌어요. 신하들이 비웃을까 봐 한동안 신하들이 모인 곳에 나갈 수가 없었어요. 신하들은 여기저기서 쑥덕거렸어요.

"왕이 필시 문제가 있는 것이 분명해, 어디가 아픈가 봐."

왕은 고민에 고민을 하다 왕관을 만드는 복두장 한 사람에게만 귀를 보여주었어요. 왕은 복두장에게 말했어요.

"짐의 귀에 대해서는 절대 그 누구에게도 말을 해서는 안 된다."

복두장은 평생 이 비밀을 마음속에 꼭꼭 숨겼어요. 복두장은 죽을 듯이 가슴이 너무 답답했어요. 마음속에 하지 못한 말 때문이었어요. 그래서 도림사라는 절의 대나무 숲 속으로 들어가 마음껏 소리쳤어요.

"임금님 귀는 당나귀 귀다. 하하하"

그러자 뻥 뚫리는 것처럼 속이 시원했어요. 그때부터 바람만 불면 대나무 숲에서 소리가 메아리처럼 울렸어요.

"임금님 귀는 당나귀 귀다."

나라의 많은 사람이 이제 임금의 귀가 당나귀 귀라는 것을 알게 되었어요. 그래서 경문왕은 대나무를 모두 베어버리라고 신하들에게 명령했어요. 대신 그곳에는 산수유를 심으라고 했어요. 하지만 산수유나무에서도 바람이 불 때면 항상 같은 소리가 들려왔어요.

"임금님 귀는 당나귀 귀다."

> **역사 수업**

● 헌안왕과 경문왕 시대의 혼란한 상황

신라 헌안왕과 경문왕 시기는 다소 혼란스러웠던 것 같아요. 헌안왕 때는 4월에 서리가 오고, 5월에서 7월까지는 비도 오지 않았다고 해요. 10월에는 때아닌 복숭아와 오얏나무에 꽃이 피고, 11월에는 눈도 오지 않았대요. 농경사회에서 자연 현상이 비정상적이면 백성의 생활이 힘들어졌을 거예요. 과학으로 증명되지 않는 이상한 현상이나 소문이 돌았을 테고, 자연스럽게 범죄 등이 늘어났을 거예요. 사회가 혼란스러웠다는 것을 상상할 수 있어요.

화랑 출신 경문왕 때는 왕권이 매우 약했어요. 이찬● 윤흥이 반란을 일으키고, 이찬 근종도 반역을 했으며, 지진도 자주 일어났어요. 5월에는 용이 궁궐 우물에서 하늘로 날아갔다고도 해요.

● 경문왕에게 뱀은 어떤 의미일까요?

뱀은 당시 경문왕을 도와 일을 한 화랑이나 육두품들을 의미한다고 할 수 있어요. 진골들은 화랑 출신 왕이 매우 못마땅했고, 왕 주변에 있던 사람들을 뱀이라고 비하했을 것이라고 해요.

● 대나무를 자르고 왜 하필 산수유를 심었을까요?

경문왕은 매우 개혁적이었지만 제대로 평가를 받지 못하고 있어요. 뱀이나 당나귀 귀 이야기는 어쩐지 왕을 깎아내리는 듯한 이야기로 보여요. 어떤 학자는 산수유를 심은 것은 백성에게 유용한 것이기 때문에 심게 한 것이라고 말하기도 해요.

● **이찬**   왕족 다음가는 신분인 육두품이 오를 수 있는 최고의 관직이에요.

〈제6 신주〉 명랑신인

경상북도 경주 남간마을
명랑 법사와 문두루 비법

원원사지
경주 원원사지는 명랑 법사가 세운 사천왕사, 금광사와 함께 통일신라 시대 문두루 비법의 중심 도량●이었어요.

경주 원원사지 동서 삼층석탑 면석
ⓒ 문화재청

📍 푸른 구슬을 삼키고 태어난 명랑 스님

668년 신라 30대 문무왕(재위 661~681) 시절이었어요. 당나라와 사이가 좋지 않을 때였어요. 문무왕의 아버지 무열왕과 당나라 태종은 평양 남쪽 땅을 신라에 준다고 약속했지만 그들은 모두 죽고 아들들이 왕이 되었어요. 신라의 문무왕은 무열왕의 아들,

당나라 고종은 태종의 아들이었어요. 당 고종은 아버지의 약속을 무시하고 신라를 통째로 지배하려고 했어요.

당나라와 신라가 한창 대치하던 시절에 명랑 법사라는 스님이 있었어요. 명랑 법사는 신라의 대표적인 진골 가문 출신이었어요. 명랑을 낳기 전 그의 어머니는 푸른 구슬을 삼키는 꿈을 꾸었어요. 선덕 여왕 시절 황룡사 9층 목탑을 지었던 자장 스님이 명랑 법사의 외삼촌이었어요. 황룡사 9층 목탑은 모든 신라인에게 불심을 키우는 중심추 같은 것이었어요. 명랑 법사는 삼형제 중 막내로 태어났어요. 두 형도 모두 신라에서 중요한 일을 했어요. 명랑은 중국으로 유학 가서 불교를 공부했어요.

용궁의 비법과 문두루 비법을 터득한 명랑

명랑은 중국에서 돌아오는 길에 바다 용의 요청으로 용궁에 들어갔어요. 용궁에서 비법을 전수받고 천 냥을 시주받아 땅 밑으로 잠행해서 신라에 들어왔어요. 신라에 와서는 경주 남간 마을 자기 집 우물 밑에서 솟아 나왔어요. 신라에 돌아온 명랑은 자기 집을 절로 만들고 용왕이 준 황금으로 탑과 불상을 만들어 광채가 번쩍이게 했어요. 그가 자기 집을 절로 만든 곳을 금광사라고 했어요. 명랑은 주문을 쓰는 밀교에 깊이 심취해 있었고, 신라에 신인종(문두루종)을 뿌리내리게 했어요. 명랑은 문두루 비법을 자유자재로 쓸 수 있었어요. ('문두루 비법'은 2부의 '경상북도 경주 문무대왕릉' 참고)

사천왕사를 지어 문무왕과 함께 당을 물리친 명랑

당 고종 시대에 문무왕의 동생인 김인문이 당나라에 잡혀 있었어요. 그리고 당나라는 군사 50만 명을 훈련해서 신라를 공격할 계획을 세우고 있었죠. 김인문은 당시 당나라에 유학하고 있던 의상에게 청했어요. 빨리 신라로 돌아가서 당나라의 공격 계획을 전하라고요. 당나라의 공격 소식을 들은 문무왕 법민은 신하들에게 해결책을 요청했어요. 각간 김천존이 말했어요.

"근래 명랑 법사가 용궁에 들어가 비법을 전수해 왔으니 그를 불러 물어보십시오."

왕은 빨리 명랑 법사로 하여금 선덕 여왕의 무덤 아래에 사천왕사를 짓게 했어요. 선덕 여왕의 유언에 자신을 도리천에 묻으라고 했지만 묻혀 있는 그곳이 도리천이 되기 위해서는 무덤 아래에 사천왕사를 지어야만 했어요. 문무왕은 급하게 무덤 아래에 사천왕사를 짓고 선덕 여왕의 무덤을 도리천으로 만들고 명랑을 우두머리로 하는 명승 12명이 문두루 비법을 하게 했어요.

　12명의 명승은 채색 비단으로 임시로 절을 짓고 풀로 오방신상을 만들었어요. 그러자 당나라와 신라의 병사가 교전하기도 전에 풍랑이 사납게 일어나서 갑작스럽게 당나라 배가 모두 물에 침몰해버렸어요. 그 후에 왕은 절을 고쳐 짓고 사천왕사라 부르게 했어요. 선덕 여왕의 예언을 활용한 문무왕의 지혜가 빛을 발했어요. ('사천왕사'는 9부의 '경상북도 경주 사천왕사지' 참고)

역사 수업

- **당나라의 침입**
670년 신라와 당나라는 전쟁을 벌였어요. 이 전쟁에는 고구려와 백제의 유민도 함께해서 당나라를 몰아냈어요. 676년 신라와 당나라의 2차 전쟁이 있었어요. 이때 신라는 당나라를 몰아내고 대동강 이남을 차지하고 삼국통일을 이루었어요.

- **명랑신인**明朗神印　　명랑 법사가 이끄는 신인종이라는 교파예요. 여기서 신인이란 신의 약속 정도로 볼 수 있어요.

- **도량**　　도를 얻기 위해 수행하는 곳이에요.

⟨제2 기이⟩ 사금갑

경상북도 경주 서출지
불교에 대한 민속 종교의 거부감

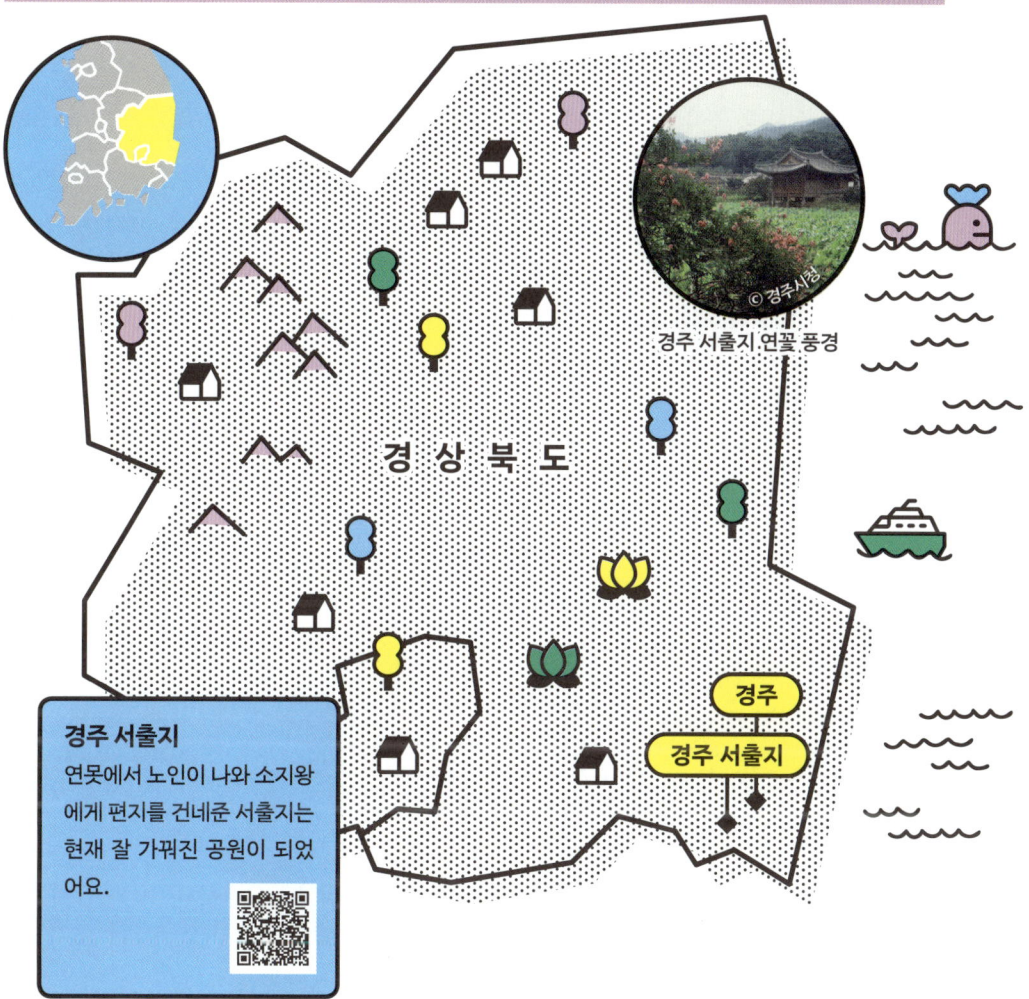

경주 서출지 연꽃 풍경

경주 서출지
연못에서 노인이 나와 소지왕에게 편지를 건네준 서출지는 현재 잘 가꿔진 공원이 되었어요.

🔍 사람 말을 하는 쥐

신라 21대 소지왕(재위 479~500) 때였어요. 소지왕은 비처왕이라고도 불러요. 이때는 아직 불교가 공인•되기 전이라 민간 무속이 더 힘을 발휘하고 있었던 것 같아요. 어느 날 왕이 행차하다가 쥐와 까마귀를 만났는데, 쥐가 말을 하는 것을 들었어요.

"이 까마귀가 가는 곳을 따라가보시오."

왕은 신하를 시켜서 까마귀를 따라가게 했어요. 신하들은 까마귀를 따라가다가 멧돼지가 싸우는 것을 보고 까마귀를 놓쳐버렸어요. 그때 연못에서 한 노인이 나와서 편지를 건네주었어요.

거문고 집을 쏴라

노인이 준 편지 겉봉에는 다음과 같이 적혀 있었어요.

"이 편지를 열어보면 두 사람이 죽을 것이요, 열어보지 않으면 한 사람이 죽을 것이다."

왕은 신하에게 말했어요.

"두 사람이 죽느니 한 사람이 죽는 편이 낫겠다. 짐은 편지를 열지 않겠다."

이것을 들은 일관은 말했어요.

"두 사람은 보통 사람을 가리키는 것이고, 한 사람은 왕을 말하는 것이옵니다."

일관의 이야기를 듣고 왕은 편지를 뜯어보았어요. 편지에는 다음과 같은 글이 있었어요.

"거문고 집을 쏴라(사금갑射琴匣)."

왕은 거문고를 넣는 거문고 집을 향해 활을 쏘았어요. 왕이 쏜 거문고 뒤에는 왕궁에서 향을 지키는 분수승과 왕비가 간통을 하고 있었어요. 그 뒤로 노인을 만난 연못을 편지가 나온 연못이라는 의미로 서출지(書出池)라고 불렀어요.

편지가 나온 연못과 까마귀를 공경하는 오기일

이때부터 우리나라 풍속에 정월 첫 돼지의 날, 정월 첫 쥐의 날, 첫 까마귀의 날에는 모든 일을 조심히 한다고 해요. 특히 정월 대보름인 15일은 까마귀의 제삿날인 오(烏)기일이라고 정해서 찰밥으로 제사를 지냈어요. 무속에서 돼지와 쥐와 까마귀는 인간을 하늘나라나 인간 세계로 이끌어준다고 해요. 왕에게 편지의 내용을 풀이해준 일관은 무속

세계의 무당과 같은 사람이라고 할 수 있어요.

 이 이야기는 신라가 불교를 받아들이기 전 무속과 충돌하는 것을 보여주는 것이라고 할 수 있어요. 왕은 일관의 해석으로 거문고 집에 활을 쏘았지요. 쥐와 까마귀와 돼지 등이 신기한 행적을 보이는 것도 무속과 연결해 생각해볼 수 있어요. 일관은 왕이 머뭇거리자 활을 쏘게 해서 불교 승려를 죽이게 했어요. 이는 무속이 불교를 배척하는 것으로 해석할 수 있어요.

> **역사 수업**
>
> ### • 《화랑세기》에 나오는 승려와 왕비
> 《삼국유사》에는 이름이 나오지 않지만, 《화랑세기》의 〈7세 설화랑〉에는 거문고 집 뒤의 두 사람이 선혜 왕비와 묘심이라고 말하고 있어요. 묘심은 궁궐의 분수승으로, 불공을 드리러 온 선혜 왕비와 사랑에 빠졌을 것이라고 해요. 《삼국유사》에서는 분수승과 왕비가 둘 다 죽은 것으로 나오지만, 《화랑세기》에는 묘승만 죽고 왕비는 쫓겨나는 것으로 나와요.
>
> ### • 약밥의 역사
> 이 이야기는 약밥의 역사가 1500년이 넘었다는 것을 보여주고 있어요. 소지왕은 자신의 목숨을 구해준 까마귀에게 감사의 뜻을 전하기 위해 정월 보름을 오기일, 즉 까마귀 제삿날로 정했어요. 이날 찰밥을 지어 까마귀 제사상에 올렸어요.

- **사금갑**射琴匣   '거문고 집(거문고를 넣는 상자 또는 집)을 쏘라'는 의미예요.
- **공인**   국가에서 종교나 제도 등을 공식적으로 인정하는 것을 뜻해요.

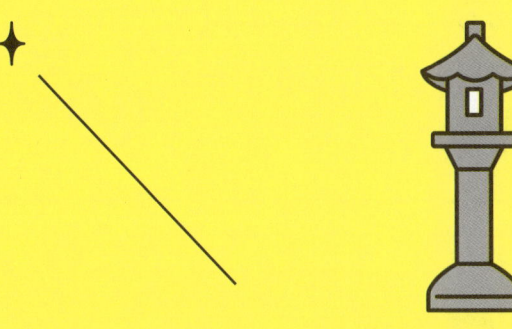

7부
우정과 효도, 사랑과 충성, 그리고 덕을 그린 이야기

덕의 다양한 의미를 생각하게 하는 《삼국유사》

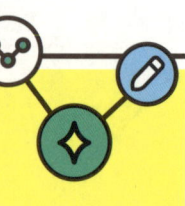

◆ 어머니를 향한 일연의 마음

9세에 어머니와 헤어진 일연 스님은 평생 어머니를 매우 걱정했어요. 77세에 국사로 있을 시절 노모를 모시기 위해 낙향을 결심하지요. 84세 일연 스님이 입적하실 때는 제자들에게 자기의 탑을 어머니 묘소가 잘 보이는 곳에 정하게 했어요.

인각사와 일연 스님 어머니 묘와 일연 스님의 부도탑은 삼각형을 이루고 있어요. 그래서 아침에 해가 뜨면 일연 스님의 탑에 비친 햇살이 어머니의 묘소를 비추고, 어머니의 묘소 또한 동쪽으로 보고 있는 일연 스님의 부도탑을 내려 보듯이 감싸는 모양이지요. 죽어서라도 어머니를 모시고자 하는 효심 어린 마음이 담겨 있다고 할 수 있어요.

◆ 효가 선이 되는 이야기

일연 스님은 《삼국유사》에 많은 효 이야기를 남겼어요. 〈효선편〉이라고 '효'만 다루는 장이 따로 있을 정도이지요. 하지만 〈효선편〉이 아니더라도 효에 관한 이야기는 군데군데 많이 기록되어 있어요. 특히 〈효선편〉의 다섯 이야기는 일연 스님의 이야기를 담고 있는 것 같아요. 아들의 수행을 위해 홀로 굶주렸을 진정 스님의 어머니는 일연 스님의 노모를 생각하게 하지요.

현생에 보시를 하면 후생에 복을 받는다는 김대성 이야기 역시 효와 수행의 중요성을 이야기하는 것 같아요. 살을 베어 부모를 섬기고, 노모를 위해 자식을 묻고, 구걸해서 어머니를 모시는 효가 모두 불교의 선행을 이룬다고 본 것 같아요. 즉 불교의 도가 효도의 선행과 같은 것이라는 생각이지요. 고령화되는 우리 시대를 잘 들여다보게 하는 이야기들이라고 할 수 있지요.

◆ 부부 사이의 신의와 임금과 신하 사이의 충

일연 스님은 《삼국유사》에서 부모에 대한 효만큼이나 중요하게 부부에 대한 예도 강조했어요. 올바른 부부 관계를 보여주는 이야기들이 많은데, 그중에서 〈연오랑 세오녀〉 이야기는 남편을 찾아 떠나는 부인의 헌신을 다뤄요. 〈나물왕과 김제상〉에서는 나랏일을 위해 떠난 남편을 기다리다 죽는 부인의 절개를 그렸어요. 〈광덕과 엄장〉에는 남편의 수행을 위해 옳은 길을 안내하는 부인이 그려져 있어요.

《삼국유사》에는 부부간의 신의 못지않게 임금과 신하의 도리를 보여주는 이야기도 매우 많아요. 가장 대표적인 것은 법흥왕과 이차돈의 이야기라고 할 수 있어요. 나라 안에 불교를 공인하고 싶지만 어려워하는 임금을 위해 젊은 부하 이차돈은 기꺼이 자신을 희생해서 불교를 공인하게 하지요.

〈제9 효선〉 진정사효선쌍미

경상북도 영주 비로사
어머니를 봉양하는 진정 스님

비로사
비로사는 진정 스님이 창건한 사찰로 알려졌어요. 진정 스님이 의상 대사를 만나 가르침을 받은 소백산 추동 또한 비로사로 추정하고 있어요.

◆ 하나뿐인 솥을 시주한 진정

　진정 법사는 의상 대사와 같은 시기에 살았던 사람이에요. 법사는 어린 시절 너무 가난해서 장가도 들지 못한 채 하루하루 품을 팔아 겨우 어머니를 봉양하면서 살았어요. 그에게 재산이라곤 깨진 솥이 전부였어요. 어느 날 지나가던 승려가 진정의 집에 시주를 왔어요. 어머니는 유일한 재산인 솥을 시주하면서 아들의 의견을 물었어요. 아들도 기뻐하면서 대답했어요.

"불사에 시주할 수 있다니 얼마나 다행한 것입니까? 솥이 없다 한들 또 무슨 걱정될 것이 있겠습니까?"

그 후 진정은 쇠붙이 솥 대신 질그릇 솥을 이용해 어머니를 정성껏 봉양했어요.

◆ 의상을 사모해 출가한 진정 스님

진정은 군대에 있을 때 의상의 소문을 들었어요. 그리고 마음으로부터 깊이 의상 대사를 흠모하였어요. 진정은 어머니에게 말했어요.

"어머니, 효도를 다한 후에는 꼭 의상 법사에게 의탁해 머리를 깎고 불도를 배우겠습니다."

진정의 말을 듣고 깊은 생각에 빠진 어머니가 되물었어요.

"아들아, 불법은 만나기 어렵고 인생은 몹시도 빠르구나. 그러니 네가 말하는 효도를 마친 후라는 것은 너무 늦지 않겠느냐? 내 생전에 네가 불도에 들었다는 말을 듣는 것이 무엇보다도 기쁘겠구나. 머뭇거리지 말고 어서 빨리 가는 것이 좋을 것 같구나."

어머니의 말씀을 들은 진정은 어머니에게 다시 말했어요.

"어머니 옆에 있어야 할 사람은 오로지 저뿐입니다. 그런데 어머님을 버리고 어찌 차마 출가할 수 있겠습니까?"

어머니는 진정에게 대답했어요.

"이 어미 때문에 출가하지 못한다면 나를 지옥에 빠뜨리는 것과 같구나. 비록 살아 있을 때 자식이 풍성한 음식으로 공양하더라도 어찌 그것이 효도가 되겠느냐? 내가 남의 집 문에서 옷과 음식을 얻더라도 역시 내 명대로 살 수 있을 것이니, 네가 꼭 효도를 하려 한다면 그런 말을 말아라."

◆ 어머니의 죽음으로 선정에 든 진정 스님

어머니는 자식의 길에 더 이상 짐이 되지 않으려고 노력했어요. 아들이 쉽게 결정을 못 내리자 진정의 어머니는 곡식 자루를 털어 쌀 일곱 되를 얻었어요. 어머니는 그 쌀을 전부 다 털어서 밥을 했어요.

"네가 밥을 지어 먹으면서 길을 가면 더딜까 두렵구나. 내가 보는 앞에서 한 되의 밥은 먹고 나머지 여섯 되 밥은 싸서 어서 여기를 떠나거라."

그러나 아들은 어머니의 뜻을 사양하면서 말했어요.

"자식이 어머니를 버리고 출가하는 것만으로도 도리가 아니옵니다. 그런데 하물며 며칠간의 끼니마저 모두 싸서 간다면 세상 사람들이 저를 무엇이라 하겠습니까?"

그러나 진정은 어머니의 뜻을 이기지 못하고 길을 떠나 사흘 만에 의상이 있는 곳에 도착해서 그의 제자가 되었어요. 그리고 3년이 지난 어느 날 어머니가 돌아가셨다는 소식이 들려왔어요. 진정 스님은 선정에 들어가서 7일 동안 움직이지 않았어요. 이때 진정 스님의 꿈에 어머니가 나타나서 말했어요.

"아들아, 나는 이미 하늘에서 환생했다."

진정의 간절한 기도가 이루어진 것이지요. 진정 스님은 열심히 정진하여 의상 대사의 10대 제자 중 한 사람이 되었어요.

역사 수업

- **의상 대사와 비로사**

의상 대사는 원래 태백산에서 불교를 가르치고 있었어요. 그러던 중 제자였던 진정 스님이 어머니가 돌아가신 뒤 7일 동안 기도했다는 이야기를 듣고는 소백산의 추동으로 갔죠. 그곳에서 초가를 짓고 3000명의 제자에게 90일 동안 《화엄경》을 가르쳤어요. 진정 스님의 어머님은 이 가르침이 끝나는 날 진정 스님의 꿈에 나타나 하늘에서 환생했다고 이야기했어요.

- **진정사효선쌍미**(眞定師孝善雙美)   '진정 법사의 효도와 선행이 모두 아름답다'라는 뜻이에요.

경상북도 경주 불국사와 석굴암
김대성의 두 가지 효성

◆ 대성의 통 큰 시주

신라 모량리라는 마을에 경조라는 가난한 여인이 대성이라는 아들을 키우며 살고 있었어요. 경조의 집은 너무 가난해서 늘 먹을 것이 없었어요. 경조는 어느 부자의 집에서 품팔이를 하며 먹고살았어요.

어느 날 흥륜사 주지 스님이 그 부자의 집에 시주를 하러 왔어요. 스님은 시주를 하는 집에 축원을 했어요.

"신도께서 보시를 좋아하시니 천신이 항상 보호하고 지키십니다. 하나를 보시하면 만 배를 얻고, 편안함과 즐거움을 누리고 오래도록 사실 것입니다."

이 이야기를 들은 어린 대성은 어머니 경조에게 말했어요.

"제가 문간에서 스님이 외우는 소리를 들으니 한 번 보시하면 만 배를 얻는다고 해요. 생각해보니 저는 전생에 좋은 일을 하지 않아서 지금 이렇게 가난한데 오늘 또 보시하지 않는다면 내세에는 더욱 어려울 거예요. 제가 고용살이로 얻은 밭을 법회에 시주해서 후일의 복을 도모함이 어떻겠습니까, 어머니."

어머니는 대성의 갸륵한 뜻에 따라 보시를 했어요.

◆ 금패를 쥐고 다시 태어난 대성

얼마 후 모량리의 대성이 죽게 되었어요. 대성이 죽는 날 나라의 재상 김문량의 집에 신기한 하늘의 소리가 들렸어요.

"모량리의 대성이란 아이를 네 집에 맡기겠다."

깜짝 놀란 재상이 모량리 사는 대성을 알아보니 하늘의 소리가 있던 날 정말로 죽었다고 했어요. 그때부터 태기가 있던 재상의 부인은 사내아이를 낳았어요. 태어난 아이는 7일 동안 왼손을 펴지 않은 채 꽉 쥐고 있었어요. 7일 후 아이가 손을 펴보니 손바닥에 대성이라는 이름이 써 있었어요. 그래서 태어난 아이의 이름을 대성이라 짓고 예전 어머니를 모셔와 함께 봉양했어요.

대성은 무럭무럭 자라 사냥을 아주 잘했어요. 어느 날 토함산에서 사냥을 할 때였어요. 곰 한 마리를 잡고 산 아래 마을에서 잠을 자고 있는데, 꿈속에서 곰이 나타나 말했어요.

"너는 어찌하여 나를 죽였느냐? 내가 도리어 너를 잡아먹으리라."

대성은 곰에게 용서를 빌었어요. 그러자 곰은 물었어요.

"나를 위하여 절을 지어줄 수 있느냐?"

꿈에서 깬 대성의 온몸이 땀에 흠뻑 젖어 있었어요. 그 후 대성은 다시는 사냥을 하지 않고 곰을 위해 장수사를 지어주었어요.

◆ 불국사와 석굴암을 지은 효심

장수사를 짓고 나서부터 대성은 더욱 성심껏 기도를 했어요. 그는 현생의 부모를 위해서는 불국사를 지었고, 전생의 부모를 위해서는 석굴암을 지었어요.

불국사는 법흥왕 때 짓기 시작해서 경덕왕 때 완성되었다고 해요. 불국사에서 가장 유명한 석가탑과 다보탑도 이때 함께 만들어졌죠.

석굴암은 경주 토함산에 만들어졌어요. 인도와 중국의 영향을 받았지만 더 뛰어난 건축 기술을 보여주고 있어요. 석굴암의 가운데 있는 본존불은 한국에서 가장 아름다운 불상이라는 평가를 받고 있어요.

역사 수업

• 석가탑과 다보탑

석가탑의 정식 이름은 석가여래상주설법탑이에요. 우리나라 국보 21호로, 신라의 전형적인 석탑 양식을 보여주는 가장 뛰어난 탑이에요. 다보탑은 국보 20호로, 목조 건축의 화려한 모습을 표현했어요. 우리나라 특수형 탑의 대표예요.

대부분 절에는 같은 모양의 탑 두 기가 나란히 있는데 불국사에는 이렇게 모양이 다른 두 탑이 있어요. 석가탑은 현재의 부처인 석가여래를 상징하는 탑이고, 다보탑은 과거의 부처인 다보여래를 상징하는 탑이에요. 다보여래는 석가여래와 한 쌍을 이루기에 다보탑은 석가탑과 한 쌍이에요.

• 대성효이세부모 大城孝二世父母 　신문왕대神文王代 대성이 두 세상의 부모에게 효도를 한다는 뜻이에요.

⟨제2 기이⟩ 태종춘추공

충청남도 부여 낙화암
의롭고 자애로운 의자왕

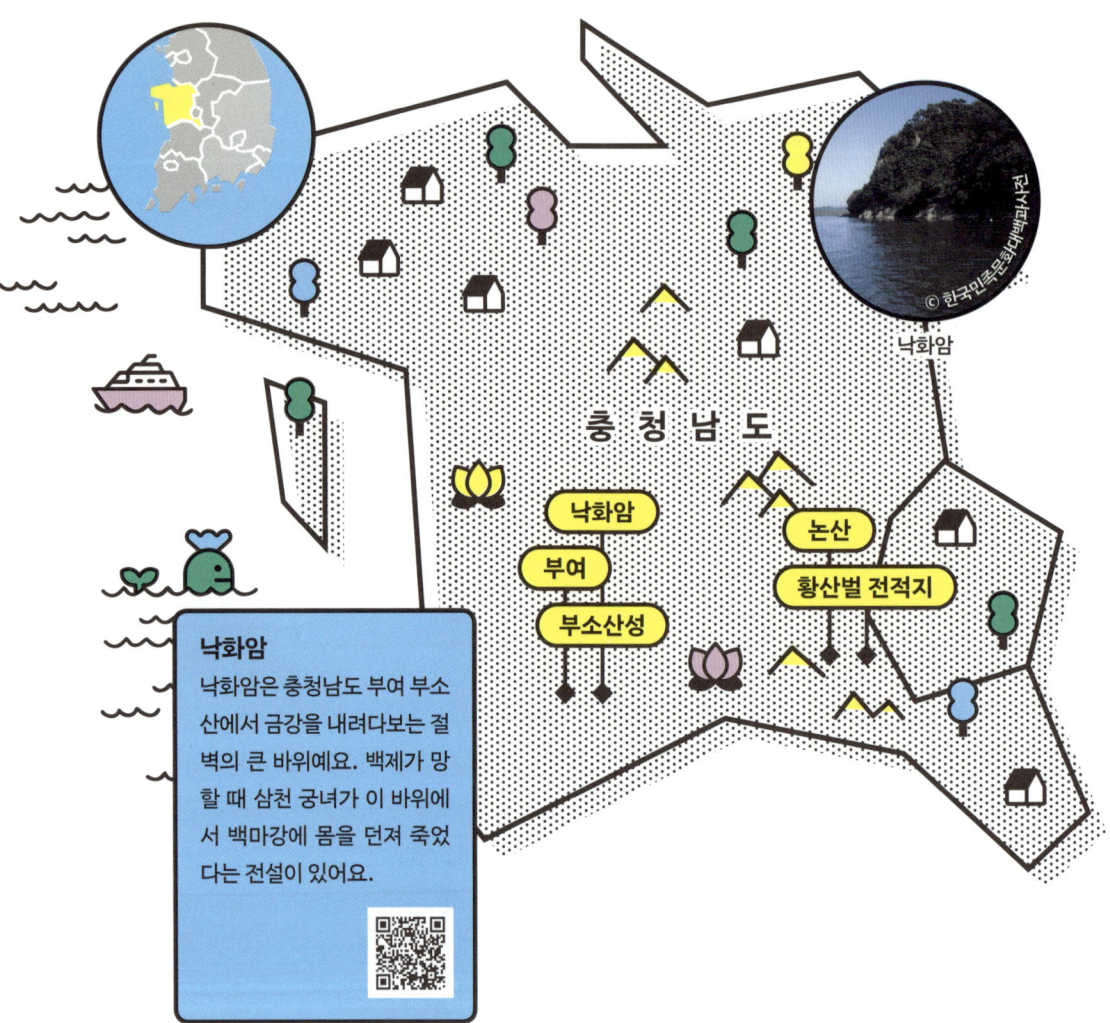

낙화암

낙화암
낙화암은 충청남도 부여 부소산에서 금강을 내려다보는 절벽의 큰 바위예요. 백제가 망할 때 삼천 궁녀가 이 바위에서 백마강에 몸을 던져 죽었다는 전설이 있어요.

◆ 효심 깊은 해동의 증자

백제 30대 왕 무왕(재위 600~641)의 이름은 서동이에요. 서동은 마를 캐서 홀어머니를 모시고 살다 백제의 왕이 되었어요. 서동은 또 〈서동요〉라는 노래를 만들어 불러서 신라의 선화 공주와 결혼까지 하게 되었어요. 선화 공주와 서동 사이에 태어난 아들이 바로 백제 31대 왕 의자왕(재위 641~660)이에요.

의자왕이라는 이름은 의롭고 자애롭다는 뜻이에요. 어릴 적 의자왕은 효심이 매우 깊고 형제들과도 우애가 깊었어요. 그래서 공자●의 제자 중에서 가장 효심이 깊었던 증자에 비유되어 '해동의 증자'라는 말을 듣기까지 했어요. 신라와의 전투에서도 30개의 성을 빼앗을 정도로 매우 용감한 정복 군주이기도 했어요.

우리에게 의자왕은 매우 나쁜 왕으로 그려져 있어요. 《삼국유사》에는 여러 책의 이야기를 골고루 적어두었어요. 어떤 글에서는 매우 방탕한 군주로 그려지고, 어떤 책에서는 어진 군주로 적혀 있기도 해요. 어떤 이야기가 진실일까요?

◆ 충신과 자연의 경고를 외면한 왕

의자왕을 다소 나쁘게 묘사한 데에는 대야성 전투가 큰 몫을 차지해요. 지금의 경상남도 합천인 대야성 전투에서 의자왕은 김춘추의 딸과 사위 김품석을 죽여 성문에 내걸었어요. 그래서 신라에서는 의자왕을 매우 싫어했어요.

《삼국유사》에는 의자왕이 집권 후반기에 매우 타락했다고 적혀 있어요. 충신인 좌평● 성충이 성심껏 말씀을 올렸지만, 그의 말을 듣지 않고 그를 감옥에 가둬버렸다고 해요. 성충이 죽기 전에도 왕에게 편지를 써서 전쟁이 있을 테니 준비하라는 충언을 하기도 했지만, 왕은 그의 말을 귀담아듣지 않았죠.

백제가 망하기 전 나라에는 이상한 징후들이 많이 일어났어요. 온갖 동물이 이상한 행동을 하고, 우물물도 핏빛으로 변하고, 나무에서도 이상한 소리가 났어요. 갑자기 귀신이 궁중에 들어와 크게 소리친 일도 있었어요.

"백제는 망한다. 백제는 망한다."

그 귀신은 곧바로 땅속으로 꺼졌는데, 왕이 이상하게 여겨 땅을 파보게 하였어요. 땅속에는 거북이 한 마리가 있었는데, 등 위에 글귀가 적혀 있었어요.

"백제는 보름달이고, 신라는 초승달과 같다."

왕은 점쟁이에게 의미를 물었어요. 점쟁이는 말했어요.

"보름달이란 가득 찬 것이고 가득 차면 기운다는 뜻입니다. 초승달 같다고 한 것은 가득 차지 않은 것이고 점차 차게 되는 것을 의미합니다."

왕은 이 말에 화가 나서 점쟁이를 죽여버렸어요. 어떤 사람이 다시 말했어요.

"보름달은 성대한 것이고 초승달은 미약한 것입니다. 이는 백제는 강하고 신라는 약하다는 것입니다."

왕은 이 말에 매우 기뻐했어요.

◆ 계백의 패배와 왕의 후회

당나라 소정방이 신라에 와서 김유신과 연합해서 백제를 공격했어요. 의자왕은 여러 신하에게 의견을 물었어요. 한쪽에서는 안심하라고 말해주었고, 한쪽에서는 다급하다고 말했어요. 왕은 귀양살이를 하는 좌평 흥수에게 의견을 물었어요.

좌평 흥수 역시 감옥에 있는 성충의 의견처럼 전쟁이 일어날 것이라고 말했어요. 하지만 신하들은 흥수가 임금을 원망해서 거짓을 말하는 것이라고 모함했어요. 왕은 그 말을 듣고 제대로 준비하지도 않고 있다가 신라와 당나라 연합군이 백제의 백강과 탄현을 건넜다는 이야기를 들었어요. 그때에서야 계백에게 군사 5000명을 이끌고 전쟁에 출전하게 했어요.

계백은 네 차례 싸워 모두 이겼지만, 마지막에 결국 패하고 말았어요. 황산벌(지금의 충남 논산 일대)에서 벌어진 싸움에서 계백 장군은 죽음을 맞았어요. 이 전투를 황산벌 전투라고 해요. 의자왕은 백제가 패배하는 것을 보면서 후회했어요.

"성충의 말을 듣지 않아 나라가 이 지경에 이른 것이 후회스럽도다."

역사 수업

- **삼천궁녀의 진실**

의자왕은 집권 후반기에 사치와 향락에 빠져 백제를 멸망으로 이끌었어요. 그러나 백제인이 서술한 역사서 어디에도 삼천궁녀 이야기는 없어요. 전쟁은 승자의 시각에서 기록되기 때문에 다소 과장되고 왜곡되었을 수 있어요. 당시 백제 사비성의 인구가 5만여 명으로 추산돼요. 그다지 크지도 않은 궁궐에 3천 명의 궁녀가 있었다고 상상할 수 없어요.

- **당나라에서 이어진 백제**

당나라 소정방은 의자왕과 왕자들을 포함해 1만 2800명 정도의 백제인을 배에 실어 당나라로 보냈어요. 당나라에 간 의자왕과 백제인들은 지금의 산둥반도에 모여 살았으며, 왕족은 당의 귀족과 혼인을 했다고 해요.

• **태종춘추공**太宗春秋公	삼국을 통일한 신라 29대 무열왕(재위 654~661)을 말해요.
• **공자**	중국 춘추전국 시대의 철학자로, 유교의 창시자예요.
• **좌평**	백제의 16관등 중에서 가장 높은 관직이에요.

〈제7 감통〉 광덕엄장

경상북도 경주 분황사
두 스님의 극락 가기 시합

경주 분황사 불상군

경주 분황사

분황사
광덕의 부인은 분황사의 종이었는데, 부처님의 열아홉 모습 중 하나로 볼 수 있어요.

◆ 광덕과 엄장의 약속

신라 30대 문무왕(재위 661~681) 시절이에요. 백성 중 평민이자 승려인 광덕과 엄장이라는 친구가 있었어요. 이들은 매우 친한 사이로 극락까지 함께 가자고 약속했어요. 그리고 먼저 극락에 가는 사람이 반드시 그 소식을 상대방에게 알리자고 약속했어요.

광덕은 분황사 서쪽 마을에서 신 만드는 일을 하면서 처자와 함께 살고 있었어요. 친구 엄장은 남악에 암자를 짓고 농사를 지으며 살고 있었어요. 어느 날 어두운 밤에 광덕의 소리가 들렸어요.

"여보게, 엄장! 나는 이제 극락으로 먼저 가네. 자네는 잘 있다가 속히 나를 따라오게나."

엄장이 문을 열고 보니 구름 위에서 음악 소리가 났고 밝은 빛이 땅까지 비추고 있었어요.

◆ 광덕의 죽음과 엄장의 실수

다음 날 엄장은 광덕의 집에 가보았어요. 예상대로 친구 광덕이 죽어 있었어요. 엄장은 광덕의 처와 함께 친구의 시신을 수습해서 장사를 지내주었어요. 그리고 그의 부인에게 말했어요.

"이제 남편이 죽었으니 앞으로 나와 함께 지내는 것이 어떠하오?"

광덕의 부인은 좋다고 승낙했어요. 밤이 되자 엄장은 광덕의 부인에게 정을 통하고자 했어요. 그러자 부인은 단호하게 말했어요.

"스님께서 서방정토●를 구하는 것은 마치 나무에 올라가 물고기를 구하는 것과 같습니다. 남편은 저와 10년을 살아도 아직까지 하룻밤도 한자리에 잔 적이 없었습니다. 오로지 매일 밤 몸을 단정히 하고 반듯이 앉아서 한결같이 아미타불●을 부르면서 달빛이 창문 안으로 들어오면 때로는 빛 위로 올라가 그 위에서 가부좌를 했습니다. 정성을 다함이 이와 같았습니다. 그리하니 남편이 비록 서방정토에 가려고 하니 해도 어디로 가겠습니까? 무릇 천 리 길을 가고자 하는 사람은 첫걸음부터 알 수 있는 것입니다. 지금 스님의 행동은 동쪽으로 간다고는 할 수 있지만 서방으로 갈지는 알 수 없습니다."

엄장은 부인의 이 같은 말을 듣고 한없이 부끄러워 그 길로 원효 대사에게 가서 가르침을 받았어요.

◆ 엄장의 성불과 노래 〈원왕생가〉

그 후 엄장은 잘못을 뉘우치며 도를 열심히 닦았어요. 그리고 친구를 따라 서방정토에 가게 되었어요. 광덕의 부인은 분황사의 계집종인 동시에 관음보살이었다고 적고 있어요. 그리고 일연 스님은 광덕과 엄장의 극락정토를 보면서 〈원왕생가〉라는 향가●를 남겼어요.

노래는 다음과 같아요.

달님이시여, 이제
서방까지 가서서
무량수불 전에
일러다가 사뢰소서.
"다짐 깊으신 부처님을 우러러
두 손을 모아 올려
'원왕생 원왕생' 그리는 사람 있다!"고 사뢰소서.
아, 이 몸을 남겨 두고
사십팔대원●을 이루실까.

- **광덕엄장**廣德嚴莊   광덕과 엄장 스님의 이야기예요.
- **서방정토**   불교에서 극락세계를 이르는 말이에요. 극락은 아미타불이 살고 있는 세상을 말해요.
- **아미타불**   극락세계에 살면서 설법을 하는 부처를 말해요.
- **향가**   신라 시대의 민간에서 불렸던 노래라고 할 수 있어요.
- **사십팔대원**   아미타불이 법장비구(부처가 되기 전의 이름)였을 때, 간직한 48가지 소원을 말해요.

경상북도 포항 호미곶

해와 달이 된 부부

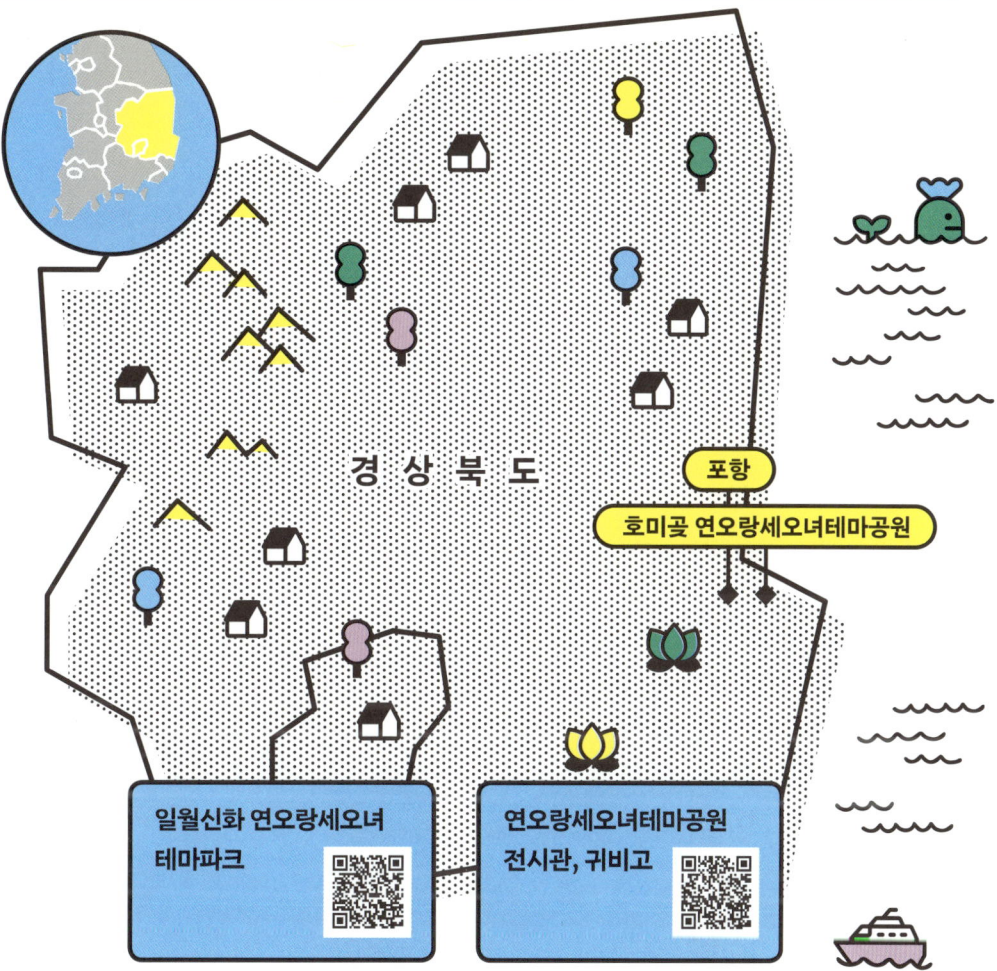

◆ 바위를 타고 일본으로 간 연오랑, 왕이 되다

신라 8대 아달라왕(재위 154~184) 때였어요. 이웃 나라 가야는 수로왕이 왕권을 굳건히 지키고 있었지요. 신라의 동해 바닷가에는 연오랑과 세오녀라는 부부가 평화롭게 살고 있었어요. 어느 날 연오랑은 바닷가에 가서 해초를 따고 있었어요.

"어-어-, 내가 움직이고 있네."

연오랑이 발밑을 보았어요. 그때 바위가 움직이기 시작하더니, 연오랑을 태우고 바다로 바다로 흘러 일본으로 갔어요. 일본 사람들은 바위를 타고 온 연오랑을 신기하게 바라보았어요. 그리고 그중 한 사람이 연오랑을 보고 말했어요.

"이분은 예사로운 사람이 아니다."

여기저기서 그를 왕으로 받들어야 한다고 입 모아 말했어요.

"왕이 되어주십시오."

많은 사람이 일제히 머리를 조아렸어요. 연오랑은 그렇게 왕이 되어 그들을 이끌었어요.

◆ 남편을 따라 바위에 오른 세오녀

신라에 홀로 남은 세오녀는 남편이 돌아오기만을 기다렸어요. 아무리 기다려도 남편이 돌아오지 않자 급기야 바닷가에 가서 남편을 애타게 찾았어요. 그리고 비로소 남편의 신발 두 짝을 찾았어요. 세오녀는 남편이 벗어 놓은 신발이 놓인 바위에 똑같이 올라갔어요. 그러자 신기하게도 바위가 또다시 움직이기 시작했어요. 바위는 움직이고 또 움직여서 연오랑이 도착한 곳으로 똑같이 갔어요. 그곳 사람들은 놀라서 세오녀를 왕이 된 연오랑에게 데려갔어요. 부부는 드디어 다시 만나게 되었어요. 이렇게 연오랑은 일본의 왕이 되고, 세오녀는 왕비가 되었어요.

◆ 해와 달의 신이 된 연오랑과 세오녀

신라에서는 이상한 일이 생겼어요. 불현듯 해와 달이 빛을 잃어버린 것이었어요. 세상은 어두컴컴했고, 사람들은 혼란에 빠졌어요. 신라의 일관은 아달라왕에게 말했어요.

"해와 달의 정기가 우리나라에 내렸었는데, 이제 일본으로 가버렸기 때문에 이런 변괴가 생긴 것입니다."

신라는 일본으로 사신을 보내 연오랑과 세오녀가 돌아오기를 청했어요. 고심하던 연오랑이 한참 후에야 입을 열었어요.

"내가 이곳에 온 것은 나의 뜻이 아니라, 하늘의 뜻이었소. 그러니, 다시 신라로 돌아가기는 어렵겠소."

이 이야기를 듣고, 신라의 사신은 안절부절못했어요. 이를 옆에서 지켜보던 세오녀가 말했어요.

"제가 짠 고운 비단을 드리겠습니다. 이것을 가지고 가서 하늘에 제사 지내면 될 것입니다."

"감사합니다."

사신은 고개를 조아리며 신라로 돌아갔어요. 세오녀가 준 비단으로 신라에서는 정성껏 하늘에 제사를 지냈어요. 그러자 신기하게도 빛을 잃어버린 해와 달이 다시 빛나기 시작했어요.

역사 수업

- **태양신과 까마귀**

연오랑과 세오녀의 '오鳥'는 까마귀로서 태양을 뜻한다 해요. 까마귀는 고구려 고분 벽화에는 세 발 달린 '삼족오'로 그려져 있어요. 그리스 신화에서 태양신 아폴론은 까마귀를 데리고 다녔어요. 〈연오랑과 세오녀〉 이야기는 해와 달의 일월日月 신화라고 불러요. 태양과 까마귀는 동서양 모두 깊은 연관성을 가지고 있어요.

- **연오랑 세오녀 설화의 의미**

〈연오랑과 세오녀〉 이야기는 신라에서 일본으로 문화가 전해졌다는 것을 의미해요. 철기 문화와 직조 기술이 신라에서 일본으로 건너갔다는 것을 알 수 있어요.

- **바위의 실체**

〈연오랑과 세오녀〉 이야기에 등장하는 바위가 고래일 것이라는 가설도 있어요. 고래는 사람과 정서 교류가 가능한 동물이기 때문에 남편이 간 곳으로 부인을 데려다주었을 것이라고 미루어 생각할 수 있어요.

〈제1 기이〉 내물왕 김제상

울산광역시 박제상 유적
남편을 기다리다 돌이 된 부인

◆ 일본과 고구려에 붙잡힌 신라의 왕자들

처음 신라는 삼국 중에서 가장 작은 나라였고, 힘도 약했어요. 17대 내물왕(재위 356~402) 때 일본에서 사신이 와서 말했어요.

"대왕께서는 한 분의 왕자를 보내시어 저희 임금에게 성의를 표해주시옵소서."

왕은 열 살인 셋째 아들 미해를 일본으로 보냈지만, 일본은 30년 동안 왕자를 돌려보내지 않았어요. 내물왕의 첫째 아들인 19대 눌지왕(재위 417~458)이 왕이 된 지 3년이 지나자 고구려에서 사신이 와서 말했어요.

"저희 임금이 대왕의 아우님 되시는 보해께서 지혜와 재주가 뛰어나다는 말을 들으시고 서로 친하기를 원하옵니다. 각별히 소신을 보내어 저희 나라로 오시도록 간절히 청하셨습니다."

당시 고구려의 왕은 장수왕이었는데, 고구려에서도 보해 왕자를 데려간 뒤 돌려보내지 않았어요. 눌지왕은 신하들을 불러놓고 슬프게 말했어요.

"예전에 돌아가신 우리 아버님께서 성심으로 백성을 위하신 까닭으로 사랑하는 아들 미해를 동쪽의 왜에 보내었다가 보지도 못하고 돌아가셨소. 그리고 또 짐이 고구려가 화친하자고 하여 사랑하는 아우를 고구려에 보냈소. 그러나 고구려 역시 보해를 잡아두고 돌려보내지 않는구려."

◆ 고구려에서 보해 왕자를 구한 박제상

왕의 슬픔을 들은 박제상은 왕에게 말했어요.

"신이 듣기로는 임금에게 근심이 있으면 신하가 욕을 보고, 임금이 욕을 보면 신하는 죽어야 한다고 했사옵니다. 신은 비록 똑똑하지 못하나 왕명을 받들어 왕자들을 구해 오고자 하나이다."

왕은 크게 감동했어요.

박제상이 옷을 바꾸어 입고 고구려로 들어갔어요. 그리고 보해의 처소로 가서 함께 도망갈 날짜를 모의했어요. 제상이 먼저 고성 포구로 돌아와 배를 대고 기다리기로 했어요. 박제상과 약속한 날이 다가오자 보해는 병을 핑계로 며칠 조회에 참석지 않았어요. 그리고 밤중에 도망을 쳐 고성 해변에서 박제상을 만나 탈출에 성공했어요.

이때 고구려의 왕은 사람을 시켜 보해를 추격하게 했어요. 그러나 고구려에 있을 때 보해는 늘 주변 사람들에게 은혜를 베풀었어요. 고구려 군사들은 일부러 화살촉을 빼고 보해에게 쏘았어요. 보해는 무사히 신라에 돌아올 수 있었죠. 왕은 매우 기뻤어요.

◆ 일본에서 미해 왕자를 탈출시킨 박제상

왕은 보해를 보자 기쁘기도 했지만 일본에 간 미해를 생각하니 마음이 더욱 슬펐어요. 왕은 말했어요.

"한 몸뚱이에 한쪽 팔만 있고 얼굴 하나에 한쪽 눈만 있는 것과 같소. 비록 동생 하나는 찾았으나 또 한 동생이 없으니 어찌 비통하지 않겠소."

제상은 이 말을 듣고 고구려에서 오자마자 일본으로 다시 떠났어요. 제상의 아내는 남편을 보지도 못한 채 그리움과 안타까움을 달래야 했어요. 일본에 도착한 박제상은 왕에게 거짓으로 말했어요.

"계림● 왕이 아무 죄도 없는데 저의 부친과 형을 죽였습니다. 그래서 이곳으로 도망했습니다."

일본 왕은 이 말을 듣고 그를 믿고 잘 대해주었어요. 박제상은 미해 왕자와 바닷가에서 놀다가 안개가 자욱한 날 떠날 것을 권했어요. 박제상을 두고 혼자 떠날 수는 없다는 미해의 말에 박제상은 말했어요.

"만약 제가 간다면 왜인들이 바로 알아차리고 뒤를 쫓아올까 염려되옵니다. 신은 남아서 뒤쫓는 것을 막도록 하겠습니다."

미해는 안타까워하며 말했어요.

"지금 나와 그대는 부모형제와 같은데 어찌 그대를 버리고 나 홀로 돌아갈 수 있단 말이오?"

미해가 떠나고 다음 날 사람들이 제상에게 미해의 안부를 물었어요. 그러자 제상은 어제 미해가 사냥하시느라 고단해서 일어나지 못한다고 말했어요. 결국 발각되었지만 이미 미해가 떠난 지 오래된 후였어요. 일본 왕은 제상에게 다그쳤어요.

"너는 어찌하여 너의 나라 왕자를 몰래 보냈느냐?"

제상은 대답했어요.

"나는 계림의 신하이지 왜국의 신하가 아니오. 이제 우리 임금의 뜻을 성취하고자 할 뿐인데 어찌 구태여 그대에게 말할 수 있겠는가?"

그리고 다시 단호하게 말했어요.

"차라리 계림의 개나 돼지가 될지언정 왜국의 신하는 되지 않겠소. 차라리 계림의 매를 맞을지언정 왜국의 벼슬과 녹봉은 받지 않겠소."

결국 박제상은 불에 타 죽고 말았어요.

> **역사 수업**
>
> - **신라를 지배한 성씨 박, 석, 김**
>
> 박제상은 《삼국유사》에는 김제상으로 되어 있어요. 하지만 다른 역사 기록에는 모두 박제상으로 되어 있죠. 《삼국사기》에는 그가 박혁거세의 후손이라 되어 있어, 대부분 박제상이라고 해요. 신라는 박혁거세부터 시작해서 석탈해를 거쳐 내물왕으로 이어지면서 김씨가 왕을 차지했어요. 내물왕은 신라 17대 왕이었어요. 356년에 즉위해 402년까지 46년 동안 왕을 했으며, 52대 효공왕까지 36명의 왕이 김씨로 왕위를 이어갔어요.
>
> - **내물왕의 좋은 정치**
>
> 내물왕은 왕이 되었을 때 백성의 어려움을 헤아려 홀아비와 홀어머니, 부모가 없는 아이, 자식이 없는 늙은 백성에게 곡식을 나누어주었어요. 백성의 신분을 가리지 않고 인재를 등용하려고 했어요. 흉년이 들면 백성에게 곡식을 나누어주었어요.
>
> - **치술령 설화**
>
> 박제상의 부인은 남편이 고구려에서 돌아오자마자 다시 일본으로 떠났다는 소식을 들었어요. 그래서 세 딸을 데리고 치술령에 올라가 왜국을 바라보며 통곡하다 미해만 돌아오고 남편은 순절했다는 소식을 듣자 숨을 거두었어요. 몸은 망부석이 되었고 부인의 넋은 '치'라는 새로 변하고 세 딸은 '술'이라는 새로 변하였다고 해요. 이들 모녀는 치술령 신모로 모셔지고 있어요.

> - **계림**   신라의 다른 이름이에요.

〈제3 흥법〉 원종흥법 염촉멸신

경상북도 경주 천경림
불교를 위해 목숨을 내놓은 충신

이차돈 순교비
현존하는 한국의 불교 공인과 관련된 사료 중 가장 오래된 것인 이차돈 순교비는 국립경주박물관에 소장되어 있어요.

백률사

이차돈 순교비

◆ **임금의 근심을 알아차린 단 한 명의 신하, 염촉**

신라 23대 법흥왕(재위 514~540) 시절이었어요. 왕은 백성의 복을 닦고 죄를 없애고자 절을 지으려 했어요. 그러나 대부분의 신하들은 그 뜻을 따르지 않았어요. 당시 신라에는 예로부터 내려오는 민간신앙이 매우 널리 퍼져 있었어요.

법흥왕이 탄식하며 말했어요.

"과인이 부덕하여 백성에게 기쁨을 주는 것을 못 하는구나. 나라를 다스리기 위해 불법을 들이고자 하는데 누가 도와주리오."

그때 22세 이차돈(박염촉)이라는 신하가 왕의 마음을 알게 되었어요. 그는 왕에게 말했어요.

"나라와 임금을 위해 제 한 몸을 바치겠나이다. 제가 왕의 말씀을 잘못 전했다는 이유로 목을 베는 형벌을 받는다면 온 백성이 모두 복종하고 감히 왕의 명령을 어기지 못할 것입니다."

◆ 신하와 임금의 위험천만한 거래

왕은 젊은 신하의 제안을 차마 받아들일 수 없었어요.

"짐의 뜻은 남을 이롭게 하는 데 있다. 그런데 어찌 죄 없는 너를 죽이겠는가. 네가 비록 공덕을 쌓고자 하나 내가 죄를 피하지 못하는구나."

이차돈은 물러서지 않고 왕에게 진심을 다해 말했어요.

"제가 저녁에 죽어 커다란 가르침이 아침에 행해지면 부처님의 날이 다시 설 것이요, 임금께서 길이 평안하실 것입니다."

왕은 이차돈의 행동에 깊게 감동받고 그의 제안을 받아들이기로 했어요. 왕은 이차돈의 행동을 칭찬하며 말했어요.

"난새와 봉새의 새끼는 어려서도 하늘을 솟구칠 마음을 가진다. 그리고 기러기와 고니의 새끼는 나면서도 파도를 헤쳐 나갈 기세를 품는다. 엄촉 너의 행동이 이와 같구나. 큰선비의 행실이라 할 만하다."

이렇게 신하와 왕 사이에는 위험천만한 거래가 이루어지고 있었어요.

◆ 이차돈의 희생이 가져다준 불교

왕은 이차돈과 약속한 대로 신하들을 불러 호통을 쳤어요.

"그대들은 내가 절을 지으려 하는데 일부러 늦추려 하는가!"

여러 신하들은 이차돈을 손가락질하면서 그의 책임으로 몰았어요. 왕은 크게 화를 내며 말했어요.

"당장, 저 이차돈의 목을 베라."

왕의 명령과 함께 이차돈의 목이 베어졌어요. 그때였어요. 이차돈의 목에서 흰 젖이 한 길(2.4미터 또는 3미터)이나 솟아올랐어요. 하늘은 사방이 캄캄하게 빛을 잃어 어두웠고 땅은 진동했으며 비처럼 꽃이 떨어졌어요.

왕은 비통한 눈물을 흘렸고 신하들은 식은땀을 흘리며 벌벌 떨었어요. 물고기와 자라와 나무와 원숭이도 모두 울었어요. 이차돈의 머리가 떨어진 곳에 백률사라는 절을 지었어요. 이때부터 집마다 예를 갖추어 대대로 이차돈을 추앙하였고, 불도를 행해 불법의 이로움을 깨달았어요.

역사 수업

- **스님이 된 왕**

법흥왕은 이차돈의 순교 이후 신라에 불교를 공인하게 되었고, 그 자신도 스님이 되었어요.

- **우리나라에서 가장 먼저 불교를 수용한 나라는 고구려예요**

고구려는 372년(소수림왕 2)에 승려 순도를 통해 불교를 받아들였어요. 백제는 384년(침류왕 1년) 인도의 고승 마라난타가 직접 건너와 전했어요. 신라는 눌지왕 때 고구려의 묵호자를 통해 처음 불교가 전래되었지만, 정식으로 공인된 것은 527년(법흥왕 14)에 이차돈이 순교하면서 이루어졌어요. 신라는 고구려와 백제에 비해 150년이나 늦게 불교를 받아들였어요. 그만큼 신라에는 토착 종교의 힘이 강했음을 알 수 있어요.

- **원종흥법 염촉멸신** 原宗興法 厭髑滅身　'원종(법흥왕)이 불법을 일으키고, 염촉(이차돈)이 몸을 바치다'라는 뜻이에요.

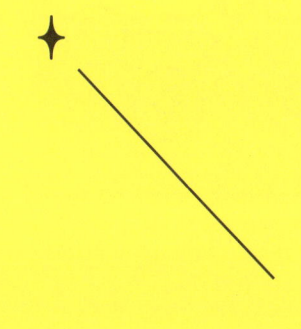
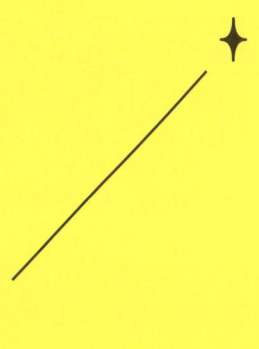

8부
죽어서 왕이 된 천년 영웅 김유신

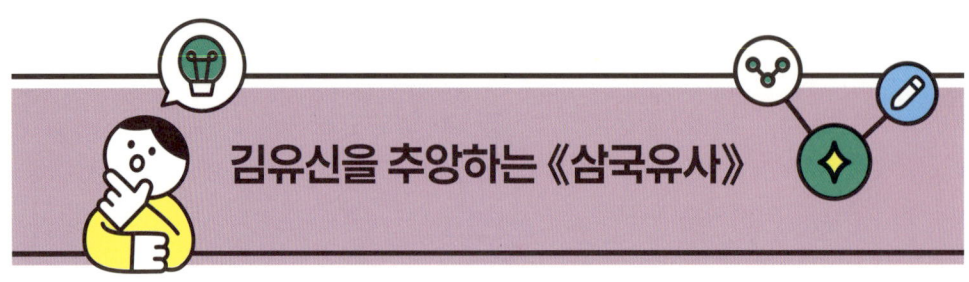

김유신을 추앙하는 《삼국유사》

🔍 가야의 후손

530년경 신라 24대 진흥왕(재위 540~576) 때였어요. 그때의 가야 왕은 10대 구형왕(재위 521~532)이었는데, 김유신의 증조할아버지예요. 김유신의 아버지는 김서현이었는데, 가야가 망하고 신라의 귀족이 되었어요. 자연스럽게 김유신은 신라의 화랑이 되었지요.

김유신은 595년(진평왕 17)에 태어났는데, 등에 북두칠성이 그려져 있었다고 해요. 어려서부터 김유신 주위에서는 늘 신기한 일이 끊이지 않고 일어났어요. 김유신은 18세에 화랑의 최고 우두머리인 국선이 되었어요.

🔍 《삼국사기》에서 우러러보는 김유신

《삼국사기》의 저자 김부식은 열전 10권 중 3권을 할애할 정도로 김유신을 비중 있게 다루었어요. 《삼국사기》에서 김유신은 일통삼한●의 웅장한 뜻을 품은 전승불패●의 전략가이자 전술가로 기술되고 있어요. 또한 김부식은 을지문덕이나 장보고도 중국의 역사책이 아니면 역사 속으로 사라졌을 것이라고 말하면서, 유독 사람들이 김유신을 칭송해서 잊지 않는 것을 주목해요. 김부식은 꼴 베는 아이와 소먹이는 아이까지도 김유신을 알고 칭송했다고 기록했어요.

📍 우리나라 전역에는 김유신을 기억하는 공간이 많아요

김유신이 성장하고 활동했던 곳이 아니지만, 현재 우리나라는 여러 곳에서 김유신의 역사적 의미와 가치를 기념하고 있어요. 대표적으로 경주 김유신묘, 경주 재매정택 유적지, 출생지인 충북 진천의 길상사, 강원도 강릉의 화부산사, 서울 용산구 보광동 김유신 사당 등 다양한 곳에서 김유신을 기억하고 있어요. 어떤 곳에서는 산신으로 받들고, 어떤 곳에서는 천신으로 모셔지면서 그 의미는 조금씩 달라지고 있어요. 어려운 역경 속에서 영웅으로 거듭났던 김유신은 우리나라 곳곳에서 추앙되고● 있어요. 김유신은 하나인데, 왜 이렇게 김유신의 아바타는 전국에 흩어져 있는 것일까요.

- **일통삼한**一統三韓 '3개의 한(삼한)이 하나가 되었다'는 뜻이에요. 여기에서 삼한은 진한·마한·변한의 의미를 넘어서 신라·백제·고구려의 삼국을 말해요.

- **전승불패**全勝不敗 전쟁에서 한 번도 지지 않고 모두 이기는 것을 의미해요.

- **추앙하다** 받들고 우러러보다.

<제2 기이> 김유신

충청북도 진천 길상사
꿈의 영험함을 보인 영웅

길상사
김유신 장군의 영정을 모시고 있는 사당이에요.

태령산성
김유신 장군의 태실●은 진천의 태령산성(통일신라의 산성) 정상부에 있어요. 김유신의 태실은 3단으로 원형의 돌을 쌓았고, 그 위에 흙으로 덮은 형태로 우리나라에서 가장 오래된 태실이라고 해요. 사람들은 태실에 풍요와 소원을 빌었어요.

📍 김유신 아버지와 어머니의 소문난 사랑

　김유신의 집안은 가야의 왕족이었어요. 김유신의 증조할아버지는 가야의 10대 왕인 구형왕이었어요. 김유신의 가문은 신라에 정복되면서 신라의 진골로 편입되었어요. 구형왕의 셋째 아들 김무력은 매우 훌륭한 신라의 장수로 활약했어요.

김무력의 아들이 김서현인데, 바로 김유신의 아버지예요. 《삼국사기》에는 김서현이 길에서 김유신의 어머니 만명을 보고 반했다고 해요. 그들은 서로 사랑하게 되었는데, 만명의 아버지는 이들의 만남을 반대했어요. 만명의 아버지 숙흘종은 신라 24대 왕인 진흥왕의 동생이었어요. 신라의 가장 강력한 왕족이 가야에서 귀화한 진골을 만나는 것에 반대했던 것이지요.

숙흘종은 김서현을 만나지 못하도록 별채에 딸을 가두었어요. 그런데 난데없이 벼락이 쳐서 별채의 문을 지키던 사람들이 깜짝 놀랐어요. 그 사이 만명은 도망치는 데 성공해서 김서현과 함께 만노군, 지금의 충청북도 진천으로 왔어요.

북두칠성의 정기로 태어난 김유신

김유신의 아버지 김서현은 어느 날 신기한 꿈을 꾸었어요. 김서현은 부인에게 말했어요.

"부인, 화성과 토성의 두 별이 나에게 내려오는 꿈을 꾸었소."

김유신의 어머니 만명도 동시에 꿈을 꾸었어요.

"서방님, 저 역시 한 어린아이가 황금 갑옷을 입고 구름을 타고 집 안으로 들어오는 꿈을 꾸었어요."

이 일이 있고 나서 20개월 후 김유신이 태어났어요.

김유신 집안의 시작을 알리는 꿈 이야기

김유신의 집안에서 꿈과 관련된 이야기는 여러 차례 등장해요. 김유신 집안을 거슬러 올라가면 가야의 최초 왕비인 허황옥도 아버지와 어머니의 꿈을 믿고 인도의 아유타국에서 머나먼 가야까지 오게 되었지요. 김유신의 탄생 역시 부부의 꿈에 별이 내려오고, 황금 갑옷을 입은 아이가 집으로 들어오는 꿈과 관련이 있어요.

후에 김유신이 자신의 여동생 문희를 김춘추와 결혼시킬 때도 꿈으로 이어지는 이야기가 있어요. 김유신의 큰 여동생 보희가 남산에 오줌을 누었는데, 세상 모든 곳을 오줌으로 채우는 꿈이었죠. 그 꿈을 비단으로 산 둘째 여동생 문희는 결국 김춘추와 인연을 맺고 신라의 왕비가 되지요. 그리고 그들의 첫째 아들인 법민이 신라의 통일 군주 문무왕으로 성장해요. 김유신 집안이 꿈과 관련된 인연이 매우 깊어요.

역사 수업

- **신라의 신분 제도인 골품제**

신라의 신분제도는 골품제라고 해요. 신라를 지탱한 근본으로, 신라가 처음 세워질 때 만들어져서 6세기 초에 법이 되었죠. 골품제는 왕족을 성골과 진골로 나누는 골제와 6두품에서 1두품에 이르는 일반 귀족 대상의 두품제로 이루어져요. 성골은 왕이 될 자격이 있는 최고 신분이고, 진골은 왕족이지만 왕이 될 자격이 없는 경우를 말해요. 진덕여왕을 끝으로 성골이 소멸하자 태종 무열왕 때부터 진골이 왕이 되었어요. 6두품·5두품·4두품은 관료가 될 수 있는 상위 계급이었고, 3두품·2두품·1두품은 그것이 불가능한 평민과 백성이에요.

- **김유신의 아버지 김서현 역시 뛰어난 장군이었어요**

김서현은 가야 출신이지만 신라의 관리가 되어 큰 활약을 펼쳤어요. 김서현은 지금의 충청북도 진천에 해당하는 만노군의 태수를 지냈고, 김유신을 부장군으로 삼아 대장군 김용춘과 함께 고구려 낭비성을 공격해 함락하기도 했어요.

- **태실** 아기가 태어난 탯줄을 묻은 곳을 말해요. 작은 항아리에 탯줄을 담아 조그만 탑 아래 묻어두죠.

⟨제2 기이⟩ 김유신

경상북도 영천 골화천
나라를 지키는 호국신들의 도움

골화천
골화천은 지금의 경상북도 영천으로 추정돼요. 삼한 시대에 골벌국이라는 소국이 있었다고 전해져요. 골벌국은 오랫동안 유적이 발견되지 않은 미스터리의 나라였는데, 2023년 유적이 발견되어서 영천시가 보존과 정비에 나섰어요.

📍 고구려의 백석과 친구가 된 김유신

김유신이 속한 화랑의 낭도 속에는 백석이라는 낯선 젊은이가 있었어요. 그의 출신을 아는 사람은 아무도 없었어요. 김유신은 밤낮으로 고구려와 백제를 정벌하기 위해 군사 전략을 짜고 또 짰어요. 그때 백석이 김유신에게 조용히 다가와 말했어요.

"제가 도움이 되고 싶습니다. 제가 유신 공●과 함께 먼저 적국을 정탐한 후에 일을 도모하는 것이 어떻겠습니까?"

김유신은 마음에 맞는 동지를 만나서 매우 기뻤어요. 김유신과 백석은 다른 사람들이 모르게 밤에 조용히 출발했어요. 두 사람은 고개 위에서 잠깐 휴식을 취하기 위해 멈췄어요.

김유신을 구한 골화천의 세 호국 여신

길을 가고 있는데 두 여인이 김유신을 따라왔어요.

김유신은 개의치 않고 가던 길을 계속 갔어요. 골화천에 이르렀을 때 다른 여인 한 명이 갑자기 또 나타났어요. 김유신은 어느새 이들 세 여인과 즐거운 대화를 나누게 되었어요. 여인들은 맛있는 과일을 김유신에게 주었어요. 이 과일을 먹고 나니 신기하게도 여인들이 친근하게 느껴져 마음속 이야기를 모두 하게 되었어요. 한 여인이 김유신에게 말했어요.

"공께서는 백석에게 핑계를 대서 저희와 숲속으로 혼자 잠시 들어가시지요."

김유신의 반응이 소극적이자 다른 여인이 다시 말했어요.

"숲속에 들어가시면 자세한 이야기를 해드리겠습니다."

김유신은 백석에게 화장실에 간다는 핑계를 대고 숲속으로 그 여인들과 함께 들어갔어요. 그 순간 갑자기 여인들이 광채를 내면서 신의 모습으로 변했어요.

"유신 공, 우리는 내림, 혈례, 골화 등 세 곳의 호국신입니다. 지금 유신 공이 적국 사람의 유인에 걸려 아무것도 모른 채 계속 적국으로 가기에 당신을 가지 못하게 하려고 우리가 여기에 일부러 온 것이오."

말을 마친 여신들은 순식간에 모습을 감추었어요. 김유신은 깜짝 놀라 두 번 절하고 감사하면서 숲속을 빠져나왔어요.

🔍 고구려 백석이 신라에 파견된 이유

김유신은 골화관이라는 숙소에 머물면서 백석에게 말했어요.

"백석 공, 제가 집에 다시 다녀와야 할 것 같소."

백석은 물었어요.

"무슨 일이신지요?"

김유신은 태연한 척 말했어요.

"중요한 문서를 집에 두고 왔소. 당신과 함께 돌아가서 가지고 왔으면 하오."

백석과 김유신은 마침내 집으로 돌아왔어요. 집에 도착하자마자 김유신은 백석을 포박하고 고문하여 그간의 실정을 다그쳐 물었어요.

"왜, 너는 나와 함께 가려 하였느냐?"

백석이 담담하게 말했어요.

"저는 본래 고구려 사람이옵니다."

김유신은 백석에게 다시 다그쳐 물었어요.

"고구려 사람이 왜 적국인 신라에 와 있느냐?"

백석은 말했어요.

"고구려 사람들이 신라의 김유신은 고구려의 점쟁이 추남이 환생한 것이라고 합니다."

김유신은 추남이라는 사람에 대해서 들은 적이 없어서 다시 물었어요.

"추남, 그가 누구이더냐?"

🔍 고구려 추남의 환생과 김유신

고구려의 추남은 점을 치는 사람으로, 나라에 벌어진 재앙에 대해 왕에게 말하곤 했어요.

"대왕의 부인이 음탕하여 도를 거스르는 행동을 하였기 때문에 이러한 나쁜 징조가 생긴 것이옵니다."

그것을 들은 왕은 괴이하게 여겨 왕비를 의심하기 시작했어요. 왕비는 이 이야기를 듣고, 매우 화가 나서 왕에게 말했어요.

"전하, 점쟁이 추남의 말은 요사스러운 여우의 말과 같습니다. 어찌 하나의 일만을 가지고 그를 영험하다고 믿을 수 있겠습니까?"

왕이 계속 시원하게 대답해주지 않자, 왕비는 또 다그쳐서 말했어요.

"추남에게 다른 일로 시험하여 물어서, 그 말이 틀리면 형벌을 내리시는 게 어떻는지요."

그래서 왕은 상자에 쥐를 하나 넣고 추남에게 물었어요.

"이것이 어떤 물건이냐?"

추남은 대답했어요.

"이것은 틀림없이 쥐옵니다. 그 수가 여덟이옵니다."

김유신 동상
ⓒ 한국민족문화대백과사전

이 말을 하자마자 추남은 그 자리에서 참형에 처했어요. 추남은 죽기 바로 직전 분에 차서 맹세하듯이 말했어요.

"내가 죽은 후에 다른 나라의 장군으로 다시 태어나 반드시 고구려를 멸망시킬 것이오."

추남이 죽고 나서 왕은 쥐의 배를 가르게 했어요. 그런데 과연 쥐의 배 속에는 일곱 마리의 새끼가 있었어요. 추남의 말이 맞았던 것이지요. 추남이 죽던 날 대왕은 꿈을 꾸었어요. 대왕은 신하들에게 말했어요.

"어젯밤 꿈속에서 무엇인가가 신라 서현 공 부인의 품으로 들어가는 것을 보았소."

신하들은 우려한 일이 벌어졌다는 듯이 말했어요.

"추남이 맹세하고 죽더니, 과연 그렇게 된 것 같습니다."

백석은 그렇게 해서 신라의 김유신을 없애기 위해 고구려에서 신라로 보내졌던 사람이었어요. 억울하게 죽은 추남의 영혼이 들어간 김유신을 처치하러 온 것이지요.

역사 수업

- **충신 김유신의 활약**

김유신은 진평왕 대에서부터 선덕 여왕, 진덕 여왕, 무열왕, 문무왕까지 다섯 왕 아래서 나라를 지킨 충신이었어요. 삼국통일에 기여한 것 외에도 신라 내부의 반발도 진압했어요. 선덕 여왕 때 귀족회의의 우두머리인 상대등 비담이 반란을 일으켰는데, 김유신이 반란군을 제압했어요. 이후 신라 정치권에서 김유신의 영향력은 더욱 커졌어요.

- **내림, 혈례, 골화를 위한 삼산 숭배 신앙**

신라에는 대사, 중사, 소사 등으로 제사를 지냈어요. 대사는 임금이 직접 지내는 제사를 말하고, 중사는 중앙 관리가 지내는 제사를 말하고, 소사는 지방관이 지내는 것을 말해요.

대사는 내림, 혈례, 골화를 위해서 삼산三山에서 제사를 지냈어요. 내림은 지금의 경주 남산을 의미하고, 혈례는 청도의 오산을 의미하고, 골화는 영천의 금강산을 의미해요.

- 공公   신라 시대에 주로 왕족이나 고위 귀족에게 붙인 명예로운 칭호예요. 그 사람의 높은 지위나 공적을 인정받았음을 나타내요.

〈제2 기이〉 김유신

경상북도 경주 김유신묘와 강릉 화부산사
죽어서 왕이 되고 신이 된 김유신

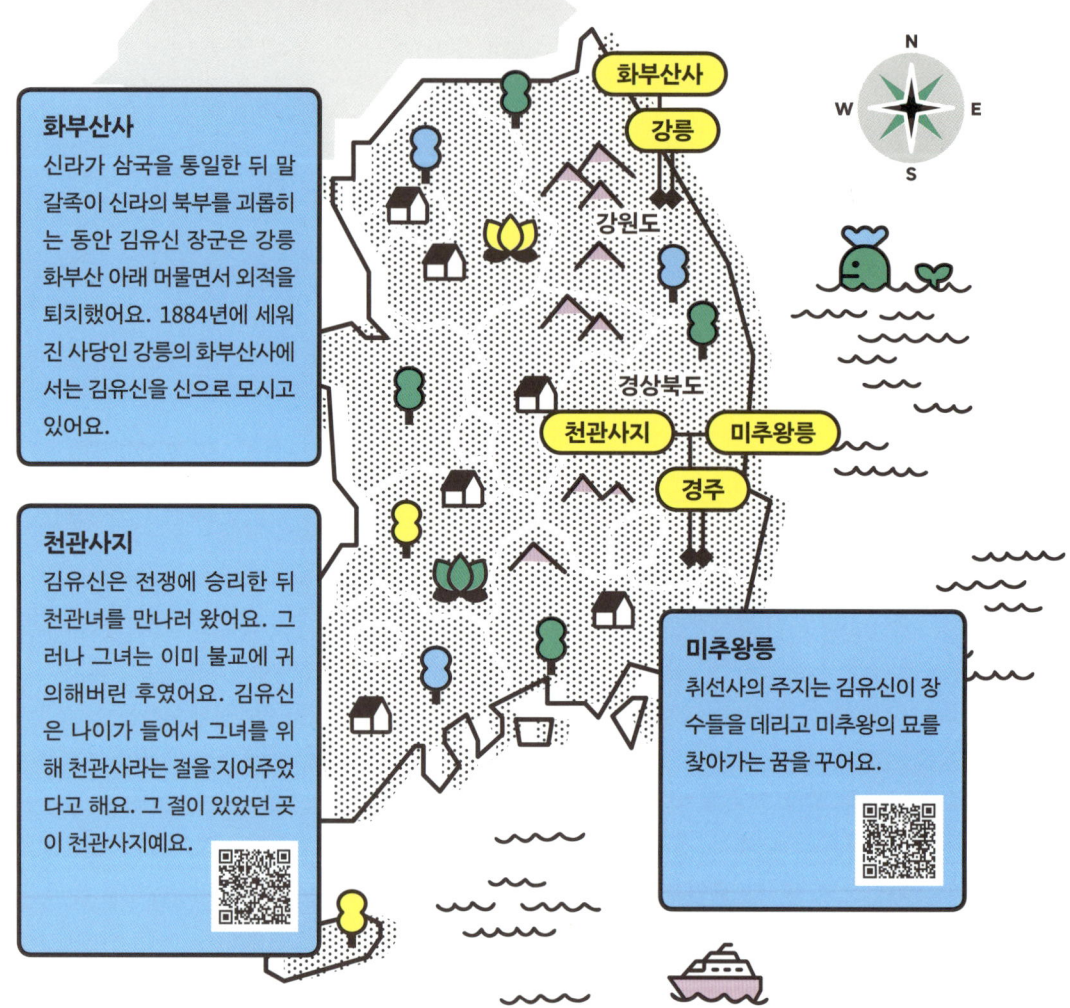

화부산사
신라가 삼국을 통일한 뒤 말갈족이 신라의 북부를 괴롭히는 동안 김유신 장군은 강릉 화부산 아래 머물면서 외적을 퇴치했어요. 1884년에 세워진 사당인 강릉의 화부산사에서는 김유신을 신으로 모시고 있어요.

천관사지
김유신은 전쟁에 승리한 뒤 천관녀를 만나러 왔어요. 그러나 그녀는 이미 불교에 귀의해버린 후였어요. 김유신은 나이가 들어서 그녀를 위해 천관사라는 절을 지어주었다고 해요. 그 절이 있었던 곳이 천관사지예요.

미추왕릉
취선사의 주지는 김유신이 장수들을 데리고 미추왕의 묘를 찾아가는 꿈을 꾸어요.

🔎 천관녀와의 사랑과 말의 목을 벤 김유신

이인로의 《파한집》에는 김유신의 슬픈 사랑 이야기가 전해지고 있어요. 김유신의 어머니는 신라의 왕족이었어요. 그래서 김유신의 아버지와 어머니는 매우 어려운 사랑을 했어요. 김유신 어머니는 자신이 너무 힘든 결혼을 해서인지 아들의 결혼에는 매우 엄했다고 해요. 김유신은 천관녀라는 여성을 매우 사랑했어요. 그러나 김유신의 어머니는 그런 김유신을 매우 근심하여 울면서 말했어요.

"나는 이미 늙었다. 주야로 너의 성장만을 바라보고 있다. 공명을 세워 임금과 어버이의 영광이 되어야 하거늘, 지금 너는 술을 파는 아이와 함께 유희를 즐기며 술자리를 벌이고 있구나."

김유신은 효심이 매우 강했어요. 그래서 어머니에게 다시는 천관녀의 집에 가지 않겠다고 다짐했어요. 하루는 김유신이 지친 데다 술까지 마셔서 집으로 돌아오는 중 잠깐 잠이 들어버렸어요. 김유신을 태운 말은 자연스럽게 천관녀의 집으로 그를 데려갔어요. 정신을 차린 김유신은 원망스러워하는 천관녀를 외면하고 그 자리에서 말의 목을 베어버렸어요. 그리고 그때부터 그녀와의 인연을 끊었어요.

김춘추와 김유신의 약속

김유신은 가야의 왕족으로 신라에 편입된 진골이었어요. 그래서 김유신 집안의 힘은 그다지 막강하지 않았어요. 김유신은 계획적으로 김춘추와 가까워지고자 했어요.

김춘추의 집안은 원래 왕족이었어요. 김춘추의 할아버지는 25대 진지왕이었어요. 진지왕은 품행이 방탕하여 폐위된 왕이지요. 진지왕의 아들과 진평왕의 첫째 딸인 천명공주 사이에서 태어난 인물이 김춘추였어요. 김춘추는 진골(부모 가운데 한쪽만 왕족의 혈통을 지니고 있는 사람)이긴 하지만 성골(부모가 모두 왕족의 혈통을 지니고 있는 사람)에 가장 가까운 진골이었지요. 게다가 진평왕에게는 딸만 있고 아들이 없었거든요. 그래서 김유신은 언젠가는 김춘추가 왕이 될 것이라고 생각했어요.

김유신은 여동생 문희를 김춘추에게 우연인 것처럼 소개했지만 의도적으로 계획한 일이었어요. 그리고 김춘추가 고구려로 외교를 떠날 때 김유신은 그가 60일 이내에 돌아오지 않으면 자기 말발굽이 고구려를 짓밟을 것이라고 약속할 정도로 매우 가까운 사이였어요.

🔍 죽어서 신이 된 김유신

신라 36대 혜공왕(재위 765~780) 때였어요. 혜공왕은 여자가 노는 것을 가지고 논다는 소문이 무성했어요. 그 당시 김유신이 세운 절인 취선사의 주지가 꿈을 꾸었어요. 김유신이 무덤에서 준마를 타고 부하들을 데리고 나와 13대 미추왕의 묘에 들어가는 것이었어요. 김유신은 미추왕에게 간청했어요.

"평생 나라를 위해 힘을 보태고 통일에 힘썼는데, 왕은 방탕함을 일삼고 죄 없는 저의 자손이 죽임까지 당했습니다. 이제 소인은 나라의 일에서 손을 떼고 멀리 떠나겠으니 허락해주십시오."

이 이야기를 전해 듣고 혜공왕은 김유신의 묘에 제사를 지내고 선정을 베풀었다고 해요.

이후로도 고려의 승려 신돈의 꿈에 김유신이 나타나 꾸짖기도 했다는 말이 전해지고 있어요. 김유신, 이순신, 임경업 등 훌륭한 장수는 역사적 인물이면서 동시에 우리 민족을 지켜주는 신이 되어 있어요.

〈제2 기이〉 진한

경상북도 경주 금입택
반짝이는 금과 김유신 집

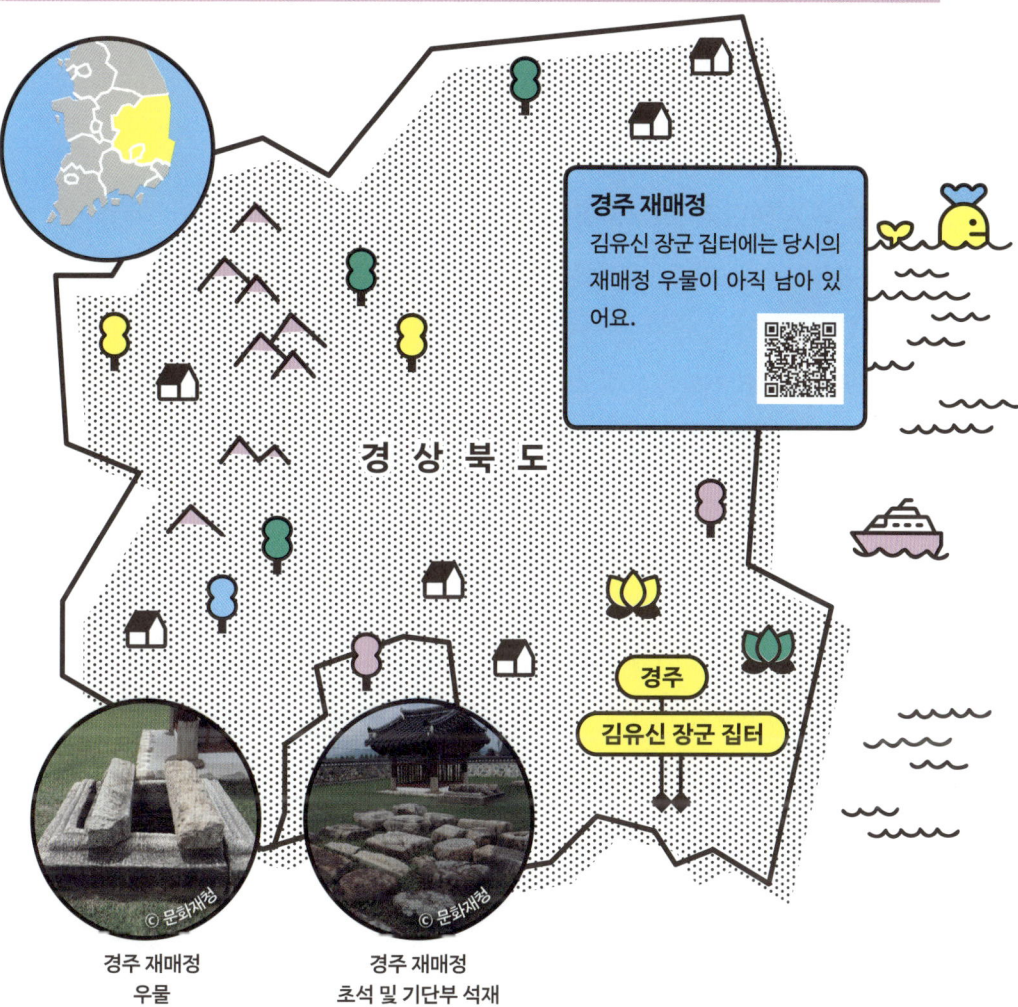

경주 재매정
우물

경주 재매정
초석 및 기단부 석재

📍 신라 금입택과 재매정택

 《삼국유사》의 〈진한〉 편에는 신라의 재벌가들에 대한 설명이 등장해요. 신라에는 금입택이 35곳이 있다고 적고 있어요. 금입택은 말 그대로 금이 드나드는 집이라는 의미예요. 요새로 말하면 돈이 많은 재벌 집이라는 뜻이지요. 당시 신라에는 마차를 금으로 치장하는 일도 있었다고 해요.

금입택 중에서 재매정택이라는 곳은 김유신 집이라고 구체적으로 적고 있어요. 지금도 김유신 집안의 우물인 재매정은 여전히 남아 있어요.

《화랑세기》17세 염장공편의 이야기를 살펴보면 염장공의 집은 수망택이라고 불렸다고 해요. 금이 홍수처럼 들어간다는 의미라고 해요.

또 다른 전쟁터로 향하며 마신 재매정 우물물

《삼국사기》에는 김유신의 우물물과 관련해서 유명한 이야기가 실려 있어요.

선덕 여왕 시절, 김유신은 백제군과 싸워 크게 승리했어요. 그런데 또다시 백제가 신라를 공격한다는 소식을 듣고 장군은 가족을 만나지도 않고 바로 말머리를 돌렸어요. 김유신은 가족이 기다리는 집에 들르지 않고, 대신 부하에게 명령했어요.

"우리 집에 가서 우물물을 떠 오거라."

떠온 물을 마시고 장군은 말했어요.

"우리 집 물맛은 옛날 그대로구나."

이렇게 말하고 바로 전쟁터로 향했어요. 이를 본 모든 군사도 그대로 따라 했어요.

"대장군도 이와 같은데 우리가 어찌 가족과 이별함을 한탄하겠는가."

이렇게 말하고 전쟁에 적극적으로 나갔다고 해요. 이 싸움에서도 김유신은 크게 승리했어요.

김유신의 지혜

나라에는 흉흉한 소문이 퍼지고 있었어요. 선덕 여왕이 병으로 몸져누워 있을 때였지요. 상대등 비담이 난을 일으켰어요.

"여자 군주는 나라를 잘 다스릴 수 없다."

김유신과 김춘추는 힘을 합쳐 비담의 난을 진압했어요. 하지만 왕은 병세가 악화하여 세상을 떠났어요. 이때 비담은 하늘에서 유성이 떨어졌다는 소문을 퍼뜨렸어요. 사람들은 더욱 불안해했어요. 김유신은 이것을 극복하고자 연에 불을 붙여 하늘로 다시 띄워 올렸어요. 그러면서 전에 떨어졌던 별이 다시 올라갔다고 소문을 내서 민심을 수습했어요.

《삼국사기》에 나온 김유신의 죽음

김유신은 나이가 들어 병을 얻게 되었어요. 병을 얻기 한 달 전 군복을 입고 무기를 든 수십 명의 군인들이 그의 집에서 울면서 나오더니 사라졌다고 해요. 이 말을 들은 김유신은 말했어요.

"나를 지켜주던 음병●이 내 복이 다함을 보고 떠나간 것이오."

김유신이 죽자, 문무왕은 슬퍼하며 많은 부조를 보내고 군악의 고취수를 100명이나 보냈어요. 그리고 무덤을 지키는 수묘인을 두게 했어요.

역사 수업

● **풍수지리와 금입택**

땅의 위치나 생김새, 특성들을 파악해 인간의 길흉화복을 점치는 것을 풍수지리라고 해요. 정확히 언제라고 할 수는 없지만 중국 춘추전국 시대에 확립되어서 우리나라에는 삼국 시대에 들어왔을 것이라고 해요.

금입택은 풍수지리에 따라 '금이 드나드는 집'이라는 의미로 쓰이기도 하지만, 실제로 '금을 입힌 집'이라고 해석하기도 해요. 그만큼 당시 신라 귀족이 호화로운 삶을 살았다고 볼 수 있어요.

● **음병**   도교에서 각 방위를 지키는 수호 정령을 말해요.

〈제2 기이〉 태종춘추공

경상북도 경주 김유신 집터
김춘추와 김문희의 만남

📍 김유신의 여동생들의 이상한 꿈 거래

　김유신은 27대 왕 선덕 여왕의 조카인 김춘추와 매우 친분이 두터웠어요. 김춘추의 어머니는 선덕 여왕의 자매인 천명 공주이고, 아버지는 폐위되었던 진지왕의 아들이에요. 진지왕은 폐위된 왕이었기 때문에 신분이 성골에서 진골로 바뀌었어요.

무열왕 김춘추는 어머니가 성골이지만 아버지가 진골이었기 때문에 결국 진골에 그쳤지요. 김춘추는 진골로서 왕이 된 첫 번째 인물이었어요. 김유신은 김춘추가 왕이 되기 전부터 매우 가깝게 지냈어요.

김유신에게는 보희와 문희라는 두 여동생이 있었어요. 어느 날 보희는 신기한 꿈을 꾸었어요. 보희가 서악에 올라가 오줌을 누었는데 경성이 오줌으로 가득 찬 것이에요. 꿈이 너무나 이상해서 보희는 동생 문희에게 말했어요. 꿈 이야기를 들은 동생 문희가 말했어요.

"언니, 내가 그 꿈을 살게요."

언니 보희는 재미있는 거래라고 생각했어요.

"그럼, 꿈값으로 무엇을 주겠니?"

문희가 얼른 말했어요.

"비단 치마를 주면 되겠어, 언니?"

보희는 그 거래가 매우 마음에 들었어요.

"그래, 그러자꾸나."

문희가 꿈을 받으려고 치마폭을 확 펼쳤어요.

보희는 말했어요.

"어젯밤 꿈을 너에게 주겠다. 여기 받아라."

보희는 두 손으로 꿈을 건네주는 행동을 했어요. 문희는 마치 치마에 꿈을 받는 것처럼 소중하게 감쌌어요.

옷고름으로 맺어진 인연

김유신은 김춘추와 축국을 하면서 놀았어요. 김유신은 일부러 김춘추의 옷을 밟아서 옷고름을 찢고 말했어요.

"춘추 공, 우리 집에 가서 꿰매시지요."

김춘추는 순순히 김유신의 말을 따랐어요. 김유신은 동생 보희에게 김춘추의 옷을 꿰매도록 했어요. 그런데 보희는 퉁명스럽게 대꾸했어요.

"어찌, 사소한 일 때문에 경솔하게 귀공자를 가까이하겠사옵니까?"

보희는 한사코 사양했어요. 어쩔 수 없이 김유신은 둘째 여동생 문희에게 말했어요.

"문희야, 네가 좀 꿰매주지 않으련?"

문희는 기다렸다는 듯이 다소곳이 오빠의 말에 따랐어요. 김춘추는 김유신이 여동생을 소개해주고 싶은 것이라고 생각하고 문희와 가까워졌어요.

📍 김유신 여동생 문희의 임신

김유신은 동생 문희가 임신을 한 사실을 알고, 크게 화를 내며 꾸짖었어요. 김유신은 동생 문희에게 화를 내며 말했어요.

"네가 부모에게 알리지도 않고 옳지 않은 임신을 했으니, 도대체 이게 무슨 해괴한 일이냐?"

김유신은 온 나라에 누이동생을 불태워 죽일 것이라고 소문을 퍼뜨렸어요. 그러던 어느 날이었어요. 선덕 여왕과 김춘추와 몇몇 신하들이 남산으로 산책한다는 소식이 들려왔어요. 김유신은 이때를 놓치지 않고 자기 집 뜰에 장작을 쌓아놓고, 그 위에 임신한 동생 문희를 올려놓았어요. 그리고 불을 붙여 연기가 자욱하게 나게 했어요. 때마침 선덕 여왕은 남산에 올라 연기를 보고 물었어요.

"저것이 무슨 해괴한 연기냐?"

옆에 같이 간 신하들이 대답했어요.

"황공합니다만, 김유신이 자기 여동생을 불태워 죽이려는 것이라고 합니다."

여왕은 깜짝 놀라 물었어요.

"무슨 연유인가?"

한 신하가 얼른 대답했어요.

"네, 실은 김유신의 여동생이 지아비 없이 임신하였다고 합니다."

여왕이 매우 놀라며 다시 주변에 물었어요.

"대체 누구의 소행이더냐?"

바로 앞에서 여왕을 수행하던 김춘추의 안색이 갑자기 변하자 선덕 여왕은 눈치를 채고 그에게 말했어요.

"춘추, 네 소행이구나. 빨리 가서 너의 정인을 구하거라."

김춘추는 말을 재촉해서 김유신의 집 앞에 도착해서 말했어요.

"여봐라, 멈춰라. 왕명이시다."

문희는 가까스로 불태워지는 것을 면하고, 김춘추와 혼례를 하게 되었어요.

김춘추는 무열왕이 되어 나라를 8년간 다스렸어요. 김춘추 무열왕과 김문희 문명왕후 사이에 태어난 아들이 바로 문무왕 법민이에요.

역사 수업

● 고려 시대 문희와 비슷한 이야기

자매끼리 혹은 형제끼리 꿈을 사고파는 이야기가 고려에는 흔했던 것 같아요. 고려 17대 왕인 인종의 부인 공예 태후 역시 꿈을 사서 왕비가 되었다는 이야기가 전해져요. 공예 태후도 언니가 장흥 천관산에 오줌을 싼 꿈을 사서 왕비가 되었죠. 그녀의 세 아들들은 의종, 명종, 신종으로 고려의 왕이 되었어요. 지금의 장흥 지역은 공예 태후가 태어난 곳인데, 공예 태후와 함께 영원히 흥하라는 의미가 있다고 해요. 장흥의 정안사라는 곳에 가면, 언니와 동생의 꿈을 판 이야기가 아직도 전해지고 있어요.

● 삼국 시대의 공놀이, 축국

삼국 시대에도 지금의 축구와 같은 공놀이가 있었어요. 축국이라는 것인데, 가죽으로 만든 둥근 주머니 안에 쌀겨나 짐승의 털 또는 공기를 넣어 발로 차며 놀던 놀이였어요. 우리나라에는 김춘추와 김유신의 이야기에서 가장 먼저 등장해요. 이후 고려와 조선의 문헌에서도 축국에 대한 기록이 남아 있어요. 축국은 중국에서 전래했을 것이라고 해요.

〈제6 신주〉 밀본최사

경상북도 경주 금곡사지
보검을 만난 김유신

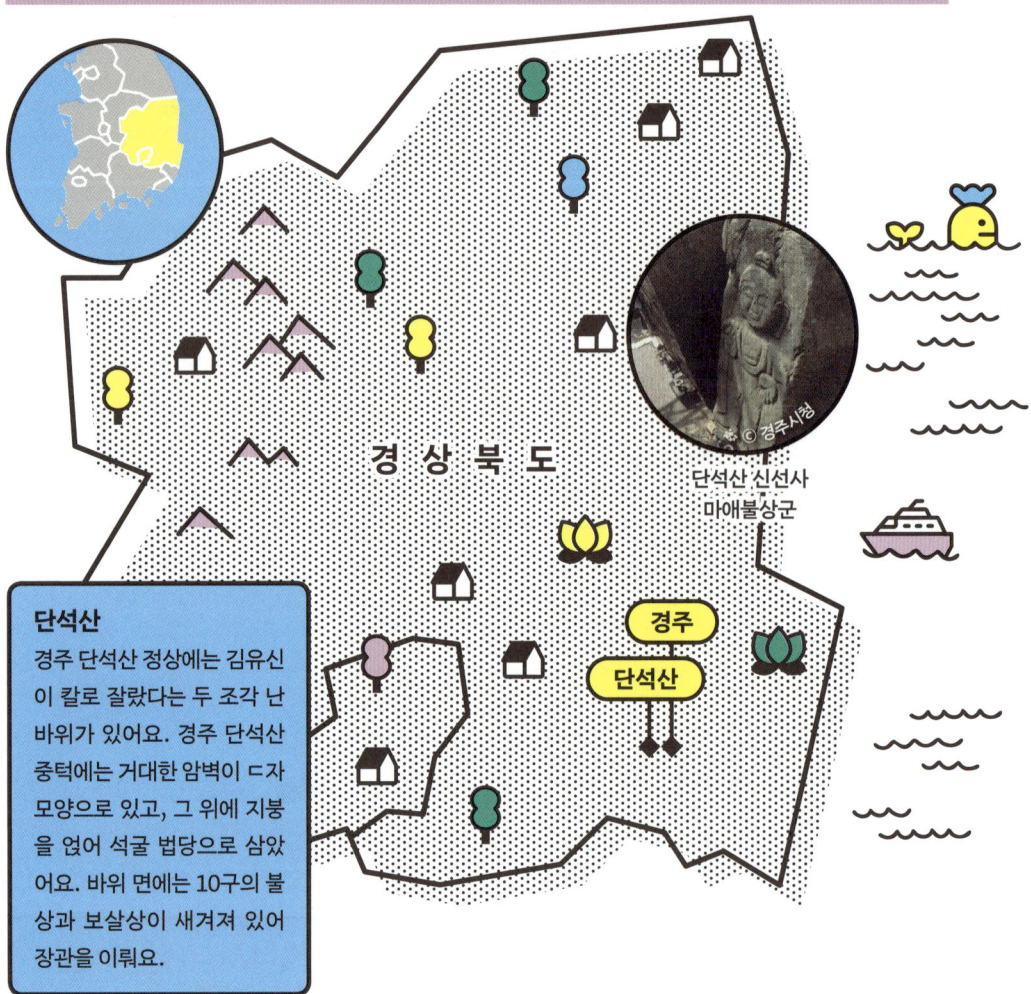

단석산 신선사 마애불상군

단석산
경주 단석산 정상에는 김유신이 칼로 잘랐다는 두 조각 난 바위가 있어요. 경주 단석산 중턱에는 거대한 암벽이 ㄷ자 모양으로 있고, 그 위에 지붕을 얹어 석굴 법당으로 삼았어요. 바위 면에는 10구의 불상과 보살상이 새겨져 있어 장관을 이뤄요.

📍 단석산과 김유신의 보검

김유신은 화랑 시절 수련을 위해 산에 갔다가 한 노인을 만났어요. 우연히 만난 그 노인과 이야기를 나눈 후 헤어졌는데, 그 노인의 뒤에는 찬란한 오색 광채의 빛이 보였어요.

이후에도 김유신에게 신기한 일은 계속되었어요. 한번은 김유신이 열박산에 보검을 가지고 깊은 골짜기에서 수련하다가 향을 피우고 기도를 했어요. 그때 하늘에서 빛이 내려와서 보검에 신령스러운 기운을 내려주었어요. 그리고 사흘째에는 허성•과 각성• 두 별이 빛을 쏘아 칼을 움직이게 하였어요. 이처럼 김유신의 보검은 하늘의 별의 기운을 가진 것이지요. 그 검으로 단석산 정상의 큰 바위를 자를 수 있었다고 해요.

금곡사 거사와 김유신

김유신은 화랑 시절 금곡사에서 어떤 늙은 거사와 사귀었다고 해요. 그는 세상 사람들에게는 알려지지 않은 사람인데, 밀본이라고 불리는 사람이었어요. 김유신은 친척인 수천이 나쁜 병을 오랫동안 앓고 있었기 때문에 밀본 거사를 수천에게 보내 진단하게 했어요. 그때 수천의 오랜 친구인 승려 인혜가 거사를 업신여기듯 말했어요.

"그대의 형상과 거동을 보니 간사하고 아첨하는 사람인데, 어찌 다른 사람의 병을 고칠 수 있겠는가?"

거사는 말했어요.

"나는 김유신 공의 명을 받고 부득이 왔을 뿐이오."

밀본은 그 이전에 선덕 여왕의 병을 고치는 영험함을 보이기도 했던 사람이에요. 법척이라는 스님을 여우로 변하게 했죠.

인혜는 거사에게 말했어요.

"그대는 나의 신통력을 보라."

그리고는 즉시 향로를 빈들이 향을 피우고 주문을 외웠어요. 조금 뒤 오색구름이 그의 머리 위를 빙빙 돌고, 하늘에서 꽃이 떨어져 흩어졌어요.

거사는 대답했어요.

"스님의 신통력은 참으로 불가사의합니다. 제자도 또한 변변찮은 재주가 있으니 시험해보고자 합니다. 스님께서는 잠깐만 제 앞에 서 계십시오."

거사가 손가락을 한 번 튕기는 소리를 냈어요. 그러자 인혜가 공중으로 한 길(2.4~3미터)가량 높이 거꾸로 떠오르더니 한참 후에야 머리가 땅에 박혀 말뚝을 박은 것처럼 우뚝 섰어요. 김유신이 거사에게 부탁하고서야 인혜가 움직일 수 있었다고 해요. 김유신의 비범함은 밀본과 같은 거사와 교류하고 검에 빛을 받는 것으로 영험함이 더욱 드러나고 있어요.

> **역사 수업**
>
> ● **승려 밀본**
> 승려 밀본은 밀교의 근본이고 할 수 있어요. 밀본은 선덕 여왕 시절 활동을 시작한 것 같아요. 그 후 혜통이 밀본을 계승하고 다시 그 뒤를 명랑이 이었다고 할 수 있어요.
>
> ● **임신 20개월 만에 탄생한 김유신**
> 《화랑세기》에는 김유신이 임신한 지 20개월 만에 태어났다는 이야기가 등장해요. 보통 과학적으로 사람은 10개월이 지나면 태어나는데, 김유신의 탄생은 어떻게 이해해야 할까요? 아마도 김유신의 태몽에서부터 20개월이 아닐까 추측해볼 수 있어요.

● **허성**虛星   인간의 생명과 벼슬살이의 운명을 맡았던 별자리예요.

● **각성**角星   동쪽 하늘에 떠 있는데 오늘날 금성을 말해요.

〈제2 기이〉 만파식적

경상북도 경주 감은사지
이견대에서 피리를 건넨 김유신

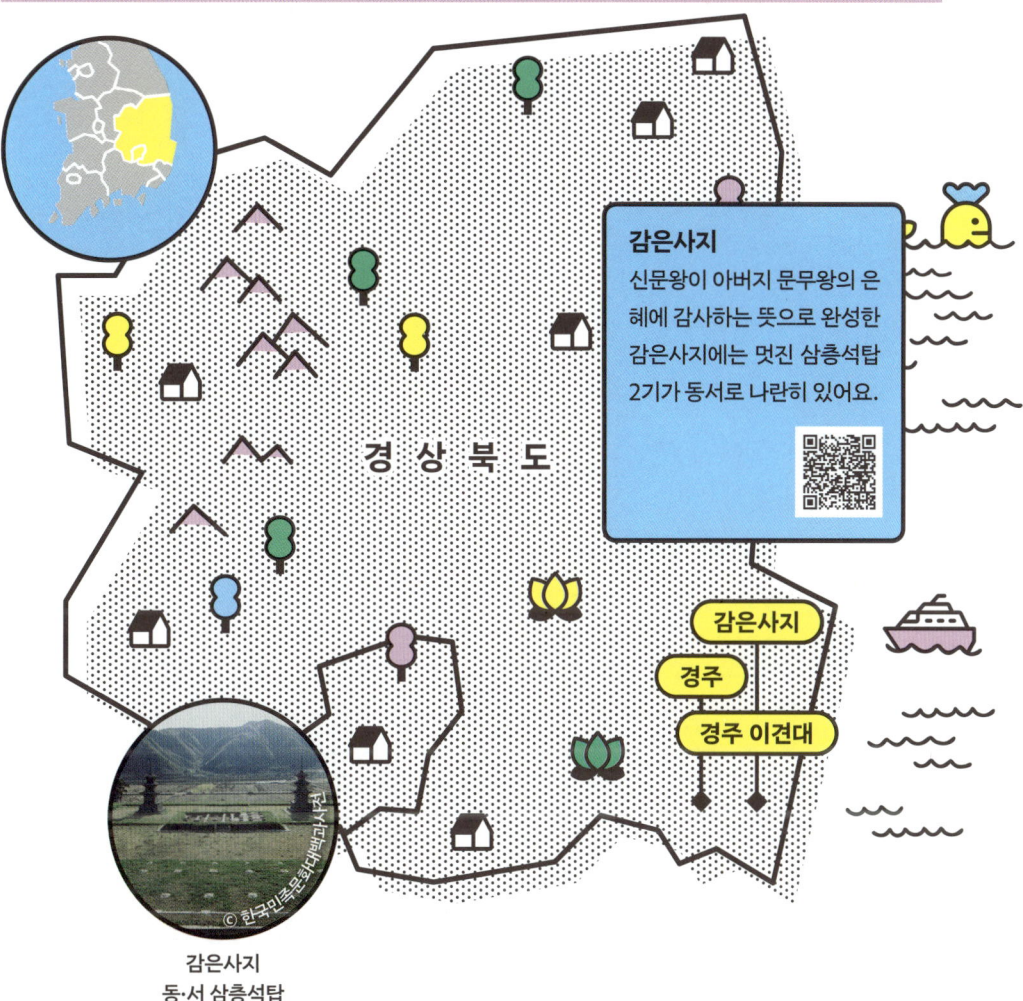

감은사지
신문왕이 아버지 문무왕의 은혜에 감사하는 뜻으로 완성한 감은사지에는 멋진 삼층석탑 2기가 동서로 나란히 있어요.

감은사지
동·서 삼층석탑

📍 바위에 뚫은 용의 통로

"여봐라, 섬돌 아래에 구멍을 뚫어라."

문무왕의 아들 31대 신문왕(재위 681~692)은 아버지가 왜병을 막기 위해 짓다가 완성하지 못한 절을 마침내 완성했어요. 신문왕은 신하들에게 명령했어요.

"여봐라, 바다 밑 바위에 구멍을 내어라."

왕은 용이 된 아버지가 절 안으로 드나들도록 바다 밑 바위에 구멍을 뚫었어요. 문무왕의 뼈를 묻은 곳을 대왕암이라고 하고, 절의 이름을 감은사(感恩寺)라고 했어요.

🔍 대나무가 합쳐지는 신비

어느 날 해관 박숙청이 왕에게 아뢰었어요.

"동해 가운데 작은 섬 하나가 감은사 쪽으로 떠내려와서 파도가 치는 것에 따라서 왔다 갔다 하옵니다."

왕은 이상하게 여겨 일관에게 점을 치도록 했어요. 일관은 아뢰었어요.

"돌아가신 임금께서 지금 바다의 용이 되어 삼한을 지키고 계시옵니다."

"또한 김유신 공이 33천의 한 아들이 되어 지금 내려와 대신이 되었사옵니다. 두 성인이 함께 성을 지킬 보배를 주시려는 것이옵니다. 폐하께서는 바닷가로 나가시어 값으로 매길 수 없는 큰 보배를 받으실 것이옵니다."

왕은 신하들과 함께 이견대로 가서 그 산을 바라보았어요. 산의 모습은 마치 살아 있는 거북이 머리처럼 생겼어요. 그 위로 대나무 하나가 서 있었는데, 낮이면 둘이 되었다가 밤에는 하나로 합쳐졌어요. 왕은 감은사로 가서 묵었어요. 대나무가 합쳐지더니 폭풍우가 치고 온 세상이 어두워졌어요. 이튿날 파도가 잔잔해지자 왕은 배를 타고 그 산으로 갔어요. 그때 용이 하나 나타나서 왕에게 말했어요.

"이 옥대를 받으십시오."

왕은 용과 함께 자리를 하고 앉아서 이야기를 나누었어요.

"이 산과 대나무가 떨어졌다가 합치는 것은 무슨 까닭이옵니까?"

용이 대답했어요.

"한 손으로 치면 소리가 나지 않지만, 두 손으로 치면 소리가 나는 것과 같은 이치입니다. 이 대나무는 합친 후에야 소리가 나오니, 왕께서 소리로 세상을 다스릴 좋은 징조입니다."

왕은 비로소 고개를 끄덕였어요.

🔍 만파식적의 탄생

용은 다시 말을 이어갔어요.

"이 대나무로 피리를 만들어 불면 세상이 더없이 평화로울 것입니다. 한쪽 피리는 문무왕이 주신 것이고, 다른 한쪽은 김유신이 준 것이옵니다."

왕은 매우 기뻐서 신하들에게 명령했어요.

"여봐라, 대나무를 베어 오너라."

대나무를 베자 갑자기 산과 용이 사라져버리고 말았어요. 태자는 이 이야기를 듣고 달려와서 옥대를 자세히 들여다보며 말했어요.

"아버님, 이 옥대의 용은 모두 진짜 용이옵니다."

왕은 이상하게 여겨 태자에게 물었어요.

"네가 그것을 어찌 아느냐?"

태자는 아뢰었어요.

"한쪽을 떼서 물에 넣어보십시오."

신하들이 얼른 왼쪽 용을 떼어내서 시냇물에 담갔더니, 곧바로 진짜 용이 되어 하늘로 올라갔어요. 그곳엔 용연이라는 연못이 생기게 되었어요. 왕은 궁궐로 돌아와서 대나무로 피리를 만들었어요. 나라에 적군이 쳐들어올 때 이 피리를 불면 적군이 물러갔어요. 병에 걸렸을 때도 피리를 불면 병이 말끔히 나았어요. 비바람이나 폭풍우나 파도가 있을 때도 피리를 불면 잠잠해졌어요. 이 피리는 만파식적이라고 불렀고, 보배로운 국보로 삼았어요.

역사 수업

- **만만파파식적**

신라 32대 효소왕(재위 692~702) 시절, 부례랑이라는 화랑이 오랑캐에 잡혀가고 나라의 천존고 안에 있던 피리와 거문고가 도난당한 일이 있었어요. 나라에서 방을 붙여서 상을 걸고 이것들을 찾고자 했죠. 한 승려가 이것을 찾기 위해 중국에 가서 피리와 거문고와 활을 구해왔어요. 이 피리를 불면 놀라운 일이 거듭해서 일어난다는 뜻에서 만만파파식적이라고 불렀어요.

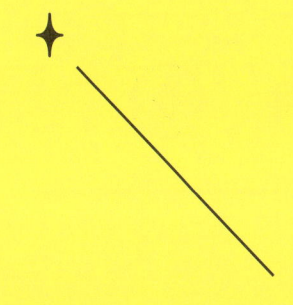
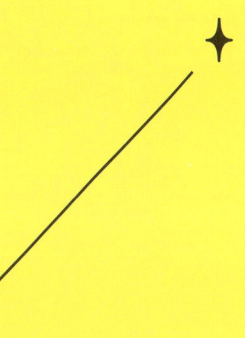

9부
마음을 흔드는 노래들

《삼국유사》 속 노래를 찾아서

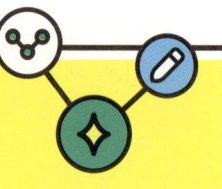

◆ 《삼국유사》는 향가 25수 중 14편을 담고 있는 문학서예요

　일연 스님은 삼국에 전해진 이야기를 《삼국유사》라는 책으로 묶었어요. 《삼국유사》는 역사적인 의미에서도 중요하고, 신화적인 의미에서도 가치가 있어요. 그리고 하나 더, 《삼국유사》에 실린 향가라는 독특한 우리의 문학 작품도 기억해야 해요.

　향가는 '사뇌가'라고도 하는데, 우리나라의 노래라는 뜻이에요. 향찰이라는 글자로 기록되었고, 불교적인 기원을 담은 내용이 많아요. 정치적 이념을 노래하기도 하고, 민요, 주술적인 노래도 있어요. 길이에 따라 4구체, 8구체, 10구체 등으로 나뉘고, 한자를 빌려 우리말을 표기한 '이두'라는 문자를 썼어요. 고유 한국어를 짐작할 수 있는 문자라고 해요.

◆ 《삼국유사》에서 향가는 이야기 중간에 등장해요

　《삼국유사》 속 향가는 단독 작품으로 읽기보다는 이야기와 자연스럽게 연결되는 노래로 읽으면 훨씬 쉽고 재미있게 이해할 수 있어요. 《삼국유사》에는 〈서동요〉, 〈혜성가〉, 〈풍요〉, 〈원왕생가〉, 〈모죽지랑가〉, 〈헌화가〉, 〈원가〉, 〈도솔가〉, 〈안민가〉, 〈제망매가〉, 〈찬기파랑가〉, 〈도천수관음가〉, 〈우적가〉, 〈처용가〉 등의 향가가 소개돼요. 대부분 불교적인 내용이지만 〈서동요〉는 서동과 선화 공주의 사랑 이야기이고, 〈안민가〉는 백성의 무사 안녕을 기원하는 노래지요. 〈헌화가〉는 수로 부인에게 꽃을 꺾어 바치는 노인에 대한 노래이고, 〈처용가〉는 역신을 쫓는 주술적인 벽사●의 노래라고 할 수 있어요.

◆ 향가에는 당시 민중의 마음이 담겨 있어요

우리는 향가를 통해 당시 민중의 염원을 상상할 수 있어요.

백제의 서동이 신라의 선화 공주를 흠모해 유언비어를 유포했는데, 그 노래가 바로 〈서동요〉예요. 그 때문에 선화 공주는 궁에서 쫓겨나고 말아요. 선화 공주는 서동을 만나 백제로 건너오고, 서동은 금을 모아 신라의 진평왕에게 보내요. 결국 진평왕은 서동을 정식 사위로 인정하고, 이후 왕(백제 30대 무왕)이 된 서동에게 많은 공인●을 보내 백제의 미륵사를 건립했어요.

《삼국사기》의 〈무왕편〉에는 "백제 무왕은 법왕의 아들이다"라는 구절이 있어요. 《삼국유사》에는 서동이 가난한 평민으로 나오죠. 이야기의 시작은 다르지만 서동이 백제 무왕이 된 것은 같아요. 당시 신라의 진평왕과 백제의 무왕은 각각 가장 많은 전쟁을 치른 왕이었어요. 민중은 몇십 년 동안 계속된 전쟁으로 지쳐 있었을 거예요. 그래서 두 나라가 결혼으로 맺어진다면 더 이상 싸울 필요가 없지 않을까 하는 희망이 이런 노래를 만든 게 아니었을까요?

● 벽사	사악한 것을 물리친다는 의미예요.
● 공인	물건을 만들거나 건축물을 짓는 등의 기술자를 말해요.

〈제2 기이〉 무왕

충청남도 부여 궁남지
가짜 뉴스를 퍼뜨린 서동

익산 미륵사지 석탑

◆ 소문을 퍼뜨린 지렁이 아들 서동

26대 진평왕(재위 579~632)이 다스리던 신라 거리에는 선화 공주에 관한 소문이 파다했어요. 진평왕에게는 천명 공주, 덕만 공주, 선화 공주가 있었는데, 그중 셋째 딸 선화 공주가 특히 아름답기로 유명했어요.

백제의 서동 엄마는 연못 속의 용과 관계를 맺어 서동을 나았다고 해요. 서동은 마를 캐서 팔아 홀어머니를 돌보면서 살아갔어요. 어느 날 서동은 신라의 선화 공주가 예쁘다는 이야기를 듣고, 마를 한 다발 들고 무작정 신라로 건너갔어요. 서동은 선화 공주를 자기의 부인으로 삼고 싶었어요. 그래서 곰곰이 생각하다가 기발한 꾀를 하나 짰어요. 서동은 시장에서 놀고 있던 아이들을 불러 마를 주면서 말했어요.

"애들아, 이 노래를 따라 해봐."

"선화 공주님은 남몰래 짝지어 두고 서동 서방을 밤마다 몰래 안고 간다네."

그렇게 선화 공주의 이야기를 담은 노래는 시장 거리를 넘어 궁궐 한가운데까지 퍼지게 되었어요. 드디어 백관들이 참다못해 진평왕에게 아뢰었어요.

"전하, 공주를 멀리 보내서 궁궐의 기강을 바로잡아야 할 것으로 아옵니다."

진평왕은 사랑하는 막내딸을 걱정하며 한숨을 지었어요. 신하들의 요구는 날로 강해졌고, 왕은 선화 공주를 내보내는 것 이외에 달리 방법이 없었어요. 아무리 아버지가 왕이었지만 어쩔 수가 없었어요. 선화 공주의 엄마인 마야 왕비는 슬픔으로 가슴이 미어졌어요. 마야 왕비는 떠나야 하는 딸에게 말했어요.

"이 순금 한 말을 가져가서 부디 굶어 죽지는 말거라."

✦ 쫓겨난 선화 공주가 백제 왕비가 되었어요

선화는 궁궐을 나와서 유배지로 향했어요. 바로 그때 그곳에서 기다리고 있던 서동을 만났어요. 선화는 그가 노래 속의 서동인 것을 알게 되었고, 운명 같은 영험함을 느꼈어요. 그래서 선화는 서동을 따라 백제에 왔어요. 선화 공주는 자신의 짐 꾸러미에서 마야 왕비가 주었던 금을 꺼내 보였어요. 서동은 금을 보며 어리둥절해서 물었어요.

"이것이 무슨 물건이오?"

공주는 대답했어요.

"이것은 금이라는 물건이옵니다. 이것으로 한평생 부를 이룰 수 있습니다."

서동은 눈을 크게 뜨더니 물었어요.

"이것이 정녕 보물이라고요? 아니, 이것은 내가 어려서부터 마를 캐던 곳에 흙덩이처럼 쌓여 있던 아주 흔한 것이오."

공주는 놀라서 다시 말했어요.

"서방님은 지금도 그곳을 아는 거지요? 그 보물을 신라 부모님이 있는 곳으로 옮기는 것이 어떻습니까?"

서동은 좋다고 말했어요. 서동은 그곳에서 구름처럼 금을 모았어요. 그러나 그 많은 금을 어떻게 옮길지 알 수 없어서 지명 법사에게 운반할 방법을 물었어요. 지명 법사는 말했어요.

"제가 신통력을 써서 옮길 터이니, 가서 금을 가져오십시오."

공주는 편지 한 장을 써서 금이 쌓인 봉우리 위에 놓았어요. 그러자 금은 순식간에 신라의 궁궐로 옮겨졌어요. 딸을 쫓아버리고 나서 슬픈 마음으로 가득했던 진평왕은 딸의 편지와 금을 보고 매우 기뻐하며 서동을 귀하게 여기게 되었어요. 이 일과 함께 서동은 백성에게 많은 인심을 얻어 백제의 30대 왕인 무왕(재위 600~641)이 되었어요.

◆ 미륵사를 지었어요

어느 날 서동 무왕과 선화 왕비가 사자사라는 절을 향해 가고 있었어요. 마침 용화산 아래 큰 연못을 지나고 있었는데, 갑자기 미륵삼존●이 연못에서 나와 수레를 멈추게 하고 왕과 왕비에게 인사했어요.

"부처님의 사랑과 자비를 받으십시오."

선화 왕비는 합장하면서 고개를 숙였어요. 미륵삼존이 사라지자, 왕비는 무왕에게 간곡하게 부탁했어요.

"이곳에 큰 절을 세우는 것이 제 소원입니다. 들어주세요."

무왕은 또다시 지명 법사에게 부탁했어요. 지명 법사는 또다시 신통력을 발휘해 하룻밤 사이에 큰 연못을 메워 평지로 만들었어요. 그 땅에 무왕은 미륵사라는 큰 절을 지었어요. 신라의 진평왕은 딸과 사위인 무왕이 미륵사를 짓는다는 이야기를 듣고, 신라의 유능한 공인들을 보내서 힘을 보탰어요.

> 역사 수업

- **전쟁과 사랑**

신라 진평왕과 백제 무왕 시기에 두 나라는 13차례의 전쟁을 치렀어요. 진평왕과 무왕은 장인과 사위가 아니라 당시 동시대 적국의 왕이었을 가능성이 높아요. 그래서 학자들은 두 나라 민중의 평화를 갈망하는 마음이 이러한 사랑 이야기를 만들었다고 보고 있어요.

- **서동은 왜 금을 몰랐을까요?**

서동은 선화 공주가 신라에서 가져온 금의 가치를 모르는 것 같아요. 왜 이런 일이 있었을까요? 옛날에 금은 유목민의 부의 수단이었다고 해요. 농경을 주로 하는 서동인지라 금의 가치를 알아차리지 못했다고 생각돼요.

- **마**
  덩굴성 여러해살이 식물이에요. 뿌리에 고구마처럼 생긴 덩이가 자라는데 식재료나 약재로 써요.

- **미륵삼존**
  미래의 부처인 미륵과 양옆에 두 명의 부처를 말해요.

〈제2 기이〉 수로부인

강원도 강릉 헌화로
수로 부인을 잡아간 용

◆ 꽃을 꺾어주고 사라진 노인

　신라 32대 효소왕(재위 692~702)은 16세 이른 나이에 병으로 죽었어요. 다음 왕위는 효소왕의 동생 성덕왕이 이었지요. 33대 성덕왕(재위 702~737) 역시 나라를 맡았을 때 15세였어요. 어린 나이였죠. 이 시절 나라에는 가뭄과 흉작이 심하게 들었고 산사태가 일어나서 민심이 어지러웠어요. 백성은 매우 살기 힘들었지요.

이 시절 순정공이라는 사람이 강릉 태수로 발령을 받아 근무할 곳으로 가는 도중 바닷가에서 점심을 먹었어요. 강원도 산의 바위는 마치 병풍처럼 둘러쳐져 있었어요. 그런데 순정공의 부인인 수로 부인은 그때 천 길◆이나 되는 높이에 철쭉이 활짝 피어 있는 것을 보고 매우 가슴이 설레었어요. 그래서 주위 사람들에게 말했어요.

"누가 저에게 저 꽃을 꺾어다 줄 수 없겠소?"

주변에 따르던 많은 사람이 일제히 말했어요.

"그곳은 사람이 오를 수 없는 곳입니다."

그런데 그때 옆에서 소를 끌고 가던 노인이 갑자기 꽃을 꺾어 와서 노래를 부르면서 부인에게 바쳤어요. 노래는 이런 내용이었어요.

"자줏빛 바윗가에 / 암소 잡은 손 놓게 하시고 / 나를 아니 부끄러워하시면 / 꽃을 꺾어 바치겠나이다."

노인은 이렇게 노래를 부르고는 순식간에 사라졌어요. 지나가던 노인이 누구인지 아는 사람은 아무도 없었어요.

◆ 수로 부인을 잡아간 용을 협박하다

순정공 일행은 이틀째 길을 가다가 삼척의 임해정에서 점심을 먹었어요.

그 순간 바다의 용이 갑자기 부인을 데리고 바닷속으로 들어가버렸어요. 순정공은 발을 구르고 넘어졌지만, 어쩔 도리가 없었어요. 또다시 한 노인이 나타나 말했어요.

"옛사람이 말하길 여러 사람의 말은 무쇠도 녹이지요. 바닷속 짐승인들 어찌 여러 사람의 일을 두려워하지 않겠습니까? 강 언덕에서 노래를 지어 부르면서 지팡이로 강 언덕을 두드리면 부인을 다시 볼 수 있을 것이옵니다."

순정공은 노인이 한 말을 따라서 사람들과 그대로 했어요. 그러자 용이 부인을 데리고 바다에서 나왔어요. 순정공은 부인에게 물었어요.

"바닷속에서 무슨 일이 있었소?"

부인은 말했어요.

"일곱 가지 보물로 꾸민 궁전에, 음식들은 맛이 달고 매끄러우며 향기롭고 깨끗하여 인간 세상의 음식이 아니었어요."

순정공은 부인의 옷에서 풍기는 신기한 향기를 맡았어요. 세상에서는 맡아볼 수 없는 향이었어요.

◆ 용을 위협하는 노래를 들어보아요

수로 부인은 절세미인이어서 깊은 산이나 큰 연못을 지날 때마다 용과 같은 신기한 동물에게 빼앗겼어요. 그때마다 여러 사람이 〈해가〉라는 노래를 불렀어요.

"거북아, 거북아 수로 부인을 내놓아라 / 남의 아내 빼앗아 간 죄 얼마나 큰가? / 네가 만약 거역하고 내다 바치지 않으면 그물을 쳐 잡아서 구워 먹으리라."

정말 그 노래에는 신비하고 영험한 힘이 있었어요.

역사 수업

- **〈해가〉의 거북이**

수로 부인은 자연이 시기와 질투를 부릴 만큼 아름다웠다고 해요. 그런데 왜 수로 부인을 잡아간 것은 용인데, 거북이한테 달라고 위협하는 것일까요? 여기에서 나오는 용은 거북이와 뱀이 합쳐진 신화 속 동물 현무가 아닐까 해요.

- **신화에 자주 등장하는 신기한 음식 이야기**

그리스-로마 신화에서는 하데스(죽음과 지하 세계의 왕)에게 잡혀간 페르세포네(생성과 번식의 여신)가 지하 세계 음식 때문에 지상에 완전히 오지 못하고, 봄과 여름에만 머무르게 된다는 이야기가 나와요. 우리 신화 속 수로 부인도 용궁 세계의 음식이 매우 신비로웠다고 말하고 있어요.

- 길   우리나라에서 옛날에 쓰던 길이 단위예요. 대략 2.4~3미터에 해당해요. '천 길'이란 표현은 매우 높거나 길다는 비유적 표현이에요.

〈제2 기이〉 효소왕대 죽지랑

경상북도 경주 모량리
신기한 꿈으로 태어난 죽지랑

경주 동궁원 죽지랑관
경주 동궁원은 우리 역사 최초의 동식물원이었던 신라의 동궁과 월지를 현대식으로 재현한 곳이에요.

죽지랑 굴욕 사건
죽지랑 사건을 계기로 왕은 모량리 출신을 모두 내쫓았어요. 모량리 사람들은 승려가 되지도 못하고 이미 승려가 된 사람도 큰 절에는 들어가지 못하게 했어요.

◆ 신기한 꿈을 통해 태어난 죽지랑

죽지랑은 신라의 유명한 화랑이었어요. 아버지 술정공은 새로운 부임지로 임명받아 가다 죽지령이라는 곳에 이르렀어요. 한 거사가 고갯길을 닦고 있었는데, 그 모습이 매우 늠름해서 감탄스러울 정도였어요.

어느 날 술정공은 부임지에서 꿈을 꾸었어요. 꿈에서 한 거사가 방 안으로 들어왔어요. 신기하게도 부인 역시 같은 꿈을 꾸었어요. 사람을 시켜 알아보니 며칠 전 거사가 죽었다고 했어요. 거사가 죽은 날 술정공과 그의 부인이 같은 꿈을 꾸었던 것이지요. 그 거사가 바로 술정공의 아들 죽지랑으로 태어났어요. 죽지랑은 용맹한 화랑으로 진덕왕, 태종 무열왕, 문무왕, 신문왕까지 4대에 걸쳐 재상으로 일하며 나라를 안정시켰어요.

◆ 득오를 괴롭힌 관리를 벌주다

죽지랑도 세월이 지나자, 위엄을 다소 잃었어요. 화랑의 무리 중 득오가 보이지 않자 그의 어머니에게 행방을 물었어요. 득오의 어머니는 모량부의 아간• 익선이 득오를 창고지기로 불러갔다고 했어요. 죽지랑은 화랑 137명을 데리고 득오를 위로하고자 모량리에 방문했어요. 모량리에 도착한 죽지랑은 문지기에게 득오가 무얼 하고 있는지 물었어요. 그러자 문지기가 대답했어요.

"익선의 관례에 따라 밭에서 일하고 있습니다."

죽지랑은 술과 떡을 가지고 가서 득오를 위로했어요. 득오의 모습은 너무 여위고 힘들어 보였어요. 그래서 익선에게 며칠 휴가를 부탁했어요. 익선이 휴가를 거절하자 간진이 세금으로 거둔 30석의 곡식을 익선에게 준다고 제안했지만 또 거절당했어요. 간진은 말과 안장을 주고서야 득오의 휴가를 허락받았어요.

◆ 모량리 사람들의 억울한 연좌제

화랑의 주인은 이 이야기를 듣고 익선을 잡아다 벌을 주려고 했어요. 그런데 익선이 달아나서 숨어버렸어요. 그래서 맏아들이 아버지 대신 끌려왔죠. 매우 추운 날씨였는데, 차가운 연못 가운데 아들을 목욕시켜 얼어 죽게 했어요.

왕도 이 사실을 알고 모량리 사람들은 벼슬에도 나아가지 못하고, 스님도 되지 못하게 했어요. 스님이 되고자 한다고 해도 모량리 사람은 종을 치고 북을 치는 허드렛일만 할 수 있었어요. 익선이라는 사람 때문에 신라의 모량리 사람들은 참 억울한 대접을 받았던 것 같아요.

✦ 죽지랑을 찬양한 득오의 노래, 〈모죽지랑가〉

득오는 늙어가고 초라해지는 죽지랑을 보면서 〈모죽지랑가〉라는 노래를 지어 젊은 시절 죽지랑의 멋진 기상을 찬양했어요. 노래는 다음과 같아요.

지나간 봄 그리매
모든 것이 시름이로다
아름다운 모습에 주름이 지니
눈 돌릴 사이에 만나보게 되리
낭이여! 그리운 마음에 가는 길에
쑥 우거진 마을에 잘 밤 있으리.

> **역사 수업**
>
> • **매소성 전투의 인연**
> 당나라를 몰아내는 매소성 전투에서 죽지랑은 매우 큰 위험에 빠졌어요. 이때 화랑 득오는 목숨을 아끼지 않고 죽지랑을 구했어요. 이후 죽지랑은 득오를 끔찍하게 보살펴 주었어요.

• **아간** 신라의 17 벼슬 계급 가운데 여섯째 등급이에요.

〈제7 감통〉 월명사 도솔가

경상북도 경주 사천왕사지
달도 멈춘 월명사의 피리 소리

사천왕사지
월명 스님은 생전에 사천왕사에 살면서 피리를 잘 불었어요. 달은 월명을 위해 운행을 멈추었어요. 그 길을 월명리라고 불렀어요. 월명사의 이름이 붙은 월명리라는 길은 그 앞쪽 어딘가를 가리키는 것으로 추정돼요.

◆ 2개의 해를 물리친 노래 〈도솔가〉

신라 35대 경덕왕(재위 742~765) 시절이었어요. 4월 초하루에 하늘에 해가 2개 나타나더니 열흘이 넘도록 사라지지 않았어요. 천문을 보는 관리가 말했어요.

"인연 있는 승려를 청해서 산화공덕•을 베풀면 재앙을 물리칠 수 있을 것입니다."

왕은 인연 있는 승려가 오길 기다리다 밭 사이로 가는 월명사를 보고 그를 불렀어요. 월명은 말했어요.

"저는 국선의 무리에 속해 있어 아는 것은 향가뿐이오며, 불교 노래는 익숙하지 못하옵니다."

왕은 말했어요.

"이미 그대가 인연 있는 스님으로 지목됐으니, 향가를 지어도 좋소."

월명은 다음과 같이 〈도솔가〉를 불렀어요.

오늘 여기에 산화가를 부를제
솟아나게 한 꽃아 너는
곧은 마음의 명을 받들어
미륵좌주를 모셔라.

◆ 탑 안으로 사라진 동자

얼마 후 해의 괴이함이 사라졌어요. 왕은 이것을 기려 좋은 차와 수정 염주 108개를 월명에게 내렸어요. 말쑥한 동자 하나가 나타나 이것을 받아서 궁전 서쪽 작은 문으로 갔어요. 월명과 왕은 그를 대궐 안의 심부름꾼으로 여겼어요. 그런데 동자는 내원의 탑 안으로 사라졌어요. 차와 염주는 남쪽 벽 미륵상 앞에 놓여 있었어요. 월명의 지극한 정성이 부처님을 감동하게 한 것을 알고 왕은 월명사를 더욱 존경하고 비단 100필을 사례로 주었어요.

◆ 죽은 누이를 위해 부른 노래 〈제망매가〉

월명사는 어린 나이에 죽은 누이동생의 제를 올리면서 향가를 지었는데, 갑자기 회오리바람이 불더니 종이돈을 날려 서쪽으로 날아가게 했어요. 그 노래는 이와 같아요.

삶과 죽음의 갈림길은

이 세상에 있으매 저어하고

너는 나는 갑니다라는 말도 하지 못하고 어찌해 가버렸느냐

어느 가을 이른 바람에

여기저기에 떨어지는 나뭇잎처럼

한 가지에 나고서도 떨어져 가는 곳은 모르는구나

아아, 서방 극락세계로 간 누이를 만날 날을 나는 도 닦아 기다리리라.

> **역사 수업**
>
> - **불교문화 전성기를 이끈 경덕왕**
>
>   경덕왕 시절에는 불국사와 석굴암이 탄생할 정도로 많은 불교 미술이 탄생했고, 향가도 많이 만들어졌어요. 경덕왕은 월정교를 설치하고 성덕대왕신종을 만드는 등 통일신라 시대의 불교 전성기를 이끌었어요.
>
> - **원화와 국선**
>
>   처음에 화랑을 이끌었던 우두머리는 아름다운 여자인 '원화'였다고 해요. 그래서 진흥왕은 남모와 준정이라는 아름다운 두 여인을 원화로 삼았어요. 두 여인은 각각 300명의 화랑을 이끌었는데, 서로 상대의 미모를 질투해 결국 죽음에 이르는 비극이 벌어졌어요. 그 후부터는 여성 원화 대신 남성 '국선'을 화랑의 우두머리로 삼았다고 전해요.

> - **산화공덕** 불교의 전통 의식으로, 부처에게 꽃을 뿌리면서 공덕을 기리는 것이에요.

〈제2 기이〉 경덕왕·충담사·표훈대덕

경상북도 경주 남산
산화령에 차를 올린 충담사

경주남산연구소
경주 남산은 높이 500미터 남짓의 높지 않은 산이지만 국보와 보물을 비롯해 700점 가까운 유적이 곳곳에 분포해 있어요.

◆ 경덕왕, 충담사를 부르다

경덕왕은 존경받는 왕이 되고 싶었어요. 그래서 당나라에서 노자가 쓴 《도덕경》이라는 책을 받아들이기도 했어요. 또한 왕은 덕망 있는 스님을 모셔 와 이야기를 듣고 차를 마시길 원했어요. 왕은 늘 주위 사람들에게 말했어요.

9부 마음을 흔드는 노래들

"누가 길거리에서 영복승● 한 명을 데려올 수 있는가?"

어느 날 가사를 입고 삼태기를 맨 충담 스님을 보고 왕이 반겨 물었어요.

"스님은 누구이십니까?"

"저는 충담이라고 합니다."

"어디서 오시는지요?"

"저는 미륵세존●에게 차를 올리고 오는 중입니다."

이 이야기를 듣고 경덕왕은 자신에게도 차를 나누어주길 부탁했어요. 그때 차에서는 묘한 향기가 났어요.

◆ 충담사의 〈안민가〉와 〈찬기파랑가〉

왕은 기파랑을 찬양한 사뇌가를 듣고자 했어요. 충담은 〈찬기파랑가〉를 불렀어요.

열어젖히자 벗어나는 달이
친구를 좇아 떠간 언저리
백사장 펼친 물가에
기파랑의 모습이 잠겼어라.
일오천 자갈밭에서
낭(기파랑)이 지니신 마음 좇으려 하네,
아! 잣나무 가지 높아
서리 모를 씩씩한 모습이여.

이 노래를 마치고 경덕왕은 나라와 임금을 위해 〈안민가〉를 청했어요. 충담은 왕의 청을 받들어 다음과 같은 시를 지었어요.

임금은 아버지요 신하는 사랑을 주는 어머니라
백성을 어리석은 아이로 여기면 모든 백성이 사랑을 알 것입니다.

꾸물거리며 사는 백성들, 이들을 먹여 다스려라

이 땅을 버리고 어디로 가라고 하면

이 나라가 보전될 줄 알리라

아아, 임금답게, 신하답게, 백성답게 처신한다면

나라는 태평할 것입니다.

> **역사 수업**
>
> ● **경덕왕의 아들 집착과 비극**
>
> 경덕왕의 첫 번째 왕비는 김순정의 딸 삼모 부인이었어요. 하지만 아들이 없어 궁에서 내쫓기고 말았죠. 둘째 왕비는 서불한● 김의충의 딸인 만월 부인이었어요. 만월 부인도 아들을 낳지 못했어요. 그러자 경덕왕은 표훈 대덕을 통해 천제에 부탁해 늦게 아들을 낳았어요. 경덕왕의 아들 혜공왕은 8세라는 어린 나이에 왕위에 올랐어요. 하지만 8년 만에 죽임을 당하면서 신라 시대 최초의 왕 시해 사건의 피해자가 되고 말았어요.
>
> ● **〈안민가〉의 유교적 의미**
>
> 〈안민가〉를 지은 충담은 승려이지만 그 가사를 보면 유교의 성격이 매우 강하게 드러나요. 특히 "임금답게, 신하답게, 백성답게"라는 부분은 유교 사상이 강하게 드러나는데, 이는 공자가 쓴 《논어》의 "군군신신부부자자君君臣臣父父子子"라는 말을 생각나게 하지요. 그 뜻은 "임금은 임금답게, 신하는 신하답게, 부모는 부모답게, 자식은 자식답게 행동한다"예요. 또 충담이라는 이름 역시 '충성스러운 이야기를 하는 승려'라는 뜻이어서 당시 새로 유입되는 유교와 불교의 관계를 짐작할 수 있어요.

- **영복승**   영화롭게 일을 해줄 승려를 말해요.
- **미륵세존** 중생을 구제해주는 미래의 부처님을 뜻해요.
- **서불한**   신라의 17 벼슬 계급 가운데 첫째 등급이에요.

9부 마음을 흔드는 노래들

⟨제4 탑상⟩ 분황사천수대비 맹아득안

경상북도 경주 분황사
아이의 눈을 뜨게 하는 노래

분황사 모전석탑

분황사 석탑의 동물
분황사 석탑의 기단에 배치된 수호상은 매우 특이해요. 내륙을 향한 곳에는 사자상이 있고, 동해 방향에는 물개가 새겨져 있어요. 경덕왕 시절에 솔거가 그린 관음보살상 벽화는 몽골의 침략과 임진왜란으로 훼손되었어요.

◆ 눈이 먼 아이의 간절한 기도

신라 경덕왕 시절은 불교가 가장 번창한 시기라고 할 수 있어요. 불국사와 석굴암이 완성되었기 때문에 그 어느 때보다 불교의 힘을 잘 느낄 수 있었죠.

이때 한기리에 사는 희명이라는 여인에게는 다섯 살이 된 딸이 있었어요. 그런데 딸의 눈이 갑자기 멀었어요. 하루는 어머니가 아이를 안고 분황사 전각 북쪽 벽에 그려진 천수대비● 앞으로 가서 노래를 지어 아이에게 부르게 했어요. 그러자 갑자기 아이의 멀었던 눈이 떠졌어요.

◆ 천수대비에게 바치는 노래

아이의 어머니가 부른 〈천수대비가〉를 들어볼까요.

무릎 꿇으며
두 손바닥을 모아
천수관음 앞에 축원의 말씀 올리나이다.
천 개의 손과 천 개의 눈을 가졌으니
하나를 내놓아 하나를 덜기를
눈이 둘 다 없는 저에게
하나만 주어 고쳐주시옵소서.
아아, 저에게 끼쳐주시면 그 자비심 얼마나 크시나이까.

◆ 기적을 기리는 노래

희명의 노래를 적으면서 일연 스님은 자신의 마음도 적었어요. 희명의 이야기를 쓰면서 일연 스님도 감동을 받은 것 같아요. 일연 스님이 쓴 시를 한번 볼까요.

대나무 말 타고 파피리 불며 거리에서 놀더니
하루아침에 푸른 두 눈이 얼었네.
보살님이 자비로운 눈을 돌려주지 않았다면
헛되이 버들꽃을 보냄이 몇 번의 봄 제사나 될까.

역사 수업

- **분황사와 황룡사**

분황사는 선덕 여왕 때인 634년에 건립되었어요. 자장과 원효와 같은 고승들이 들어와서 머물렀던 유명 사찰이에요. 신라의 대표 사찰 황룡사는 왕실 중심의 귀족이 다니던 사찰이었어요. 반면 분황사는 서민을 위한 불법을 실천했던 대중 불교가 꽃핀 곳이에요. (분황사는 2부의 '경상북도 경주 분황사: 물고기로 변한 용들'과 7부의 '경상북도 경주 분황사: 두 스님의 극락 가기 시합' 참고)

- **맹아득안**盲兒得眼   '눈먼 아이가 눈을 뜨다'라는 뜻이에요.
- **천수대비**   천 개의 눈과 천 개의 팔을 가진 관세음보살이에요. 사람들의 고통과 소원을 들어준다고 해요.

⟨제2 기이⟩ 처용랑 망해사

울산광역시 처용암
역병을 물리친 처용

◆ 신라의 신하가 된 용의 아들

49대 헌강왕(재위 875~886) 당시 신라는 경주에서 동해 어귀에 이르는 곳까지 집들이 즐비하게 늘어서 있었어요. 그런데 초가집은 하나도 없었지요. 길에는 늘 음악 소리와 노랫소리가 끊이지 않았어요. 특별한 자연재해도 없이 사시사철 바람과 비도 대체로 순조로웠어요.

어느 날 헌강왕은 개운포로 신하들과 함께 놀러 갔어요. 왕이 낮에 물가에서 쉬고 있을 때, 갑자기 구름과 안개가 캄캄하게 길을 덮었어요. 왕은 괴이하게 여겨 신하들에게 물었어요.

"여봐라, 무슨 일이 있느냐?"

한 신하가 나와서 대답했어요.

"이는 동해에 있는 용의 변괴이옵니다."

다른 신하가 보태서 말했어요.

"마땅히 좋은 일을 하여 풀어야 하옵니다."

왕은 신하들에게 명령했어요.

"여봐라, 이 근처에 속히 절을 짓도록 하라."

왕의 명령이 내려지자마자 거짓말처럼 구름과 안개가 순식간에 걷혔어요. 이 때문에 그곳을 개운포라고 부르게 되었어요. 동해의 용은 기뻐하면서 일곱 아들을 데리고 왕의 수레 앞에 나타나 춤을 추고 곡을 연주했어요. 용은 왕에게 말했어요.

"전하, 감사의 표시로 제 아들 중 하나를 데려가게 하겠습니다."

그리고 덧붙여 말했어요.

"왕에게 꼭 도움이 될 것이옵니다."

왕은 흔쾌히 처용이라는 동해 용왕의 아들을 신하로 받아들였어요. 왕은 처용에게 말했어요.

"처용, 그대에게 아름다운 여자를 배필•로 주겠다."

처용은 말했어요.

"전하, 성은이 망극하옵니다. 성심을 다해 일을 돕겠습니다."

헌강왕은 처용에게 급간•이라는 벼슬을 내려주었어요.

◆ 처용에게 무릎을 꿇은 역신

낯선 곳에 온 용의 아들 처용은 밤낮으로 일만 했어요. 그 틈에 역신•이 그의 아내를 흠모하여 밤이 되면 사람으로 변해 그의 집에 몰래 들어와 자곤 했어요. 어느 날 밤이었어요. 처용은 여느 때처럼 밤늦게까지 일을 하다가 집에 돌아왔어요. 그런데 역신이 자기 아내와 함께 있는 것이었어요. 이때 처용은 춤을 추면서 다음과 같은 노래를 부르는 것이었어요.

> 동경 밝은 달에 밤새도록 노닐다가
> 돌아와 자리를 보니 다리가 넷이구나.
> 둘은 내 것이지만 둘은 누구의 것인가.
> 본래 내 것이지만 빼앗긴 것을 어찌하리.

노랫소리가 들리자마자 역신은 처용 앞에 모습을 드러내고 무릎을 꿇고 말했어요.
"제가 공의 처를 탐내었는데도 공이 노하지 않으니, 정말 감탄스럽고 아름답게 생각됩니다."
역신은 계속 말했어요.
"맹세코 오늘부터는 공의 형상을 그린 그림만 봐도 그 문에는 절대 들어가지 않겠습니다."
이때부터 사람들은 처용의 형상을 붙여서 사악함을 물리치고 경사스러운 일을 맞이하려고 했어요. 왕은 처용을 위해 망해사라는 절을 지어주었어요.

◆ 포석정에서 왕의 눈에만 보이는 지신과 산신

어느 날 왕이 포석정에 행차했는데, 신하들에게는 보이지 않은 신이 왕에게만 보여서 춤을 추었어요. 이 춤을 '어무상심'이라고 해요. 또 왕이 금강령에 행차했을 때였어요. 산신이 나타나 춤을 추면서 '지리다도파(智理多都波)'라고 했어요. '도파'라는 말은 지혜를 가진 사람이 미리 사태를 알아채고 모두 달아나 도읍이 파괴된다는 의미였어요. 이는 지신●과 산신●이 미리 나라가 망할 것을 알아서 춤을 추어 경계했던 거라고 해요. 그런데 사람들은 알아차리지 못하고 즐거움에만 더 빠져들었던 것이지요.

> 역사 수업

- **질병을 물리치는 형상, 처용**

질병을 물리치는 데 처용의 형상을 활용했다는 것은 신분을 가리지 않고 퍼진 처용에 대한 믿음을 보여줘요. 역신은 천연두 질병이었다고 하는 의견이 많아요. 헌강왕 때 전염병이 상대적으로 적었기 때문이에요.

신라에는 서역 아라비아에서 온 상인이 많이 있었어요. 많은 연구자는 역신이 아라비아 상인일 가능성도 얘기해요. 실제로 원성왕의 무덤을 지키는 석상들은 아라비아 상인의 모습을 하고 있어요.

- **포석정의 의미**

신라의 의례 및 연회 장소였던 포석정은 길이 22미터의 수로를 따라 물이 흐르고, 그 흐르는 물 위에 술잔을 띄워 귀족들이 유흥했던 곳이에요.
포석정의 구불구불한 모양은 거북이를 닮았다고 해요. 영생 불사●와 신선 사상●을 나타내는 모양으로 단순 오락용 시설은 아닌 것으로 알려지고 있어요. 구불구불한 모양은 순조로운 세상에 대한 기원이 담겨 있다고 할 수 있어요.

● 배필	부부로서의 짝을 말해요.
● 급간	신라의 17 벼슬 계급 가운데 아홉째 등급이에요.
● 역신	역병신. 천연두를 맡았다는 신이에요.
● 지신	땅을 다스리는 신령을 말해요.
● 산신	산을 지키고 다스리는 신을 말해요.
● 영생 불사	영원히 죽지 않는다는 뜻이에요.
● 신선 사상	도를 닦아서 현실의 인간 세계를 떠나 자연과 벗하며 산다는 신선의 존재를 믿고 그에 이르기를 바라는 사상을 말해요.

10부
《삼국유사》에 담긴 감동적인 이야기

옛이야기에서 만나는 감동

💡 〈감통*편〉은 우리의 이야기처럼 느껴지는 감동*으로 가득 차 있어요

《삼국유사》는 총 9편 139개의 이야기로 구성되어 있어요. 제5편 〈의해편〉에는 원효, 의상, 자장 등 유명한 스님들이 주로 주인공으로 등장해요. 제7편 〈감통편〉은 〈의해편〉처럼 스님의 이야기가 많이 나오지만, 다소 성격이 달라요. 〈감통편〉은 신라의 평범한 불교 신자들을 보여주면서 그 안에서 감동적인 이야기들을 적고 있어요. 노비, 평범한 아내, 비구승, 누이, 처녀, 빌어먹은 여인, 억울하게 죽은 여인 등 주로 평민의 진솔한 불교 이야기가 그려져요. 그래서 바로 우리의 이야기처럼 느껴져요.

💡 〈감통편〉에는 유명한 향가가 실려 있어요

앞에서도 이야기했지만 《삼국유사》는 우리나라 문학 중 향가라는 장르를 보여주는 소중한 책이에요. 향가는 신라인이 불렀던 노래였을 것이라고 해요. 향가는 우리에게 총 25수가 전해지고 있어요. 그중 14수가 《삼국유사》에 있으니, 정말 대단한 책이라고 할 수 있어요. 나머지 11수는 고려의 《균여전》이라는 책에 기록되어 있어요.

〈감통편〉에는 감동을 이야기하는 글이 많다고 했지요. 우리가 노래를 부르는 시점은 주로 감정이 충만했을 때예요. 일연 스님도 평민의 불교 신앙 이야기를 하다가 감동을 많이 받았던 것 같아요. 《삼국유사》에는 〈도솔가〉, 〈제망매가〉, 〈원왕생가〉, 〈혜성가〉 등의 다양한 노래가 전해져요. 향가가 지금 우리말처럼 적히거나 읽히지는 않았어요. 주로 한자의 소리와 뜻을 빌려 표기한 이두식 기록이라고 해요. 이두를 읽는다는 것은 어렵지만 해석된 향가들을 읽으면 그 의미를 잘 음미할 수 있어요.

💡 〈감통편〉에는 다른 편보다 여자 주인공이 많이 등장해요

여자 주인공이 많이 등장한다고 해서 여자만 등장하는 것은 아니에요. 여자와 남자가 함께 등장하지요. 그리고 그들이 함께 감동의 이야기를 만들어가요. 노비 욱면은 여자예요. 그녀는 신앙심이 너무 독실하여 주인집 어른의 미움을 받았어요. 그래서 주인집 어른은 욱면에게 많은 일을 시켰지요. 그녀는 주인을 원망하지 않고 열심히 일하고 부처님께 기도를 올렸어요. 부처님은 그녀를 많은 남자보다 더 먼저 성불●하게 했어요. 그녀는 지붕을 뚫고 부처가 될 수 있었어요. 그리고 주인집 어른은 그녀가 살았던 곳을 절로 만들었어요. 욱면의 마음이 당시에 살았던 사람들을 감동하게 하고, 지금 글을 읽는 우리의 마음에도 잔잔한 감동을 주고 있어요.

● 감통	느낌이나 생각이 통하는 거예요. 서로 함께 느끼는 감정이에요. '같은 모자를 쓰고 있는 두 친구가 감통되어 우정을 키우게 되었다'처럼 사용할 수 있어요.
● 감동	크게 느끼어 마음이 움직이는 거예요. 혼자 느끼는 감정이에요. '당신의 선물에 감동을 받다'처럼 사용할 수 있어요.
● 성불	부처가 되는 일을 말해요. 수행을 하는 사람(보살)이 덕을 완성하여 궁극적인 깨달음에 이르러 실현하는 것을 말해요.

〈제7 감통〉 욱면비념불서승

경상북도 영주 영전사
하늘로 날아오른 욱면

영전사
의상 대사가 669년(문무왕 9)에 창건한 사찰로, 이곳에서 화엄 불교를 크게 펼쳤어요.

📍 지붕 뚫고 날아오른 욱면의 이야기

　때는 신라 35대 경덕왕(재위 742~765) 시절이에요. 많은 불교 신도가 미타사에서 기도하고 있을 때였어요. 귀족 아간 집의 욱면이라는 계집종이 늘 뜰 가운데 서서 스님들의 기도를 따라 했어요. 주인은 그녀가 일을 하지 않는다는 미운 생각이 들어 매일 곡식

두 섬을 찧게 했어요. 욱면은 손바닥을 뚫고 거기에 새끼줄을 꿰어 말뚝에 매달고 방아를 찧으면서 합장했어요. 그때였어요. 하늘에서 무슨 소리가 들렸어요.

"욱면 낭자는 법당에 들어가 염불하라."

욱면은 법당에 들어가서 기도했어요. 갑자기 하늘에서 음악이 들리더니 욱면이 지붕을 뚫고 연화대에 올랐어요. 음악 소리는 계속되었어요. 그 법당에는 뚫린 구멍이 여전히 있다고 해요. 이 이야기는 《향전》이라는 책에 나와요.

신발을 남긴 욱면

《승전》에도 욱면의 이야기가 나오는데, 조금 달라요. 천 명의 사람들이 모여 절반은 일하고, 절반은 부처님께 도를 구하고 있었어요. 그런데 일하는 무리 중에서 일을 맡아 보는 사람이 잘못하여 축생도*에 떨어져 부석사의 소가 되었대요. 그 소는 부처님의 말씀을 적은 책을 싣고 가다가 영험한 힘을 얻어 귀진이라는 귀족의 집에 계집종 욱면으로 태어났어요.

욱면은 주인을 따라 미타사에 갔다가 그 절에서 매번 열심히 불경을 외웠어요. 그렇게 불경을 외우다가 지붕을 뚫고 나가 소백산에 이르러 신발 한 짝을 떨어뜨렸어요. 그곳에 보리사가 지어졌다고 해요. 그리고 욱면은 산 아래에서 죽게 되었는데, 그곳에 두 번째 보리사를 지었어요. 그녀가 뚫고 나간 지붕에는 구멍이 뚫렸는데, 폭우나 폭설이 와도 젖지 않았다고 해요.

그 후 귀진이라는 주인은 그 집을 법왕사라는 절로 만들었어요. 오랜 세월이 지나 폐허가 된 집을 회경이라는 사람이 다시 지으려고 했어요. 그때 한 노인이 나타나 삼베 신발 한 켤레와 칡 신발 한 켤레를 주었어요. 그 후 그곳은 매우 유명한 절이 되었어요. 사람들은 회경은 귀진이 다시 태어난 것이라고 말했어요. 지금 그 절은 영주의 영전사로 알려져 있어요.

역사 수업

- **윤회 사상**

욱면의 이야기는 평범한 천민 여자가 열심히 기도해서 하늘로 올랐다는 감동을 전해줘요. 그리고 불교에서 중요하게 생각하는 윤회 사상을 품고 있어요. 윤회 사상은 불교의 세계관이에요. 모든 생명은 생사를 거듭하며 자신이 지은 업에 따라 죽지 않고 떠돈다고 보는 사상이에요. 욱면이 축생도에 떨어진 소가 환생한 인물이라는 이야기도, 회경이라는 사람이 귀진이라는 사람의 환생이라는 이야기도 윤회 사상이에요.

- **《삼국유사》에는 왜 신발 한 짝이 자주 나올까요?**

불교에서 유명한 달마 대사란 분이 있어요. 이분의 이야기에는 늘 짚신 한 짝이 등장해요. 달마의 무덤을 파보니 짚신 한 짝만 있었고, 나머지 한 짝은 달마 대사가 메고 맨발로 서쪽으로 돌아갔다고 해요.

- **욱면비념불서승**郁面婢念佛西昇 '계집종 욱면이 염불하여 극락으로 올라가다'라는 뜻이에요.

- **축생도**   불교에는 악인이 죽어서 가는 세 가지의 괴로운 세계가 있어요. 지옥도, 축생도, 아귀도예요. 축생도는 지은 죄 때문에 죽은 뒤에 짐승으로 태어나 괴로움을 받는 세계예요.

〈제7 감통〉 선도성모수희불사

경상북도 경주 선도산
꿈을 믿고 땅을 파서 금을 얻은 지혜

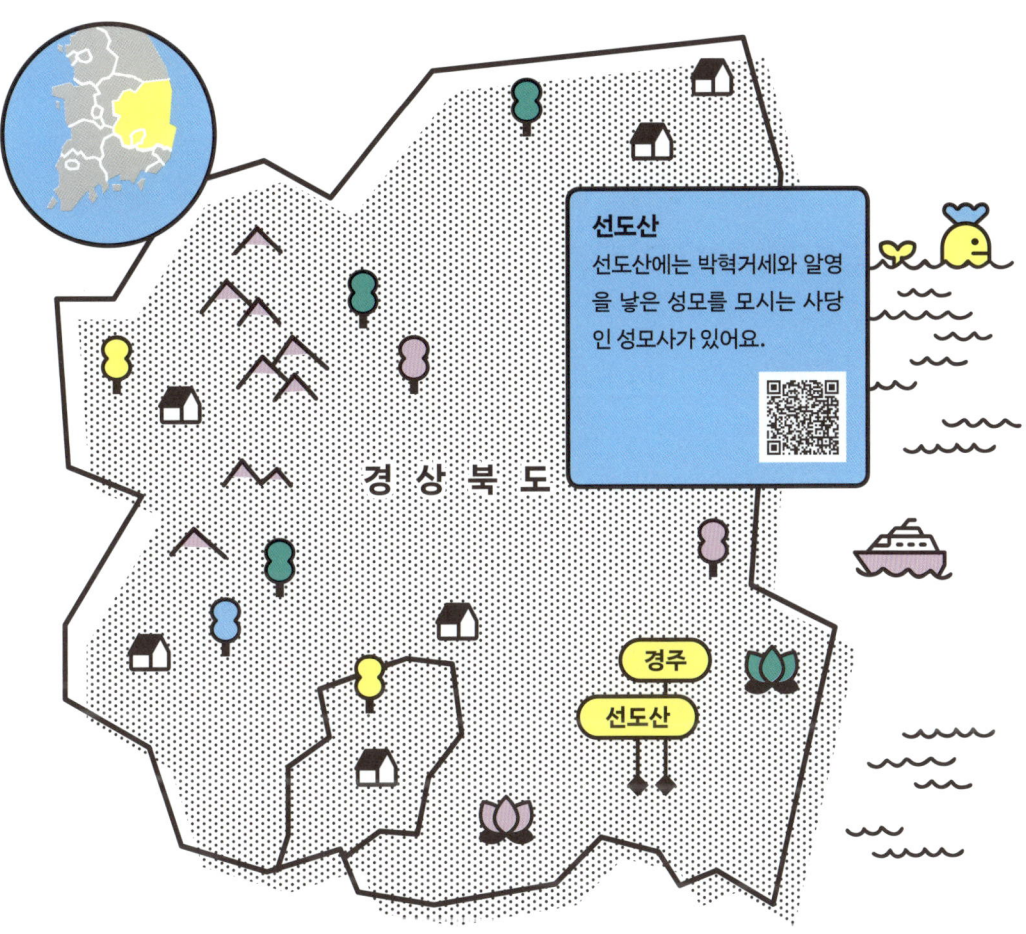

선도산
선도산에는 박혁거세와 알영을 낳은 성모를 모시는 사당인 성모사가 있어요.

📍 지혜라는 여승의 꿈에 나타난 선도 성모

　신라 26대 진평왕(재위 579~632) 시절의 일이에요. 안흥사에 지혜라는 여승이 살고 있었어요. 지혜는 불전을 수리하려고 했지만 가진 돈이 거의 없었어요. 어느 날 꿈을 꾸었는데 구슬과 비취로 꾸민 예쁜 선녀가 나타났어요. 그리고 자신은 선도산의 신모(성모와 신모는 동일하게 사용돼요)라고 했어요. 불전을 수리하는 것을 도와주려 한다고도 말했어요.

"내가 앉은 자리 밑에서 금을 가져다가 불상을 만들고, 벽을 장식하고, 매년 봄과 가을에 열흘 동안 불공을 드리는 법회를 열거라."

깜짝 놀란 지혜는 사람들을 이끌고 신사에 갔어요. 그리고 그곳에서 160냥을 얻어 불전을 수리했어요. 지혜는 선도산 신모의 영험함을 알게 되었어요.

💡 선도 성모의 초상화를 본 김부식과 통신원 솔개 이야기

고려 시대 《삼국사기》를 쓴 김부식이 중국 송나라의 사신관으로 간 적이 있었어요. 그는 우신관이라는 곳에 여신상이 모셔져 있는 것을 보았어요. 그때 접대를 맡은 송나라 사람이 물었어요.

"이분은 당신 나라의 신인데 혹시 아시는지요?"

김부식 대답했어요.

"옛날 중국 황실의 딸이 바다 건너 진한으로 와서 아들을 낳았고, 그가 바로 해동의 시조가 되었소. 그녀는 땅의 신인 지신이 되어 오랫동안 선도산에 있었소."

그 후 송나라 사신이 고려에 와서 이 성모에게 제사를 지냈다고 해요. 《삼국유사》의 기록에는 신모가 처음 진한에 와서 혁거세와 알영 두 성인을 낳았다고 해요. 그렇다면 어떻게 중국 황실의 딸이 우리나라로 왔을까요?

신모의 이름은 사소라고 해요. 그녀는 신선의 술법을 터득해서 신라에 머물면서 오랫동안 돌아가지 않았어요. 이때 중국 황제는 솔개의 발목에 편지를 매달아 보냈어요. 편지에는 "이 솔개가 멈추는 곳에 집을 지어라"라고 적혀 있었어요. 솔개가 멈춘 곳이 서연산이고, 선도 성모는 그곳에 오랫동안 살면서 땅을 다스리는 신이 되었어요.

💡 54대 경명왕의 매사냥을 도운 선도 성모

신라 말기 54대 경명왕(재위 917~924) 때의 일이에요. 매사냥을 좋아하던 왕은 선도

성모가 사는 산에 와서 매사냥을 즐겼어요. 그런데 매사냥 중 왕이 매를 잃어버렸어요. 왕은 신모에게 정성껏 기도했어요.

"만일 매를 찾게 되면 마땅히 작위를 봉하겠습니다."

그러자 신기하게도 매가 날아와 책상 위에 앉았어요. 왕은 약속한 대로 신모를 대왕으로 봉했어요.

> **역사 수업**
>
> - **박혁거세와 알영의 어머니 선도 성모**
>
> 신라는 맨 처음 여섯 부족이 나라를 다스렸어요. 왕이 없었기 때문이지요. 6부의 조상들은 양산 아래 나정(경주 양산에 있었다는 전설의 우물)에서 백마 한 마리가 자주색 알을 두고 하늘로 올라가는 것을 보았어요. 그 알에서 태어난 남자아이가 혁거세 왕이라고 해요. 혁거세는 밝은 빛으로 세상을 다스린다는 뜻이에요. 그리고 같은 시기 알영정(나정 북쪽에 있는 우물)에서는 계룡이 옆구리에 낳은 여자아이 알영을 발견했어요. 그녀의 입은 닭 부리 같았지만 목욕을 시키니 떨어져 나갔어요. 이 혁거세와 알영을 낳은 사람이 중국의 선도 성모라고 알려져 있어요.
>
> - **통신원 솔개**
>
> 먼 옛날에는 새들이 인간의 통신원 역할을 했다고 해요. 비둘기가 통신원 역할을 한 것은 유명해요. 《삼국유사》에는 솔개라는 새가 등장해요. 이 새는 철새로 겨울을 우리나라에서 보내요. 선도 성모에게 편지를 가지고 온 솔개 이야기에서 솔개가 통신원 역할을 했다고 짐작할 수 있어요.
>
> - **나정과 알영정**
>
> 혁거세가 태어난 나정과 알영이 태어난 알영정은 우물이에요. 우물은 농경 사회의 발전과 연관되어 있어요. 알영의 부리는 닭 토템을 상징하기도 해요.

- **선도성모수희불사**仙桃聖母隨喜佛事   '선도산 성모가 불교 일을 좋아하다'라는 뜻이에요.

⟨제7 감통⟩ 경흥우성

경상북도 경주 삼랑사지
탈을 쓰고 우스꽝스러운 춤을 춰 병을 고친 여승

삼랑사지 당간지주
경흥 법사가 머물렀던 삼랑사는 현재 남아 있지 않고, 삼랑사 터에는 당간지주만 남아 있어요. 절에 행사가 있을 때 절 입구에 당이라는 깃발을 달아둬요, 이 깃발을 달아두는 장대를 당간이라 불러요. 장대를 양쪽에서 지탱해주는 두 기둥을 당간지주라 해요.

📍 문무왕은 아들 신문왕에게 백제 스님 경흥을 추천했어요

삼국을 통일하기 위해 평생을 노력한 문무왕은 56세의 나이에 그만 큰 병에 걸려 죽고 말았어요. 문무왕은 죽기 전에 아들인 신문왕에게 간곡하게 당부했어요.

"백제의 경흥 법사는 국사(나라의 큰 스승)로 삼을 만하니, 내 말을 잊지 말아라."

신문왕은 동해안 바다에 용이 된 아버지 문무왕이 편하게 쉴 수 있도록 바위 구멍을 뚫어줄 정도로 효심이 깊었어요. 또한 신문왕은 경흥 법사를 신라의 국사로 삼아 삼랑사라는 절에 머무르게 했어요.

웃음은 병도 낫게 해요

경흥은 국사를 맡은 지 한 달 만에 깊은 병에 걸리고 말았어요. 어느 날 한 여승이 찾아오더니 착한 벗이 병을 고쳐준다는 《화엄경》 이야기를 해주면서 질병의 원인이 근심이라고 말했어요. 그리고 웃으며 즐거워하면 병이 다 낫는다고 말했어요.

여승은 경흥 법사를 웃기기 위해 열한 가지 탈을 만들어 우습기 짝이 없는 춤을 추었어요. 갑자기 몸을 높이 솟아올랐다가 줄어들었다가 하면서 턱이 빠질 정도로 우습게 했어요. 그러자 신기하게도 경흥 법사의 병이 깨끗이 나았어요. 그러고 나서 여승은 삼랑사 남쪽에 있는 남항사에 숨어 살았다고 해요. 여승이 짚던 지팡이는 '십일면원통상●'을 그린 족자 앞에 있었어요.

문수보살은 경흥에게 사치스러움을 깨닫게 했어요.

신라의 국사를 하면서 경흥은 조금 사치스러운 생활을 즐겼던 것 같아요. 경흥은 궁궐에 들어갈 때 말과 안장과 신과 갓이 모두 화려했어요. 그런데 어느 날 행색이 초라한 거사가 지팡이를 짚고 등에 광주리를 진 채 말이 내리는 곳에서 쉬고 있었어요. 광주리 안에는 살아 있는 물고기가 아닌 말린 물고기만 있었어요. 경흥을 따르는 사람이 말했어요.

"스님, 어째서 승려가 계율에 어긋나는 물건을 가지고 다니십니까?"

거사는 이에 굴하지 않고 말했어요.

"양쪽 다리 사이에 산 고기를 끼고 있는 것보다는 낫지 않습니까?"

거사는 말을 마치고 가버렸어요. 경흥은 이 말을 듣고 거사를 쫓아갔지만 벌써 사라지고 없었어요. 경흥이 짚던 지팡이는 문수보살상 앞에 세워져 있었고, 광주리에 있던 말린 물고기는 소나무 껍질로 변해 있었어요. 경흥은 그제야 문수보살이 자기가 말을 타고 사치스럽게 다니는 것을 경계한 것임을 알게 되었어요. 경흥은 그 후로 죽을 때까지 말을 타지 않았다고 해요.

역사 수업

- **문무왕의 인재 등용**

문무왕은 백제를 공격할 때 백제 스님 경흥을 만났어요. 그 둘 사이에 신뢰가 쌓였고, 문무왕은 경흥의 건의를 받아들여 포용 정책을 폈어요. 문무왕은 경흥을 통일신라의 국사로 삼을 것을 아들에게 이야기했다고 해요.

- **경흥우성**憬興遇聖   '경흥이 성인을 만나다'라는 뜻이에요.

- **십일면원통상**   얼굴이 11개인 관음상을 말해요.

〈제7 감통〉 진신수공

경상북도 경주 망덕사지
왕을 비웃은 비구승, 진신석가로 변하다

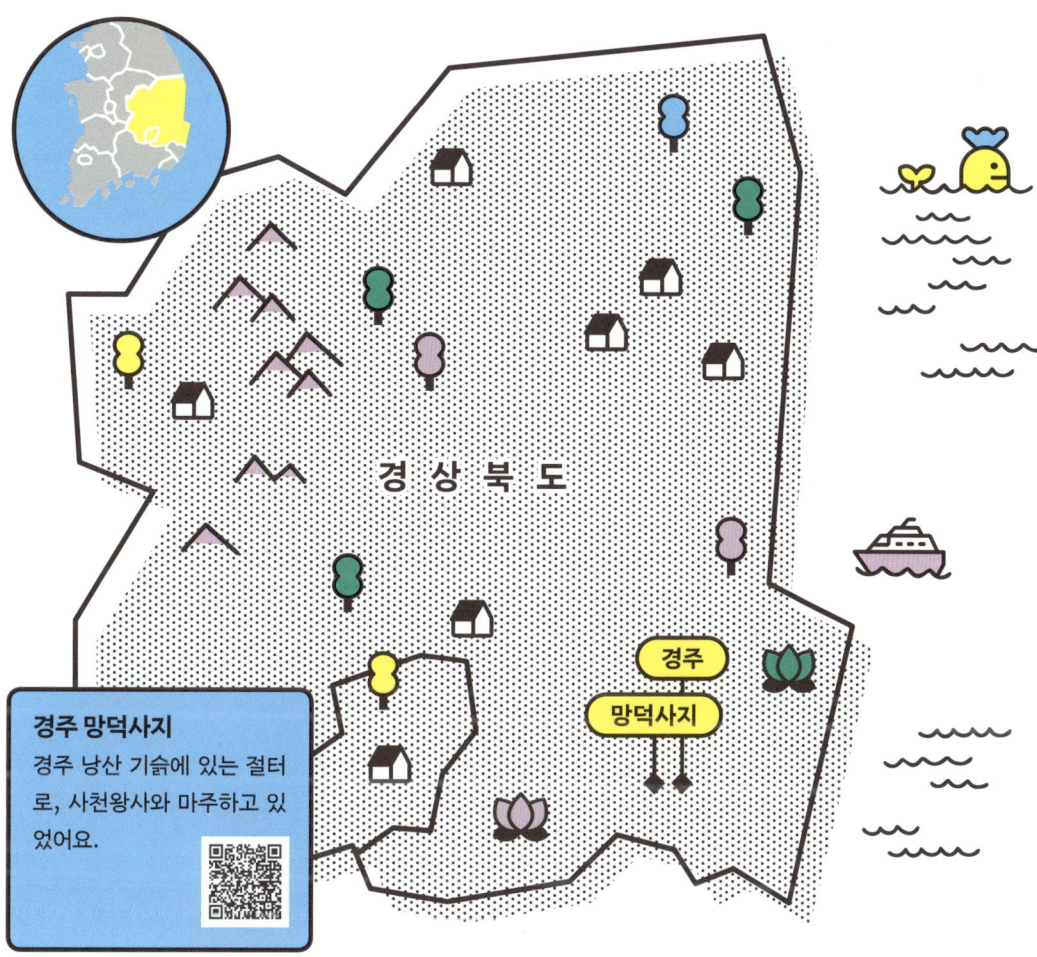

경주 망덕사지
경주 낭산 기슭에 있는 절터로, 사천왕사와 마주하고 있었어요.

🔮 영험한 망덕사 탑

신라 32대 효소왕은 왕위에 오르자마자 망덕사를 세워 당나라 황실의 복을 빌고자 했어요. 그 후 경덕왕 14년(775)에 망덕사의 탑이 매우 흔들리더니, 그해에 중국에서 '안사의 난'이 일어났어요. 신라 사람들은 말했어요.

"당나라 황실을 위해 이 절을 세웠으니, 그 감응이 있는 것은 당연하다."

원래 망덕사는 사천왕사를 대신해서 당나라 사신에게 당나라를 위해 불공을 드리는 곳이라는 것을 보여주기 위해 문무왕 때 짓기 시작한 절이에요. 그런 절이 당나라의 난으로 흔들린다는 것은 망덕사와 당나라가 매우 연관이 깊다는 뜻이었죠. 사천왕사 건너편에 지어졌으며, 당나라의 덕을 우러른다는 의미에서 망덕사라고 불렀어요.

어린 임금의 농담과 초라한 비구승의 응대

7세라는 어린 나이에 왕이 된 효소왕은 어머니 신목 왕후의 섭정에 따라 나라를 다스렸어요. 나이가 어렸기 때문인지 효소왕은 다소 분별이 떨어졌어요. 신문왕의 이복형제인 보천과 효명 태자가 오대산으로 떠났을 때였어요. 당시 신라는 왕의 자리를 두고 좀 복잡한 상황이었어요. 효소왕이 망덕사에 행차하여 공양하려고 할 때, 초라한 비구승이 왕께 부탁했어요.

"소승도 재에 참여하기를 원하옵니다."

왕은 맨 끝자리에 앉도록 허락하면서 농담조로 말했어요.

"그대는 어디에 살고 있는가?"

"비파암에 삽니다."

그러자 왕이 다시 말했어요.

"아무에게도 국왕이 직접 불공하는 재에 참여했다고 이야기하지 말거라."

비구승이 웃으면서 말했어요.

"폐하도 절대 다른 사람에게 진신 석가에게 공양했다고 말씀하지 마십시오."

말을 마친 비구승은 솟구쳐 올라 남쪽 하늘로 가버렸어요. 왕은 그제야 진신 석가가 온 사실을 알게 되었어요. 비구니가 떠난 자리에는 지팡이와 바리때가 있었어요.

음식을 대접받은 옷

일연은 겉모습만 보고 판단해서는 안 된다는 이야기를 하기 위해 옛이야기를 들려주었어요.

옛날 삼장 법사가 어느 절에서 큰 모임이 있어 허름한 차림으로 찾아갔어요. 그런데다 떨어진 옷을 입었다는 이유로 매번 법회에는 들어가지 못했어요. 임시방편으로 좋은 옷을 빌려 입고 절에 가니, 아무도 문을 막지 않았어요. 삼장은 자리에 앉아서 음식을 받고, 그 음식을 자신이 입은 옷에다 먼저 주었어요. 사람들은 삼장에게 물었어요.

"당신은 왜 옷에다 밥을 주시오?"

그러자 삼장은 대답했어요.

"내가 여러 번 여기에 왔으나 매번 들어가지 못했소. 그런데 이번에는 이 좋은 옷 때문에 이 자리에 들어와 여러 가지 음식을 얻게 되었소. 그러니 이 옷에 음식을 주는 것은 당연한 것이오."

역사 수업

- **안사의 난**

755년부터 763년 9년간 당나라에서는 안사의 난이 일어났어요. 당나라 절도사 안록산과 그의 부하 사사명이 주도해 일으킨 반란이에요. 오랜 전쟁으로 인한 반란으로 인구가 크게 감소하면서, 당나라는 정치·경제·사회적으로 큰 타격을 받았어요.

- **효소왕과 신목 왕후 섭정**

효소왕은 신문왕의 아들로 7세 때 왕이 되었어요. 어머니를 비롯해 왕실의 다른 어른이 어린 왕을 대신해서 정치하는 것을 섭정이라고 해요. 효소왕에게는 이복형제로 보천과 효명 왕자가 있었어요. 이 왕자들은 오대산으로 들어가 수행했어요.

- **진신수공**眞身受供   '진신 석가가 공양을 받는다'는 뜻이에요.

〈제7 감통〉 선율환생

경상북도 경주 망덕사지
저승에서 이승의 일을 걱정한 여인

망덕사지 당간지주

📍 염라대왕 앞에 선 선율

망덕사의 스님이었던 선율은 《육백반야경》을 완성하다가 마치기도 전에 저승에 불려 가게 되었어요. 저승의 염라대왕이 선율에게 물었어요.

"너는 인간 세상에서 어떤 일을 했었느냐?"

선율은 대답했어요.

"저는 만년에 《대품반야경》을 만들려고 했으나, 일을 다 완성하지도 못하고 오게 되었습니다."

염라대왕은 좋은 소원을 마치지 못한 것을 안타깝게 여겨 선율을 인간 세상으로 다시 보내 보배로운 불전을 완성하도록 했어요. 그래서 선율은 다시 인간 세계로 돌아오게 되었어요.

선율이 저승에서 만난 여인의 부탁

선율은 인간 세상으로 돌아오는 길에 울고 있는 한 여인을 만났어요. 여자는 선율 스님에게 부탁했어요.

"저는 스님과 같은 신라 사람입니다. 부모가 금강사의 논 한 이랑을 몰래 빼앗은 죄 때문에 저승으로 잡혀 와서 오랫동안 고통을 받고 있습니다. 이제 스님께서 고향으로 돌아가시면 저의 부모에게 이 일을 말해서 빨리 그 논을 돌려드리라고 말해주세요."

그리고 자기가 살아 있을 때 침상 밑에 있는 참기름과 이불 사이에 곱게 짠 베를 알려주면서, 그것들을 가지고 등을 켜고 베를 팔아서는 불경을 베끼는 비용으로 쓰라고 부탁했어요. 선율이 물었어요.

"당신의 집이 어디입니까?"

여인은 대답했어요.

"사량부에 있는 구원사의 서남리입니다."

여인의 왕생과 선율의 불경 완성

선율은 그 말을 듣고 가려 할 때 다시 살아났어요. 이때는 이미 선율이 죽은 지 열흘이 넘은 날이었어요. 선율은 무덤 속에서 사흘 동안이나 외쳤어요.

"사람 살려주세요."

마침 지나가던 목동이 이 소리를 듣고 절에 알렸어요. 절의 승려는 선율의 무덤에서 선율을 구했어요. 그리고 그동안 선율에게 일어난 일을 모두 들었어요. 저승에서 만난 여인이 말한 집을 찾았더니, 이미 여인은 죽은 지 15년이나 되었어요. 그런데 신기하게도 참기름과 베는 여자가 말한 그 자리에 그대로 있었어요. 선율은 여인이 말한 대로 했어요. 그러자 밤에 여인의 혼이 와서 말했어요.

"스님의 은혜를 입어 저는 이미 고뇌에서 벗어났습니다."

이 사실을 듣고 많은 사람은 감탄했고, 선율의 불경은 곧 완성되었어요. 매년 봄과 가을 사람들은 그것을 돌려 읽으면서 재앙이 물러가길 기도했어요.

역사 수업

• 망덕사의 유래

망덕사는 문무왕 19년(679)에 당나라가 신라의 사천왕사 창건 사실을 확인하기 위해 사신을 파견하자, 신라 왕실이 당나라 사신에게 그 사실을 숨기기 위해 임시로 지은 절이에요. 망덕사는 문무왕 때 짓기 시작했고 효소왕 원년인 692년에 완공되었어요.

• 반야경

반야경의 반야는 지혜를 말해요. 반야경은 지혜를 담은 경전이라고 할 수 있어요. 《육백반야경》은 600권 분량의 반야경이고, 《대품반야경》은 모두 27권으로 된 반야경을 말해요.

• **선율환생**善律還生   '선율이 살아서 돌아오다'라는 뜻이에요.

〈제7 감통〉 김현감호

경상북도 경주 호원사지
사랑을 위해 목숨을 버린 호랑이 처녀

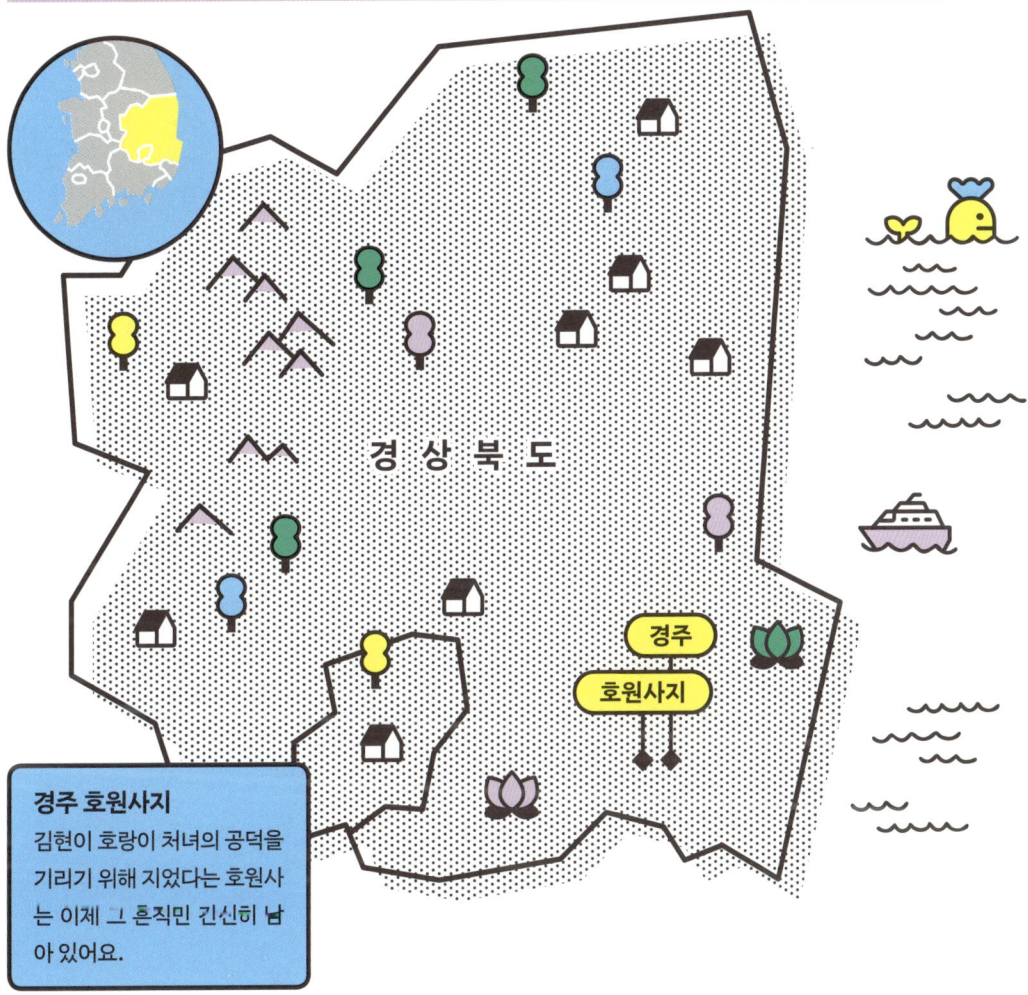

경주 호원사지
김현이 호랑이 처녀의 공덕을 기리기 위해 지었다는 호원사는 이제 그 흔적만 긴신히 남아 있어요.

📍 처녀와 총각 탑돌이에서 만나다

　신라에는 음력 2월 8일에서 15일까지 남녀가 흥륜사 전탑을 돌면서 복을 비는 풍습이 있었어요. 38대 원성왕(재위 785~798) 시절이었어요. 화랑 김현이 밤이 깊도록 혼자서 탑을 돌고 있었는데, 이때 한 처녀도 염불을 외면서 돌고 있었어요. 둘은 어느새 서로 마음이 통했어요. 탑돌이가 끝나고 처녀가 돌아가려 하자 김현은 처녀의 집에 따라왔어요. 처녀는 거절했지만, 김현은 억지로 따라왔어요. 서산 기슭에 있는 그녀의 집에는 늙은 어머니가 혼자 있었어요. (흥륜사는 6부의 '경상북도 경주 흥륜사지: 혜숙의 다시 붙은 허벅지살' 참고)

세 마리 호랑이 오빠들과 여동생

늙은 어머니는 딸의 이야기를 듣고 말했어요.

"너희들의 인연이 비록 좋은 일이기는 하지만 일어나지 않는 게 좋을 뻔했구나. 그러나 이미 저질러진 일이니 더 이상 말릴 수도 없구나. 은밀한 곳에 어서 숨겨주거라. 네 오빠들이 나쁜 짓을 할지 걱정되는구나."

처녀는 재빨리 김현을 구석에 숨겼어요. 얼마 후 호랑이 세 마리가 으르렁거리면서 사람의 말로 이야기하기 시작했어요.

"우리 집에 비린내와 누린내가 나는구나. 배가 아주 고프니 요기를 했으면 좋겠다."

그러자 할머니와 처녀가 꾸짖으며 말했어요.

"너희 코가 어찌 되었구나. 어찌 미친 소리를 하고 있느냐."

그때였어요. 갑자기 하늘에서 외치는 소리가 들렸어요.

"너희들이 남의 생명 해치기를 좋아함이 너무 극심하다. 마땅히 너희 중 한 놈을 죽여 악행을 벌해야겠다."

이 말을 듣고 세 호랑이 오빠들은 매우 걱정하는 눈빛으로 변했어요. 여동생이 말했어요.

"만약 세 분 오빠가 멀리 피해 스스로 뉘우친다면 제가 오빠들 대신 그 벌을 달게 받겠습니다."

여동생의 말을 들은 오빠들은 모두 기뻐하면서 고개를 숙이고 꼬리를 치며 도망갔어요.

🔍 김현을 위해 죽음을 선택한 호랑이 처녀

처녀는 김현에게 말했어요.

"처음에 저는 낭군이 저의 집에 오시는 것을 부끄럽게 여겨 사양하고 거절했습니다. 이제는 제 가족에 대해 더 감출 것이 없으니, 마음에 품은 마음을 말씀드리겠습니다. 또 제가 서방님과 비록 같은 인간 종족은 아니지만 하룻밤의 즐거움을 함께했습니다. 저에게 그 의리는 부부의 결합처럼 소중한 것입니다."

처녀는 계속 말을 이었어요.

"저희 세 오빠의 악행을 하늘이 미워하니 우리 집안의 재앙을 제가 책임지려고 합니다. 다른 사람의 손에 죽는 것보다 낭군의 칼날에 죽어 은덕을 갚고자 합니다. 제가 내일 시장 거리에 들어가 심하게 사람을 해치면 나라 사람들은 저를 감당할 수 없을 것입니다. 그러면 대왕께서는 반드시 높은 벼슬을 내걸고 저를 잡으려 할 것입니다. 서방님께서는 겁내지 말고 저를 쫓아 성의 북쪽 숲속까지 오시면 제가 거기서 서방님을 기다리겠습니다."

김현은 처녀의 말에 반대하면서 말했어요.

"어찌 배필을 죽여서 요행으로 벼슬을 얻는단 말이오?"

호랑이 처녀는 다시 말했어요.

"서방님은 그런 말씀 하지 마십시오. 저 하나가 죽어 다섯 가지 이익이 되는데, 왜 꺼리십니까?"

김현과 호랑이 처녀는 울면서 헤어졌어요. 다음날 사나운 호랑이가 성안으로 들어와 사람들을 해치자 원성왕은 나라에 방●을 붙였어요.

"호랑이를 잡는 자에게 큰 벼슬을 주겠다."

김현은 궁궐로 가서 자기가 할 수 있다고 했어요. 왕은 김현에게 먼저 벼슬까지 내주었어요. 김현이 칼을 들고 숲속으로 들어가서 호

민화 까치호랑이
ⓒ 한국민족문화대백과사전

랑이를 만났어요. 그러자 호랑이는 처녀로 변하더니 스스로 칼에 찔려 죽었어요. 김현은 호랑이 처녀가 알려준 대로 사람들을 치료해주었어요. 과연 효험이 있었어요.

호랑이 처녀 덕에 공을 올린 김현은 벼슬에 올랐어요. 그리고 지금의 경주 황성동에 해당하는 서천가에 호원사라는 절을 지었어요. 그는 또 항상 경전을 가르치면서 호랑이 처녀의 저승길을 인도하고 자기에게 성공을 가져다준 은혜에 보답했어요.

역사 수업

● 탑돌이

탑돌이란 스님들이 염주를 들고 탑을 돌면서 부처의 큰 뜻과 공덕을 노래하면 신도들이 그 뒤를 따라 등을 밝혀 들고 탑을 돌면서 극락왕생極樂往生을 기원하는 불교 의식이에요. 극락왕생은 극락●에 다시 태어나는 것을 말해요.

● 호랑이 처녀가 남긴 다섯 가지 이익

호랑이 처녀는 불교를 통해 은혜를 갚는 정성을 보여주었어요. 죽어서라도 극락으로 갈 수 있는 방법을 소개하면서 사회적 선을 불교와 접목해 실천하도록 했죠. 여기서 호랑이 처녀가 말한 다섯 가지 이익이란 여러 가지 이익이 있다는 뜻으로 이해될 수 있어요.

● 김현감호金現感虎	'김현이 호랑이를 감동하게 하다'라는 뜻이에요.
● 방	어떤 일을 널리 알리기 위하여 사람들이 다니는 길거리나 많이 모이는 곳에 써 붙이는 글을 말해요.
● 극락	죽어서 더없이 안락해서 아무 걱정이 없는 경우와 처지를 말해요.

〈제4 탑상〉 관동풍악발연수석기

전라북도 김제 금산사
진표 율사와 소달구지의 눈물

김제 금산사

📍 몸이 부서지도록 기도한 진표 율사

진표 율사는 전주 벽골군(오늘날 전북 김제) 사람인데 12세에 김제 금산사에 들어가 승려가 되었어요. 진표 율사는 가르침을 받기 위해 산을 돌아다니면서 수행했어요. 27세에 변산 불사의 방으로 들어가서 매일 쌀 다섯 홉을 양식으로 삼고 그중 한 홉은 쥐에게 주었어요. 진표 율사는 열심히 수행했지만 3년이 지나도록 수기●를 받지 못하자 바위 아래로 몸을 던졌는데, 갑자기 푸른 옷을 입은 동자가 율사를 받들어 목숨을 구해주었어요.

　진표 율사는 만신창이가 되도록 부처의 가르침을 얻기 위해 자기의 몸을 돌로 때리기까지 했어요. 그러자 손과 발이 떨어져 나갔어요. 7일이 지난 밤에 지장보살●이 나타나 손과 팔을 전과 같이 온전하게 해주었다고 해요. 어느 날 지장보살과 미륵보살이 율사의 앞에 나타났어요. 미륵보살은 율사의 이마를 만지면서 말했어요.

　"훌륭하여라. 대장부여, 이처럼 계●를 구하기 위해 몸과 목숨까지도 아끼지 않고 간절히 참회하는구나."

　그러자 지장보살은 진표 율사에게 계본●을 주었어요.

🔍 용왕이 나타나 옥 가사를 바치다

　용은 사는 곳에 따라 지룡, 해룡 등으로 구분해요. 《삼국유사》에 등장하는 백제의 용으로는 서동, 즉 무왕과 관련된 용 그리고 후백제를 세운 견훤과 관련되는 용이 있어요. 그런데 백제의 용들은 모두 지렁이라고 묘사돼요. 아마도 서해안의 밀물과 썰물이라는 자연현상 때문에 지렁이라는 설정인 것 같아요. 진표 율사가 등장하는 시기는 신라 35대 경덕왕 때예요. 통일신라 때이긴 하지만 원래 금산사는 백제의 영토였죠.

　진표 율사는 교법을 받은 후 금산사를 세우고자 산에서 내려왔어요. 그때 용이 나타나 진표 율사에게 옥으로 만든 옷인 옥 가사를 주었어요. 이때의 용은 어떤 모습이었을까요? 신라의 중기에 나오는 큰 호국룡일까요, 아니면 무왕과 같은 지렁이였을까요? 아마도 이때는 통일신라여서 신라의 용 모양과 조금 비슷하지 않았을까 해요.

🔍 소달구지, 슬픈 눈물을 흘리다

　진표 율사가 어느 날 속리산 골짜기에서 소달구지를 끌고 가는 사람을 보았어요. 그런데 소가 진표 율사를 보면서 하염없이 눈물을 흘렸어요. 소달구지를 끌고 가던 사람은 소의 눈물에 감동해서 속세를 버리고 도를 닦았다고 해요. 진표 율사는 제자들에게 지금의 충청북도 보은군 속리산에 길상사를 짓게 했는데, 그곳이 바로 지금의 법주사예요. 법주사에는 지금도 사람이 소달구지를 끌고 가는 벽화가 있어요. 또한 진표 율사가 믿는 미륵부처가 그려져 있어요. 법주사에는 청동으로 만든 큰 미륵부처가 만들어져 있어요. 또한 법주사는 목조탑 팔상전으로도 유명해요.

물고기와 자라도 진표 율사에게 감동했어요

진표 율사가 명주, 지금의 강릉에 들렀던 적이 있어요. 그때는 흉년이 들어 사람들은 먹을 것이 없었어요. 이때 진표 율사는 바다의 물고기들에게 설법했어요. 그러자 얼마 후 많은 물고기들이 저절로 나와서 스스로 죽었어요. 사람들은 이것을 팔아 굶주림을 면하게 되었어요. 소에 이어 물고기들마저도 진표 율사에게 감동한 것이지요.

죽어서 두 그루의 소나무가 되다

진표 율사는 지금의 강릉인 명주를 거쳐 고성에 있는 화암사에서 수행하고 제자들도 가르쳤어요. 진표 율사는 세상을 떠날 때 동쪽 수바위라는 곳에 올라가 죽음을 맞이했어요. 그리고 제자들에게 자신을 그대로 두게 했어요. 그래서 제자들은 진표 율사를 옮기지 않고 해골이 흩어질 때까지 기다렸어요. 그리고 해골이 된 스승을 흙으로 덮어 주었는데, 그 자리에서 소나무 두 그루가 자랐어요. 이 두 그루는 한 뿌리에서 자란 나무였어요.

왕의 아들 심지가 진표 율사를 따랐어요

신라 41대 헌덕왕의 아들 심지는 진표 율사의 가르침을 따르고자 했어요. 왕자 심지는 효성과 우애가 좋았고, 성품도 좋았다고 해요.

어느 날 심지는 진표 율사의 제자인 영심공이 법회를 연다고 해서 속리산을 찾았어요. 그러나 심지의 뜻이 전해지지는 못했어요. 그러자 심지는 마당에 자리를 펴고 계속 기도했어요. 눈비가 와도 멈추지 않았죠. 그런데 심지가 있던 자리에만 눈이 오지 않았어요. 비로소 심지는 법당에 들어오도록 허락받았지만 병을 핑계로 들어가지 않았어요. 이마와 팔꿈치에서 피가 흘렀지요. 이러한 수행 방법은 바로 진표 율사가 바위에서 떨어진 것과 비슷하다고 해요. 심지는 대구 팔공산에 '동학사'라는 절을 세웠어요.

역사 수업

- **미륵신앙**

미륵신앙은 미래 부처인 미륵불이 나타나 세상의 모순을 바로잡는다는 불교 신앙이에요. 주로 사회가 혼란할 때 발생하는 종교라고 해요.

- **〈무극이 기록하다〉에서 무극은 누구인가요?**

《삼국유사》에는 이 이야기에 대해 기록되어 있어요. "일연의 제자인 무극이 기록하다." 일연은 죽기 전까지 수많은 책을 완성했지만 《삼국유사》는 죽을 때까지 쓴 것 같아요. 일연의 제자인 무극이 《삼국유사》를 마무리하며 진표 율사 이야기를 섞어 일정 부분 완성했다는 것을 알 수 있어요.

• **관동풍악발연수석기** 關東楓岳鉢淵藪石記	'강원도 금강산 발연사의 비석에 적힌 이야기'라는 뜻이에요.
• **수기**	부처로부터 내생에 부처가 되리라고 하는 예언을 받는 것을 말해요.
• **지장보살**	왼손에는 연꽃을, 오른손에는 보배로운 구슬을 들고 있는 모습이에요. 부처가 세상에 존재하지 않을 때 중생을 좋은 방향으로 이끌어요.
• **계**	불교에서 지켜야 할 도덕을 말해요.
• **계본**	비구와 비구니가 지켜야 할 계율을 정리한 책이에요.

지도 위 삼국유사

ⓒ 표정옥 2024

초판 1쇄 2024년 7월 1일

지은이 일연+표정옥 **옮긴이** 표정옥
펴낸이 정미화 **기획편집** 정미화 정일웅 **표지디자인** [★]규 **본문디자인** pica(**지도삽화** pica(
펴낸곳 이케이북(주) **출판등록** 제2013-000020호 **주소** 서울시 관악구 신원로 35, 913호
전화 02-2038-3419 **팩스** 0505-320-1010
홈페이지 ekbook.co.kr **전자우편** ekbooks@naver.com

ISBN 979-11-86222-57-7 74910
ISBN 979-11-86222-33-1 (세트)

- 이 책은 저작권법에 따라 보호받는 저작물이므로 무단 전재와 복제를 금합니다.
- 이 책의 일부 또는 전부를 이용하려면 저작권자와 이케이북(주)의 동의를 받아야 합니다.
- 저작권자를 찾지 못한 일부 실사에 대해서는 확인이 되는 대로 동의 절차를 밟겠습니다.
- 잘못된 책은 구입하신 곳에서 바꾸어드립니다.

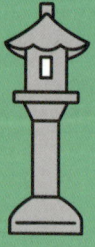

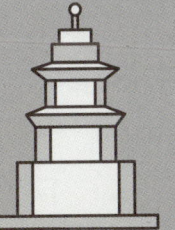